Michael Kofler

Python

Der Grundkurs

Rheinwerk
Computing

Liebe Leserin, lieber Leser,

mit Python lassen sich viele Programmierprobleme verblüffend einfach lösen: Möchten Sie etwa die Geschwindigkeit einer unbeladenen Schwalbe berechnen? Oder sollen die Übersetzungen für ungarische Redensarten in einem Dictionary gespeichert werden?

Diese Aufgaben erledigen Sie mit Python elegant und mit erstaunlich wenig Programmieraufwand. Der Name der Sprache leitet sich übrigens nicht von einer Schlangenart ab, sondern bezieht sich auf die legendäre britische Komikertruppe *Monty Python* um John Cleese, Eric Idle & Co. Wenn Sie diese Gags noch nicht kennen und Ihnen auch der erste Absatz etwas seltsam vorkam, sollten Sie diese Wissenslücke bald schließen – gleich nachdem Sie mit diesem Grundkurs Programmieren gelernt haben.

Michael Kofler zeigt Ihnen hier in kompakter Form die wichtigsten Features der Sprache und liefert Ihnen zahlreiche Codebeispiele, die sich an echten Praxisaufgaben orientieren. Ohne lange Umwege erfahren Sie so, wie Sie Python in eigenen Projekten einsetzen und Programmieraufgaben lösen. Egal ob Sie sich von ChatGPT Code erstellen lassen oder die Systemadministration automatisieren wollen, ob Sie wissenschaftlich mit fortgeschrittenen Mathematik-Modulen arbeiten oder einfache GUIs bauen möchten – hier finden Sie die Grundlagen kurz und auf den Punkt erklärt.

Abschließend noch ein Wort in eigener Sache: Dieser Grundkurs wurde mit großer Sorgfalt geschrieben, geprüft und produziert. Sollte dennoch einmal etwas nicht so funktionieren, wie Sie es erwarten, freue ich mich, wenn Sie sich mit mir in Verbindung setzen. Ihre Kritik und konstruktiven Anregungen sind jederzeit willkommen.

Ihr Christoph Meister
Lektorat Rheinwerk Computing

christoph.meister@rheinwerk-verlag.de
www.rheinwerk-verlag.de
Rheinwerk Verlag · Rheinwerkallee 4 · 53227 Bonn

Auf einen Blick

Teil I Python lernen

Teil II Python anwenden

Wir hoffen, dass Sie Freude an diesem Buch haben und sich Ihre Erwartungen erfüllen. Falls Sie Anregungen, Wünsche und Kommentare haben, lassen Sie es uns wissen: **service@rheinwerk-verlag.de.**

Informationen zu unserem Verlag und Kontaktmöglichkeiten finden Sie auf unserer Verlagswebsite **www.rheinwerk-verlag.de**. Dort können Sie sich auch umfassend über unser aktuelles Programm informieren und unsere Bücher und E-Books bestellen.

Autor Michael Kofler
Lektorat Christoph Meister
Copy-Editing Petra Biedermann, Reken
Typografie & Layout Vera Brauner
Satz Michael Kofler
Herstellung Norbert Englert
Covergestaltung Silke Braun
Druck Beltz Grafische Betriebe, Bad Langensalza

FSC www.fsc.org MIX Papier | Fördert gute Waldnutzung FSC® C089473

Dieses Buch wurde mit mineralölfreien Farben auf FSC-zertifiziertem Papier aus nachhaltiger Waldwirtschaft gedruckt. Der Umwelt zuliebe verzichten wir zusätzlich auf die Einschweißfolie. Hergestellt in Deutschland.

Bibliografische Information der Deutschen Nationalbibliothek:
Die Deutsche Nationalbibliothek verzeichnet diese Publikation in der Deutschen Nationalbibliografie; detaillierte bibliografische Daten sind im Internet über *http://dnb.dnb.de* abrufbar.

ISBN 978-3-367-10118-4

3., aktualisierte Auflage 2024, 1. Nachdruck 2025

Rheinwerk Verlag GmbH • Rheinwerkallee 4 • 53227 Bonn
service@rheinwerk-verlag.de

Inhalt

Vorwort

Seit einigen Jahren gilt Python als die beliebteste Programmiersprache – und das für ganz unterschiedliche Zielgruppen: Immer häufiger wird Python als *First Programming Language* in Schulen und Universitäten unterrichtet. Gleichzeitig wird Python von Linux-Administratoren, Security-Experten, Naturwissenschaftlern, Finanzanalysten usw. eingesetzt, also in allen erdenklichen Spezialgebieten.

Viele Gründe erklären die Popularität von Python:

- Die Syntax von Python ist wesentlich einfacher als die vieler anderer Sprachen.
- Ein Designprinzip bei der Entwicklung von Python ist es, dass Code möglichst gut lesbar sein soll. Unter anderem deswegen verzichtet Python auf geschwungene Klammern zur Strukturierung von Code. Stattdessen *muss* Code in Schleifen, Verzweigungen oder Funktionen eingerückt werden. Das macht unübersichtlichen »Spaghetticode« fast unmöglich.
- Python ist eine schlanke Programmiersprache mit wenig Syntaxvarianten. Dass Python dennoch so universell für alle erdenklichen Aufgaben geeignet ist, liegt an seinem Modulkonzept: Im Internet finden Sie Tausende kostenlose Erweiterungen. Die Installation solcher Module und deren Integration in eigenen Code sind ausgesprochen einfach.
- Python ist im (natur)wissenschaftlichen Sektor sehr beliebt – aktuell ganz besonders im Bereich der künstlichen Intelligenz. Mit keiner anderen Sprache kommen Sie mit derart wenig Code ans Ziel. Python ist ideal zum Experimentieren geeignet, wenn konkrete Ergebnisse und nicht der perfekte Code im Vordergrund stehen.
- Zur Popularität von Python hat auch der Raspberry Pi beigetragen. Python ist die bevorzugte Programmiersprache der Maker-Gemeinde.

Über dieses Buch

Dieses Buch vermittelt einen kompakten Einstieg in die Programmiersprache Python:

- **Teil I** erläutert die wichtigsten Sprachkonstrukte. Hier lernen Sie Variablen, Schleifen, Funktionen und die Grundzüge objektorientierter Programmierung kennen. Übungen und Wiederholungsaufgaben (mit Lösungen im Anhang) helfen Ihnen, Ihr neu erworbenes Wissen zu festigen.
- **Teil II** zeigt in mehreren kurzen Kapiteln Anwendungsmöglichkeiten auf. Zu den Themenschwerpunkten zählen unter anderem der Umgang mit Dateien, die Systemadministration, Netzwerk-, Datenbank- und Grafikfunktionen und die Gestaltung grafischer Benutzeroberflächen.

Neu in der dritten Auflage ist ein Kapitel mit Tipps, wie KI-Tools Ihnen beim Erlernen von Python helfen können. Im Kapitel »Wissenschaftlich arbeiten« zeige ich Ihnen, wie Sie Python nun auch direkt in Excel nutzen können. Außerdem habe ich das Buch in vielen Details verbessert und modernisiert.

Viel Erfolg!

Programmieren ist eine faszinierende Beschäftigung. Der Lernprozess verläuft aber naturgemäß viel angenehmer, wenn Sie parallel zu diesem Buch jemanden haben, dem Sie Fragen stellen können – sei es ein Freund, eine Bekannte, ein Lehrer oder eine Kursvortragende.

Lassen Sie sich von meiner Begeisterung für das Programmieren anstecken, und fangen Sie an – jetzt!

Michael Kofler (*https://kofler.info*)

PS: Wenn Sie nach der Lektüre dieses Buchs auf der Suche nach Übungsbeispielen sind, kann ich Ihnen *https://projecteuler.net* wärmstens empfehlen. Sie finden auf der Website eine riesige Sammlung von (oft anspruchsvollen) Aufgaben, die Sie mit einigen Zeilen Python-Code lösen können.

TEIL I
Python lernen

Kapitel 1

Hello, World!

Traditionell beginnt fast jeder Programmierkurs mit einem *Hello-World*-Programm. Die Aufgabe dieses simplen Programms ist es, die Zeichenkette `Hello, World!` auf den Bildschirm auszugeben.

Das klingt trivial – und ist es natürlich auch. In Wirklichkeit geht es bei *Hello, World!* gar nicht um den erforderlichen Programmcode, sondern vielmehr darum, dass Sie das zur Programmentwicklung notwendige Umfeld einrichten.

Bevor Sie loslegen können, müssen Sie nur zwei Dinge erledigen: Die Programmiersprache Python installieren und sich für einen geeigneten Editor oder eine Entwicklungsumgebung entscheiden. In diesem Kapitel erläutere ich Ihnen die Vorgehensweise für verschiedene Betriebssysteme.

1.1 Python installieren

Linux

Beginnen wir mit dem einfachsten Fall: Unter Linux ist Python fast ausnahmslos schon installiert. Sie müssen nur noch feststellen, um welche Version es sich handelt. Dazu öffnen Sie ein Terminalfenster und führen das folgende Kommando aus (siehe Abbildung 1.1):

```
python3 --version
  Python 3.12.2
```

Achten Sie auf die richtige Schreibweise des `python`-Kommandos! Unter Linux war es lange Zeit üblich, das veraltete Python 2 (Kommando `python`) und die aktuelle Version 3 (Kommando `python3`) parallel zu installieren. In aktuellen Distributionen gibt es nur noch Python 3. Bei manchen Distributionen bezieht sich das Kommando python sogar schon auf Version 3. Viele Distributionen sind aber beim etablierten Kommando python3 geblieben. Bei Debian und Ubuntu haben Sie die Wahl: Wenn Sie das Zusatzpaket python-is-python3 installieren, können Sie anschließend gleichermaßen die Kommandos python und python3 verwenden, um Python 3 auszuführen.

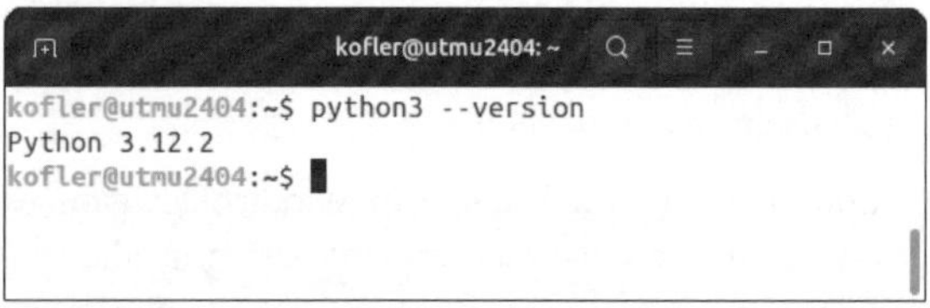

Abbildung 1.1 Test der Python-Installation unter Ubuntu

> **Python-Version**
>
> Für dieses Buch habe ich alle Beispielprogramme mit Python 3.12 getestet. Nahezu alle Beispiele laufen aber ebenso gut auf älteren Python-Installationen ab Version 3.7. Das liegt daran, dass Python in den kleinen Versionsnummernsprüngen jeweils nur um relativ wenige Details verändert bzw. um Zusatzfunktionen erweitert wird. Diese Features spielen für dieses Buch nur eine untergeordnete Rolle.

Es ist höchst unwahrscheinlich, dass Python 3 nicht installiert ist. Das Kommando python3 liefert dann die Fehlermeldung command not found. Dieses Manko beheben Sie durch die Installation des betreffenden Pakets. Unter Ubuntu müssen Sie z. B. in einem Terminalfenster sudo apt install python3 ausführen.

Windows

Unter Windows ist Python standardmäßig nicht installiert. Auf der folgenden Webseite finden Sie Links zu den gerade aktuellsten Python-Releases für Windows:

https://python.org/downloads/windows

Nachdem Sie die gewünschte Versionsnummer ausgewählt haben, müssen Sie sich noch für das richtige Installationsprogramm entscheiden. In der Regel ist das der *Windows installer (64 bit)*.

Achten Sie darauf, dass Sie im Installationsprogramm die Option ADD PYTHON.EXE TO PATH aktivieren (siehe Abbildung 1.2), bevor Sie auf INSTALL NOW klicken! Diese Option stellt sicher, dass Sie Python später unkompliziert im Terminal starten können.

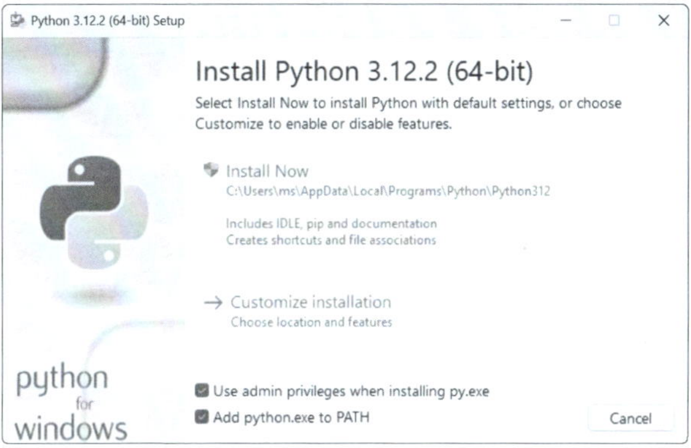

Abbildung 1.2 Python-Installationsprogramm für Windows

Nachdem die eigentliche Installation abgeschlossen ist, haben Sie die Möglichkeit, das Windows-typische Limit von 260 Zeichen für den Start von Kommandos aufzuheben. Wenn ein Python-Programm mit vielen Parametern aufgerufen wird, kann dieses Limit Fehler verursachen. Klicken Sie daher auf den Button DISABLE PATH LENGTH LIMIT. (Der Button wird nicht angezeigt, wenn das Limit schon bei einer früheren Installation oder auf einem anderen Weg deaktiviert wurde.)

Nach der Installation öffnen Sie ein Terminalfenster und verifizieren, ob sich Python starten lässt. Beachten Sie, dass der Kommandoname einfach `python` lautet (nicht `python3` wie unter Linux und macOS):

```
python --version
  Python 3.12.2
```

Vermeiden Sie Mehrfachinstallationen!

Unter Windows ergeben sich oft Probleme durch die parallele Installation mehrerer Python-Versionen. Der Microsoft Store sowie diverse Editoren und Entwicklungsumgebungen bieten Ihnen an, die jeweils neueste Version von Python zu installieren. Wenn Sie unbedacht einwilligen, ist Python mehrfach installiert. Welche Version dann tatsächlich zum Einsatz kommt, hängt von der Einstellung der PATH-Variablen und von der Konfiguration des Editors ab. Mit etwas Pech installieren Sie mit `pip` Zusatzmodule für die eine Version von Python, während Sie Ihr Script in der anderen Version ausführen. Das Script meldet dann einen Fehler, weil es das Modul nicht findet.

Meine Empfehlung für solche Fälle: Entfernen Sie zuerst sämtliche Python-Installationen, und führen Sie die Installation der gerade aktuellen Version dann *einmal* wie vorhin beschrieben aus.

macOS

Den einfachsten Weg, Python 3 unter macOS zu installieren, bietet das grafische Installationsprogramm (`*.pkg`-Datei, siehe Abbildung 1.3). Sie finden es auf der Python-Downloadseite:

https://python.org/downloads

Nach der Installation überzeugen Sie sich wie unter Linux in einem neu gestarteten Terminalfenster davon, dass alles geklappt hat:

```
python3 --version
  Python 3.12.2
```

Immer noch im Terminalfenster führen Sie schließlich dieses Kommando aus, wobei Sie gegebenenfalls `3.12` durch eine neuere Python-Versionsnummer ersetzen:

```
/Applications/Python\ 3.12/Install\ Certificates.command
```

Damit erreichen Sie, dass Root-Zertifikate installiert werden, mit denen Python-Programme die HTTPS-Verschlüsselung verifizieren können. Hintergrundinformationen zu diesem Schritt geben die Readme-Datei, die während der Installation angezeigt wird, sowie Abschnitt 16.1, »Download und Upload von Dateien«.

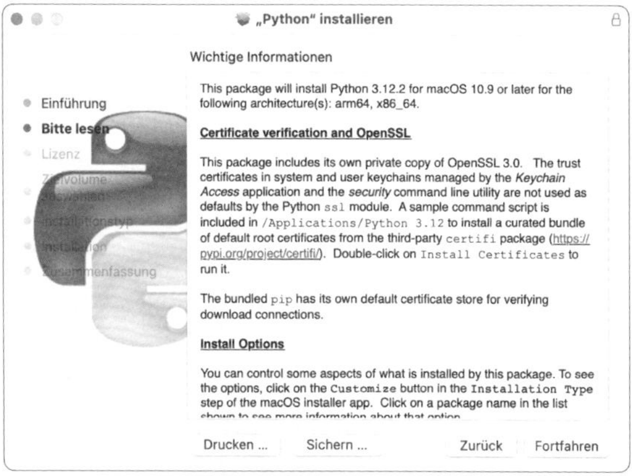

Abbildung 1.3 Installation von Python unter macOS

1.2 »Hello, World!« in der Python-Shell

Bei vielen Programmiersprachen müssen Sie zuerst in einem Editor Code verfassen, bevor Sie diesen ausprobieren können. Eine Besonderheit von Python besteht darin, dass Sie damit auch einzelne Anweisungen interaktiv ausführen können. Dazu öffnen Sie ein Terminalfenster und führen darin das Kommando `python` oder `python3` aus. In jedem Fall gelangen Sie nun in einen Kommandointerpreter, der oft auch als *Shell* bezeichnet wird.

Die zentrale Aufgabe dieses Kapitels, nämlich `Hello, World!` auszugeben, gelingt dort durch die simple Eingabe von `print("Hello, World!")` (siehe Abbildung 1.4).

Um die Python-Shell zu beenden, drücken Sie unter Linux oder macOS einfach Strg+D. Unter Windows gelingt das Kunststück mit Strg+Z und ↵. Auf allen Betriebssystemen funktioniert außerdem `exit()`.

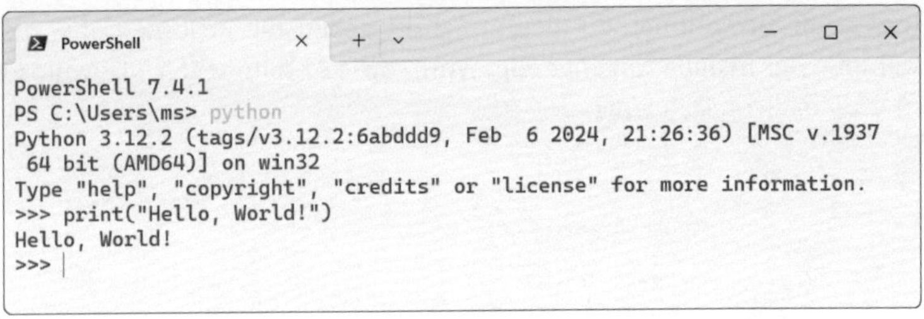

Abbildung 1.4 »Hello, World!« in einer Python-Shell, die hier in einem Terminal unter Windows ausgeführt wird

Python in der Shell kennenlernen

Die Python-Shell ist mehr als eine nette Spielerei für Python-Einsteiger. Auch Profis starten oft die Shell, um dort interaktiv einige Anweisungen auszuprobieren. Bei fehlerhaften Eingaben können Sie mit den Cursortasten durch die bisherigen Anweisungen scrollen, diese korrigieren und mit [↵] erneut ausführen.

Sie können in der Shell eigene Variablen definieren. Ausgaben gelingen sogar ohne `print`, weil der Interpreter das Ergebnis eines Ausdrucks ohnedies automatisch anzeigt:

```
>>> name='Michael'
>>> 'Hallo ' + name + '!'
'Hallo Michael!'
```

Die Shell eignet sich wunderbar, um die beachtlichen Rechenkünste von Python zu zeigen. Für ganze Zahlen gibt es keine Einschränkung des Zahlenraums, wie die Berechnungen von 2^5, 2^{100} und 2^{1000} mit dem Operator `**` beweisen:

```
>>> 2**5
32
>>> 2**100
1267650600228229401496703205376
>>> 2**1000
1071508607186267320948425049060001810561404811705533607443
```

```
7503883703510511249361224931983788156958581275946729175531
4682518714528569231404359845775746985748039345677748242309
8542107460506237114187795418215304647498358194126739876755
9165543946077062914571196477686542167660429831652624386837
205668069376
```

Auch zum Kennenlernen von Zeichenketten bietet sich die Shell an. (Details zum Umgang mit Zeichenketten folgen in Kapitel 6.)

```
>>> s='Lernen Sie Python kennen!'
>>> len(s)        # Länge der Zeichenkette ermitteln
25
>>> s.upper()     # in Großbuchstaben umwandeln
'LERNEN SIE PYTHON KENNEN!'
>>> s.lower()     # in Kleinbuchstaben umwandeln
'lernen sie python kennen!'
>>> s.find('Python')       # suchen und ...
11
>>> s.replace('e', 'x')  # ersetzen
'Lxrnxn Six Python kxnnxn!'
>>> s[5:10]                # Zeichenketten ausschneiden
'n Sie'
```

Ebenso spielerisch können Sie sich mit Listen oder anderen elementaren Python-Datenstrukturen anfreunden (siehe Kapitel 8, »Listen, Tupel, Sets und Dictionaries«):

```
>>> lst = [1, 2, 4, 8, 16]   # eine fünfteilige Liste
>>> lst[2]                   # das dritte Element
                             # (die Zählung beginnt mit 0)
4
>>> lst.extend([32])         # Element am Ende hinzufügen
>>> lst
[1, 2, 4, 8, 16, 32]
                             # die Formel x -> x*2+1 auf
                             # alle Elemente anwenden
>>> list(map(lambda x: x*2 + 1, lst))
[3, 5, 9, 17, 33, 65]
```

Sie können sogar mehrzeilige Anweisungen eingeben, z. B. `for`-Schleifen (siehe Kapitel 9, »Verzweigungen und Schleifen«). Dabei sind zwei Dinge zu beachten: Zum einen müssen die Anweisungen innerhalb der Schleife durch Leerzeichen eingerückt werden, und zum anderen müssen Sie die gesamte Eingabe durch *zweimaliges* [↵] abschließen. Der Python-Interpreter stellt der ersten Zeile >>> voran, bei allen Folgezeilen erscheinen drei Punkte:

```
>>> for i in range(4):
...     print(i)
...
0
1
2
3
```

Codedarstellung in diesem Buch

Sie können (und sollten!) viele Beispiele dieses Buchs direkt im Python-Interpreter ausprobieren. In den weiteren Listings im Buch verzichte ich aber darauf, Eingaben durch >>> zu kennzeichnen. Vielmehr werden Ausgaben ein wenig eingerückt, z. B. so:

```
print('Hello, World!')
   Hello, World!
```

1.3 »Hello, World!« als eigenständiges Programm

Nachdem Sie Python nun ein wenig kennengelernt haben, besteht Ihr nächstes Ziel darin, ein eigenständiges Programm zu entwickeln, das `Hello, World!` auf dem Bildschirm ausgibt. Im Prinzip reicht dazu ein beliebiger Editor wie Notepad++. Allerdings müssen Sie sich dann selbst um die Ausführung des Codes kümmern, was ein wenig mühsam ist (siehe auch Abschnitt 14.1, »Python-Scripts ausführen«).

Viel angenehmer ist es, Python mit einem für diese Sprache optimierten Programm zu erlernen: Ich empfehle Ihnen dafür den kostenlosen Editor *Visual Studio Code* (im Folgenden kurz *VSCode*). Wenn Sie später in die Profiliga aufsteigen, werden Sie sich vielleicht mit einer richtigen Python-Entwicklungsumgebung (z. B. *PyCharm*) oder mit den *Jupyter-Notebooks* (siehe Kapitel 20, »Wissenschaftliche Anwendung«) anfreunden.

VSCode samt Python-Erweiterung installieren

Installationsdateien für das Programm VSCode finden Sie für alle gängigen Betriebssysteme auf der folgenden Website:

https://code.visualstudio.com/download

VSCode ist ein universeller Editor für alle erdenklichen Programmiersprachen. Sobald Sie ein erstes Python-Programm unter `<name>.py` speichern oder eine fremde Python-Datei öffnen (z. B. eine Beispieldatei zu diesem Buch), bietet VSCode Ihnen an, die Python-Erweiterung zu installieren. Dieser Empfehlung sollten Sie unbedingt folgen.

Die Python-Erweiterung bringt zwei wesentliche Vorteile mit sich:

- VSCode »versteht« damit Ihren Python-Code besser, hebt verschiedene Codekomponenten klarer hervor und hilft bei Codeumbauten.
- VSCode sucht auf Ihrem Rechner nach der Python-Installation und blendet einen RUN-Button ein, mit dem Sie Ihr Programm bequem mit einem Klick ausführen können.

VSCode-Schnelleinstieg

Dieses Buch ist nicht der richtige Ort für eine VSCode-Einführung. Im Internet finden Sie bei Bedarf eine Menge Tutorials. Ich beschränke mich hier auf zwei Tipps:

- VSCode »denkt« in Verzeichnissen. Erstellen Sie auf Ihrem Rechner ein Verzeichnis für Ihre ersten Python-Experimente, unter Windows am besten innerhalb von `Dokumente`. In VSCode führen Sie dann FILE • OPEN FOLDER aus, um Ihr Verzeichnis zu öffnen. In der Folge können Sie alle Dateien in diesem Verzeichnis bequem bearbeiten. Um später Dateien aus einem anderen Verzeichnis zu öffnen, wiederholen Sie FILE • OPEN FOLDER.

- Verwenden Sie beim Speichern neuer Codedateien die Kennung `*.py`. Spätestens dann erkennt VSCode, dass die Datei Python-Code enthält.

Das minimalistische Hello-World-Programm

Nachdem Sie in VSCode eine neue, noch leere Datei erzeugt haben, geben Sie die folgende Zeile ein und speichern die Datei als `HelloWorld.py`:

```
print('Hello, World!')
```

Sofern Sie die Python-Erweiterung installiert haben, können Sie das Programm mit dem RUN-Button starten (siehe Abbildung 1.5).

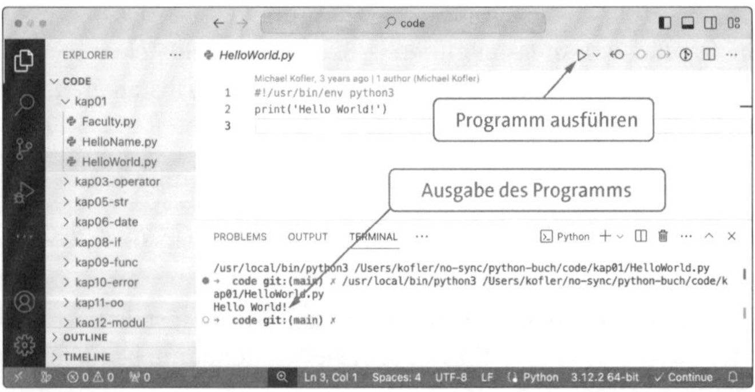

Abbildung 1.5 »Hello, World!« im Editor »VSCode« unter macOS

> **Shebang-Zeile**
>
> Alle Beispieldateien zu diesem Buch beginnen mit der folgenden Zeile:
>
> ```
> #!/usr/bin/env python3
> ```
>
> In Abschnitt 14.1, »Python-Scripts ausführen«, erkläre ich Ihnen, dass diese Zeile den merkwürdigen Namen »Shebang« hat. Der Shebang ist erforderlich, um Python-Programme unter Linux und macOS eigenstän-

dig (ohne den RUN-Button des Editors) auszuführen. Solange Sie das nicht vorhaben, können Sie auf diese Anweisung verzichten. Windows ignoriert die Zeile, dort ist nur die Kennung `*.py` wichtig.

Noch ein Beispiel

Selbst für Kapitel 1 ist die simple Ausgabe von `Hello, World!` ein wenig langweilig. Starten Sie nochmals einen Editor, geben Sie den folgenden Code ein, und speichern Sie das Programm unter dem Namen `HelloName.py`:

```
# Beispieldatei HelloName.py
import time, locale
name = input('Geben Sie Ihren Namen an: ')
print('Hallo %s!' % name)
# Datum und Zeit in deutscher Lokalisierung
locale.setlocale(locale.LC_ALL, 'de_DE')  # Linux, macOS
locale.setlocale(locale.LC_ALL, 'german') # Windows
time = time.strftime('Heute ist %A, der %d. %B.')
print(time)
```

Wenn Sie das Programm ausführen, fragt es zuerst nach Ihrem Namen. Nachdem Sie ihn eingegeben haben, begrüßt das Programm Sie und zeigt das aktuelle Datum an (siehe Abbildung 1.6). Der Programmcode enthält eine Menge Anweisungen, die Sie noch nicht kennen, deren Bedeutung aber leicht zu verstehen ist:

- `import` liest (aktiviert) zwei Python-Erweiterungen, die *Module* genannt werden. `time` stellt Funktionen zum Umgang mit Datum und Uhrzeit zur Verfügung. `locale` kümmert sich um die Lokalisierung, also um die Anpassung an landessprachliche Besonderheiten.
- Die Funktion `input` gibt die angegebene Zeichenkette am Bildschirm aus und nimmt dann eine Eingabe entgegen. Im Beispielprogramm wird diese Eingabe in der Variablen `name` gespeichert.
- `print` gibt `Hallo %s!` aus, wobei `%s` aber durch den Inhalt der nachfolgend genannten Variablen ersetzt wird.

- `locale.setlocale(...)` sagt Python, dass es deutsche Spracheinstellungen anwenden soll. Ohne diese Anweisung verwendet Python standardmäßig eine englische Lokalisierung und würde den Wochentag auf Englisch ausgeben.
- `time.strftime(...)` ist eine Methode, die Datums- und Zeitdaten in der jeweiligen Landessprache formatiert. Das Ergebnis wird in einer zweiten Variablen, `time`, gespeichert.
- `print` gibt schließlich den Inhalt dieser Variablen aus.

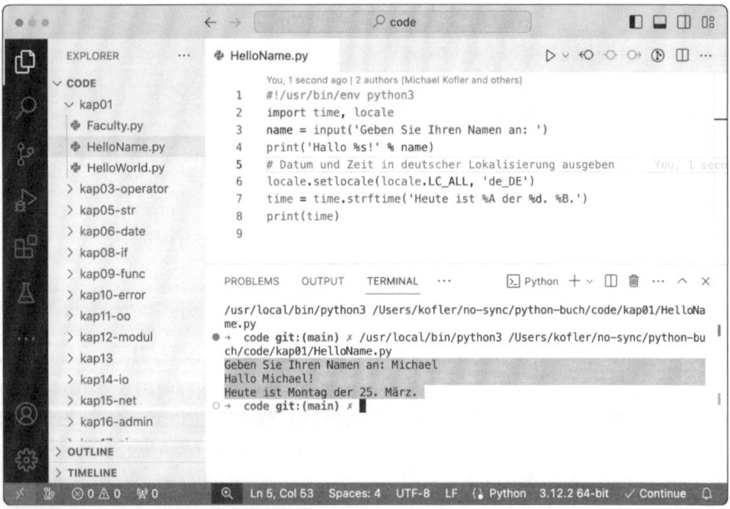

Abbildung 1.6 Ein etwas komplexeres Programm in »VSCode«

Selbstverständlich werden Sie alle hier aufgezählten Sprachelemente von Python in den folgenden Kapiteln noch im Detail kennenlernen.

Beispieldateien zum Buch

Viele Listings in diesem Buch sind nur wenige Zeilen lang. Sie können die Anweisungen direkt im Python-Interpreter ausprobieren.

Daneben gibt es aber auch längere Listings, die wie das vorige Beispiel in einer Datei zu speichern sind. Solche Listings beginnen mit dem Kommentar `# Beispieldatei name.py`. Das bedeutet, dass Sie sich die Tipparbeit sparen können. Sie finden die entsprechende Datei in den Beispieldateien zum Buch im Verzeichnis für das betreffende Kapitel (also z. B. in `kap06` für die Beispiele zu Kapitel 6, »Zeichenketten«). Die Beispieldateien zum Buch können Sie hier herunterladen:

https://www.rheinwerk-verlag.de/5882

»Richtige« Entwicklungsumgebungen

Wenn Sie Python gerade lernen, empfehle ich Ihnen, mit VSCode zu arbeiten oder vielleicht Thonny auszuprobieren (siehe *https://thonny.org*). Sie haben aber vielleicht schon gehört, dass fortgeschrittene Programmierer sogenannte *Entwicklungsumgebungen* (*Integrated Development Environments*, IDEs) verwenden, z. B. Visual Studio für C#, Eclipse für Java oder Xcode für Swift. Gibt es derartige Programme auch für Python?

Tatsächlich stehen eine Menge IDEs für Python zur Auswahl. Die folgende Webseite zählt rund 30 Programme auf. Bei einem Teil davon handelt es sich »nur« um Erweiterungen für Entwicklungsumgebungen, die ursprünglich für andere Sprachen konzipiert wurden. Viele der aufgezählten Programme sind kostenlos verfügbar; einige IDEs sind hingegen kommerzielle Programme.

https://wiki.python.org/moin/IntegratedDevelopmentEnvironments

IDEs sind bei komplexen Projekten, die aus mehreren Dateien bestehen und die viele externe Module einbinden, eine große Hilfe. Gute IDEs unterstützen Sie bei der Codeeingabe, machen die Python-Dokumentation rasch zugänglich und helfen bei der Fehlersuche. Zum Lernen von Python und für die in diesem Grundkurs präsentierten, durchwegs sehr einfachen Beispielprogramme kommen Sie aber gut ohne eine Python-Entwicklungsumgebung aus.

Ich rate Ihnen daher, mit der Auswahl und dem Einsatz einer IDE abzuwarten, bis Sie etwas Routine mit Python gewonnen haben. Andernfalls kann es gut passieren, dass Sie viel Zeit investieren bzw. vergeuden, um sich mit den vielfältigen Funktionen diverser IDEs auseinanderzusetzen. Momentan sollte hingegen das Lernen von Python im Vordergrund stehen.

1.4 Elementare Syntaxregeln

Bevor ich in den folgenden Kapiteln im Detail verschiedene Sprachelemente von Python erläutere, möchte ich an dieser Stelle einen ersten Überblick über die Syntax von Python geben.

Anweisungen

Python-Anweisungen sind normalerweise einzeilig. Sie werden im Gegensatz zu vielen anderen Programmiersprachen nicht durch einen Strichpunkt oder ein anderes Zeichen abgeschlossen.

Mehrzeilige Anweisungen sind erlaubt, wenn ihr Anfang und Ende durch Klammern eindeutig hervorgeht, z. B. aufgrund offener Klammern. Wenn Python die mehrzeilige Struktur nicht erkennt (was leider der Regelfall ist), müssen Sie die Anweisungen mit dem Trennzeichen \ bilden:

```
print('abc',
      'efg')
a = 1 + 2 + \
    3 + 4
```

Anweisungen dürfen mit einem Strichpunkt abgeschlossen werden. Normalerweise ist dieser Strichpunkt optional und hat keine Auswirkungen auf die Programmausführung. Strichpunkte erlauben es aber, mehrere Anweisungen in einer Zeile zu formulieren:

```
a=1; b=2; c=3
```

Die obige Dreifachzuweisung können Sie auch auf eine andere Art durchführen, indem Sie sowohl die Variablen als auch die Werte in Gruppen angeben, deren Bestandteile jeweils durch Kommas getrennt werden.

Python-intern werden dabei Tupel gebildet. Beide Varianten sind *richtig*, aber die zweite Variante entspricht eher den Sprachkonzepten von Python.

```
a, b, c = 1, 2, 3
```

Blockelemente

In Python gibt es wie in jeder anderen Programmiersprache Sprachelemente, die einen ganzen Block weiterer Anweisungen einleiten, z. B. Verzweigungen mit `if`, Schleifen mit `for` und `while` oder Funktionsdefinitionen mit `def`. In Python sind derartige Sprachelemente immer mit einem Doppelpunkt gekennzeichnet. Alle weiteren Anweisungen, die zum entsprechenden Block gehören, müssen eingerückt werden. Dafür entfallen die in anderen Sprachen üblichen Klammern. Also:

```
if xxx:
    anweisung1a
    anweisung1b
else:
    anweisung2a
    anweisung2b
    anweisung2c
```

Wenn die Bedingung `xxx` erfüllt ist, werden die Anweisungen 1a und 1b ausgeführt; ist sie nicht erfüllt, werden stattdessen die Anweisungen 2a, 2b und 2c ausgeführt. Mehr Details zu `if` und `else` folgen in Kapitel 9, »Verzweigungen und Schleifen«.

Entscheidend ist in Python, dass die Codeeinrückung nicht wie bei anderen Programmiersprachen optional ist, sondern Teil der Syntax!

Richtig einrücken

Für das Ausmaß der Einrückung gibt es keine starren Regeln: Ein Zeichen reicht, empfohlen werden wegen der besseren Lesbarkeit vier Zeichen. Bei einigen Listings in diesem Buch beträgt die Einrückung aus Platzgründen nur zwei Zeichen.

Nicht empfohlen ist die Verwendung von Tabulatorzeichen. Die meisten Editoren können so konfiguriert werden, dass zum Einrücken immer Leerzeichen verwendet werden. Wenn Sie doch Tabulatoren verwenden, nimmt Python an, dass sich die Tabulatorpositionen an Vielfachen von acht Zeichen befinden.

Code darf auch direkt nach einem Blockelement angegeben werden. In einfachen Fällen lassen sich so einzeilige Bedingungen oder Schleifen formulieren:

```
if xxx: anweisung
```

Auf diese Weise lassen sich auch mehrere Anweisungen in einer Zeile ausführen:

```
if xxx: anweisung1; anweisung2; anweisung3
```

»print«

Beim Kennenlernen von Python sowie in ersten Testprogrammen ist die `print`-Funktion allgegenwärtig. Damit können Sie unkompliziert Variableninhalte oder Testnachrichten ausgeben. Die Bedeutung von `print` wird aber im Laufe der Zeit nachlassen: Je intensiver Sie programmieren, desto seltener werden Sie Ausgaben mit `print` durchführen – entweder schreiben Sie Resultate direkt in Dateien, oder Sie verwenden eine grafische Benutzeroberfläche zur Interaktion mit den Anwendern.

Die Syntax von `print` ist einfach: Sie übergeben einen oder mehrere Parameter in runden Klammern an die Funktion. `print` wandelt jeden der Parameter in Zeichenketten um und gibt alle Zeichenketten aus. Dabei wird zwischen den Parametern jeweils ein Leerzeichen und am Ende ein Zeilenumbruchzeichen gesetzt, sodass jede `print`-Anweisung in einer neuen Zeile startet. `print` ist also sehr unkompliziert zu verwenden und kommt mit nahezu jeder Art von Python-Objekt zurecht, also auch mit Listen, Tupeln und Sets. Probieren Sie es im Python-Interpreter aus!

```
>>> print(1, 2, 3/4, 'abc', 2==3)
1 2 0.75 abc False
```

```
>>> print('1/7 ist', 1/7)
1/7 ist 0.14285714285714285
>>> x, y, z = ['eine', 'Liste'], ('ein', 'Tupel'),
              {'ein', 'Set'}
>>> print(x, y, z)
['eine', 'Liste'] ('ein', 'Tupel') {'ein', 'Set'}
```

`print` kennt drei optionale Parameter:

- `sep` stellt die Zeichenkette ein, die zwischen den Parametern ausgegeben wird – standardmäßig `' '`.
- `end` definiert die Zeichenkette, die nach dem letzten Parameter ausgegeben wird – standardmäßig `'\n'` (also »neue Zeile«).
- `file` bestimmt, wo die Ausgabe durchgeführt wird. Normalerweise werden die Ausgaben zur Standardausgabe umgeleitet, also am Bildschirm angezeigt. `file` gibt Ihnen die Möglichkeit, die Ausgaben in eine Textdatei zu schreiben.

```
>>> print(1, 2, 3, sep='---')
1---2---3
>>> print(1, 2, 3, sep=';', end='.\nEOF\n')
1;2;3.
EOF
>>> f = open('out.txt', 'w')
>>> print(1, 2, 3, file=f)
>>> f.close()
```

»input«

So wie Sie mit `print` Ausgaben in einem Terminalfenster durchführen können, verarbeitet `input` Texteingaben. `input` gibt zuerst den im optionalen Parameter angegebenen Text aus und erwartet dann eine Eingabe, die mit [↵] abgeschlossen werden muss.

```
name = input('Geben Sie Ihren Namen an: ')
print('Ihr Name lautet:', name)
```

Leere Eingaben, also ein [↵] ohne Text, quittiert `input` mit einem `EOFError`. Wenn Ihr Programm das `readline`-Modul lädt (durch `import readline` am Beginn des Codes), dann stehen bei wiederholten Eingaben Editierfunktionen zur Verfügung. Beispielsweise kann der Nutzer Ihres Programms dann mit den Cursortasten zuvor eingegebene Zeichenketten wiederverwenden und ändern.

`input` liefert immer Zeichenketten zurück. Wenn Sie mit der Eingabe rechnen wollen, müssen Sie sich um die Umwandlung in eine Zahl kümmern, z. B. mit `int` für ganze Zahlen:

```
n = int(input('Geben Sie eine Zahl ein: '))
print(n*2)
```

Auch in diesem Fall kommt es zu einem Fehler, wenn die Eingabe (z. B. `abc`) keine gültige Zahl ist.

Module und »import«

Für den Einstieg wirkt Python oft sehr groß und komplex, aber in Wirklichkeit ist die Anzahl der unmittelbar in Python implementierten Funktionen durchaus überschaubar. Alle erdenklichen Zusatzfunktionen sind nicht im Sprachkern von Python realisiert, sondern in Form von Modulen, die selbst in Python programmiert wurden.

Module müssen vor ihrer Verwendung importiert werden. Dafür gibt es diverse Syntaxvarianten, von denen ich hier nur die wichtigsten nenne. (Kapitel 13, »Module«, geht auf dieses Thema ausführlicher ein.)

- `import modulname`: Diese Anweisung liest das Modul. Anschließend können Sie alle darin definierten Funktionen in der Schreibweise `modulname.funktionsname()` nutzen. Mit `import m1, m2, m3` können Sie auch mehrere Module auf einmal importieren.
- `import modulname as m`: Bei dieser Variante können die im Modul definierten Funktionen in der Form `m.funktionsname()` verwendet werden. Bei langen Modulnamen minimiert das den Tippaufwand und macht den Code übersichtlicher.

- `from modulname import n1, n2`: Bei dieser Variante können Sie die Funktionen oder Klassen `n1` und `n2` ohne das Voranstellen des Modulnamens verwenden.
- `from modulname import *`: Diese Anweisung importiert alle Symbole aus dem angegebenen Modul, deren Name nicht mit __ beginnt (also mit zwei Unterstrichen zur Kennzeichnung interner Symbole).

  Vorsicht: Bei dieser Variante kann es passieren, dass Sie unbeabsichtigt den Inhalt gleichnamiger Variablen überschreiben!

Python-intern bewirkt `import`, dass die Datei `<modulname>.py` gelesen und ausgeführt wird. Es ist üblich, `import`-Anweisungen immer an den Anfang eines Python-Scripts zu setzen.

Viele Module enthalten einfach die Definition diverser Funktionen; damit sind diese Funktionen Python nun bekannt und können genutzt werden. Module können aber auch Code enthalten, der sofort ausgeführt wird, beispielsweise um Initialisierungsarbeiten durchzuführen.

Namenskonflikte zwischen Ihrem Script und einem Modul

Vermeiden Sie im lokalen Verzeichnis Dateinamen, die mit den Modulnamen übereinstimmen, die Sie verwenden!

Wenn Sie beispielsweise in einem Python-Script `import csv` ausführen und es im lokalen Verzeichnis die Datei `csv.py` gibt, dann wird diese Datei anstelle des gewünschten Python-Moduls zur Verarbeitung von CSV-Dateien importiert.

Kommentare

Einfache Kommentare werden mit dem Zeichen # eingeleitet und reichen bis zum Ende der Zeile:

```
# ein Kommentar
print('abc')  # noch ein Kommentar
```

Mit `"""` bzw. `'''` können Sie mehrzeilige Kommentare bilden:

```
""" ein langer
    Kommentar """
```

Genau genommen dient """ zur Bildung mehrzeiliger Zeichenketten. Tatsächlich ist auch der obige Kommentar eine solche Zeichenkette – aber eine, die im Code zwar definiert, jedoch nicht genutzt wird.

Wenn mit """ eingeleitete Kommentare richtig platziert sind (z. B. unmittelbar nach der Definition einer Funktion oder einer Klasse), gelten sie als sogenannte *Docstrings* und werden vom Python-internen Dokumentationssystem ausgewertet. Auf die Details gehe ich in diesem Buch nicht ein, Sie können sie im Internet nachlesen:

https://python.org/dev/peps/pep-0257
https://en.wikipedia.org/wiki/Docstring

1.5 Wiederholungsfragen

- **W1:** Python-Scripts werden durch einen Interpreter ausgeführt. Was bedeutet das?
- **W2:** Sind in Python mehrzeilige Anweisungen erlaubt?
- **W3:** Wie können Sie mehrere Anweisungen in einer Zeile ausführen?
- **W4:** Welche Bedeutung hat eingerückter Code?
- **W5:** Wie können Sie bei `print` den Zeilenumbruch nach der Ausgabe verhindern?
- **W6:** Was sind Module, und wie werden sie verwendet?
- **W7:** Wie werden in Python Kommentare formuliert?

2

Kapitel 2
Python lernen mit KI-Unterstützung

In diesem Buch gehe ich davon aus, dass Sie Python erlernen wollen – vielleicht mit dem Vorwissen einer anderen Programmiersprache, vielleicht im Rahmen eines Kurses oder einer Übung an einer (Fach-) Hochschule.

Der Zugang zu einem KI-Assistenten wie *ChatGPT* kann Sie beim Lernen maßgeblich unterstützen. Auf den folgenden Seiten zeige ich Ihnen, wie Sie damit Code erstellen, verbessern und korrigieren.

ChatGPT und Co. bergen aber eine große Gefahr in sich: Wenn Sie alle Arbeitsaufgaben, Hausübungen etc. einfach an die KI delegieren, sind Sie zwar schnell fertig, lernen aber nichts. Das geht am Ziel dieses Buchs vorbei.

Anfänglich werden Sie den Eindruck gewinnen, dass ChatGPT immer besser programmiert als Sie. Das hat auch mit der Natur dieses Buchs und seiner Beispiele zu tun. Vergleichbares Lernmaterial wurde sicher auch als Trainingsmaterial für ChatGPT verwendet. Entsprechend kann ChatGPT brillieren. Je komplexer, neuartiger, origineller die Fragestellung ist, desto eher stoßen Sie auf die Grenzen von KI-Assistenten.

In den vergangenen Jahren habe ich die Überzeugung gewonnen, dass KI-Tools umso hilfreicher sind, je größer die eigene Coding-Erfahrung ist. Unter dieser Voraussetzung können Sie mit KI-Tools viele Aufgaben schneller und effizienter erledigen.

Ohne Coding-Know-how werden Sie dagegen schon bei der Eingabe der richtigen »Prompts« scheitern: Sie müssen Ihrem KI-Assistenten ja erklären, was Sie genau wollen bzw. wie er vorhandenen Code verändern soll. Das geht nur mit dem richtigen Fachvokabular und einem klaren Verständnis dafür, wie Code funktioniert. Kurz und gut: KI-Tools machen das eigenständige Programmieren keineswegs überflüssig.

ChatGPT und seine Alternativen

In den folgenden Beispielen beziehe ich mich auf die im Frühjahr 2024 kostenlos zugängliche Website von ChatGPT (*https://chatgpt.com*). Natürlich gab es schon beim Verfassen dieses Buchs diverse Alternativen zu ChatGPT; bis das Buch erschienen ist, werden es noch mehr sein. Verwenden Sie die Tools, die Ihnen am ehesten zusagen!

Wichtig ist, dass das von Ihnen eingesetzte Programm bzw. Sprachmodell für Programmieraufgaben trainiert wurde. Bei ChatGPT ist das der Fall. Ich habe mit der kostenlosen Variante sehr gute Erfahrungen gemacht. Losgelöst davon gilt: Setzen Sie das KI-Tool Ihrer Wahl ein!

Wie viel Vorwissen ist notwendig?

Beim Verfassen dieser Seiten habe ich mich gefragt: Wo ist der ideale Platz für dieses Kapitel? Letztlich habe ich mich dazu entschlossen, es bereits hier zu platzieren, also direkt nach der Einleitung. Das trägt meiner Überzeugung Ausdruck, dass ChatGPT bereits bei den allerersten Lernschritten eine wertvolle Hilfe sein kann.

Andererseits setzen die folgenden Beispiele voraus, dass Sie sich schon ein wenig mit Python auskennen. Die Beispiele nehmen Bezug auf Informationen, die ich erst in den folgenden Kapiteln behandle. Wenn Sie noch über gar kein Vorwissen verfügen, dann lassen Sie sich nicht davon irritieren, dass Ihnen nicht alle Zusammenhänge klar sind bzw. dass dass Sie die Codebeispiele nicht verstehen.

Betrachten Sie die folgenden Abschnitte einfach als Anregung, und lesen Sie das Kapitel vielleicht in ein, zwei Wochen noch einmal! Es ist ein großer Unterschied, ob Sie KI-Tools einsetzen, um etwas zu tun, wovon Sie selbst keine Ahnung haben, oder ob Sie der KI Aufgaben übertragen, die Sie auch selbst lösen könnten. Ersteres wird oft scheitern, während Zweiteres eine Menge Zeit sparen kann.

2.1 Mein Programm funktioniert nicht! Warum?

Nichts ist frustrierender, als eine Stunde vor dem Computermonitor zu sitzen, alles so gemacht zu haben, wie es unterrichtet wurde, und der Computer – genau genommen der Python-Interpreter – will Ihren Code einfach nicht so ausführen, wie Sie sich das vorstellen. Das Programm gibt gar nichts oder vollkommen falsche Ergebnisse aus. Oder Ihr Programm ist in einer Endlosschleife hängengeblieben, und Sie erkennen den Fehler einfach nicht.

Fast immer geht es dabei um Logikfehler. Syntaxfehler, ausgelöst z. B. durch fehlende Klammern oder Anführungszeichen, sind natürlich auch lästig. Aber die erkennt zumeist schon der Editor und weist unmissverständlich darauf hin.

Sie sollten zuerst versuchen zu verstehen, was Ihr Programm eigentlich macht. Bauen Sie dazu an passenden Stellen im Code `print`-Anweisungen ein, und lassen Sie sich den Inhalt wichtiger Variablen anzeigen. Erst wenn auch das nicht hilft (geben Sie nicht gleich nach dem ersten Versuch auf!), ist es an der Zeit, ein KI-Tool um Rat zu fragen.

In diesem – zugegebenermaßen wirklich sehr einfachen – Beispiel soll das Programm die Summe und den Durchschnitt der Werte einer Liste errechnen. Aber das Ergebnis stimmt nicht.

```
lst = [17, 12, 7, 34, 70, 8, 28, 55, 111]
for i in range(lst.count):
    sum = sum + lst[i]
avg = sum / lst.count
print("Summe:", sum)
print("Durchschnitt:", avg)
```

Ich habe also den fehlerhaften Code in das ChatGPT-Eingabefeld kopiert und gefragt, warum das Programm nicht funktioniert (siehe Abbildung 2.1). Der übergebene Code sollte möglichst kurz sein, aber dennoch alle für die Fragestellung relevanten Details enthalten. Verwenden Sie außerdem aussagekräftige Variablen- und Funktionsnamen sowie Kommentare! Wenn der Code statt `sum` und `avg` die Variablen `a` und `b` verwendet, kann ChatGPT den Zweck des Codes viel schwieriger erkennen.

You

Ich möchte ein ganz einfaches Python-Programm schreiben, das die Summe und den Durchschnitt der Werte einer Liste berechnet. Aber das Programm funktioniert nicht. Kannst du mir helfen?

```
lst = [17, 12, 7, 34, 70, 8, 28, 55, 111]
for i in range(lst.count):
   sum = sum + lst[i]
avg = sum / lst.count
print("Summe:", sum)
print("Durchschnitt:", avg)
```

ChatGPT

Ja, natürlich kann ich helfen! Das Problem liegt in Ihrem Code in der Art und Weise, wie Sie versuchen, die Anzahl der Elemente in der Liste zu erhalten und wie Sie die Summe berechnen. Hier ist eine korrigierte Version Ihres Codes:

python Copy code

```python
lst = [17, 12, 7, 34, 70, 8, 28, 55, 111]

# Initialisieren der Summe
summe = 0

# Berechnen der Summe
for element in lst:
    summe += element

# Berechnen des Durchschnitts
durchschnitt = summe / len(lst)

# Ausgabe der Summe und des Durchschnitts
print("Summe:", summe)
print("Durchschnitt:", durchschnitt)
```

Hier sind die Änderungen:

1. Sie müssen `len(lst)` verwenden, um die Länge der Liste zu erhalten, anstatt `lst.count`, da `lst.count` nicht die Länge der Liste zurückgibt, sondern wie oft ein bestimmtes Element in der Liste vorkommt.
2. Es ist besser, eine separate Variable für die Summe zu verwenden, anstatt die eingebaute Funktion `sum()` zu überschreiben.
3. In der `for`-Schleife können Sie direkt über die Elemente der Liste iterieren, anstatt die Indizes zu verwenden. Das macht den Code sauberer und einfacher zu lesen.

Mit diesen Änderungen sollte Ihr Programm wie erwartet funktionieren.

Abbildung 2.1 ChatGPT schlägt eine korrekte Variante des fehlerhaften Programms vor und erklärt die Verbesserungen.

ChatGPT verbessert den Code in mehreren Punkten:

- Die Variable `summe` wird vor der Schleife mit `0` initialisiert.

  Beachten Sie, dass die Variable ursprünglich `sum` hieß. Wenn Sie wie ich englischsprachige Variablen vorziehen, müssen Sie entweder englische Prompts formulieren oder ChatGPT explizit darum bitten, englische Variablen- und Funktionsnamen zu verwenden.

- ChatGPT vereinfacht den Schleifenaufbau: Anstatt, wie es in anderen Programmiersprachen üblich ist, die Schleifenvariable `i` von 0 bis zur Elementanzahl minus 1 zu durchlaufen und dann die Elemente der Liste mit `lst[i]` auszulesen, bewirkt `for element in lst`, dass die Elemente der Liste direkt in die Schleifenvariable eingebaut werden. Das ist eleganter und geht mehreren Fehlerquellen aus dem Weg.

- Die falsch eingesetzte Methode `lst.count` wird durch `len(lst)` ersetzt.

- ChatGPT fügt Ihrem Code gleich ein paar Kommentare hinzu, die die Lesbarkeit verbessern.

Schließlich weist ChatGPT darauf hin, dass die Summe der Elemente noch einfacher mit der Python-Funktion `sum` ermittelt werden könnte.

Sie können nun den von ChatGPT vorgeschlagenen Code über die Zwischenablage in Ihren Editor einfügen und das neue Programm ausprobieren.

Tipps

Nicht immer klappt die Fehlersuche so gut wie in diesem Beispiel.

- Viele KI-Tools verstehen Deutsch beinahe so gut wie Englisch. Aber jedes KI-Tool ist nur so gut wie das Trainingsmaterial, das beim Erstellen des Sprachmodells verwendet wurde. Es gibt im Internet viel mehr englische Seiten als deutsche. Wenn Ihre Sprachkenntnisse gut genug sind, versuchen Sie, Ihre Fragestellung in Englisch zu formulieren.

- Wenn Sie mit der ersten Antwort nicht einverstanden sind, versuchen Sie es einfach noch einmal, indem Sie auf den Button REGENERATE klicken. ChatGPT formuliert eine neue Antwort, die vielleicht besser passt.

- Übergeben Sie genug Kontextinformationen. Wenn Sie die erste Frage damit einleiten, dass Sie Python-Einsteiger sind, berücksichtigt ChatGPT diese Information bei allen Antworten in der laufenden Session. Wenn es für die Fragestellung relevant ist, geben Sie auch Versionsnummern von Python bzw. einer bestimmten Bibliothek an, gegebenenfalls auch das Betriebssystem oder die Entwicklungsumgebung, mit der Sie arbeiten.
- Versuchen Sie, das eigentliche Problem möglichst gut zu isolieren. Gerade wenn Sie an größeren Programmen arbeiten, kann es helfen, nur eine fragliche Funktion zu übergeben, nicht den ganzen Code. Andernfalls kann es passieren, dass ChatGPT den gesamten Code reorganisiert. Es ist leicht, dann die Orientierung zu verlieren, weil es nicht mehr Ihr Code ist.
- Stellen Sie Folgefragen. Sie können ChatGPT z. B. darum bitten, Ihre ursprünglichen Variablennamen nicht zu ändern, Kommentare hinzuzufügen, den nun funktionierenden Code in eine Funktion zu verpacken usw. (Leider befolgt ChatGPT solche Anweisungen nicht immer perfekt.)

Noch ein Beispiel: Datentypen

Auch das zweite Beispiel ist trivial – aber es passiert nahezu jedem Anfänger früher oder später: Sie verwenden `input`, um eine Zahl einzugeben, können in der Folge aber nicht damit rechnen.

Python meldet den Fehler: *can't multiply sequence by non-int of type 'str'*. Sie verstehen diese Fehlermeldung nicht und fragen daher ChatGPT:

Prompt: Im folgenden Python-Programm kann der Benutzer eine Zahl eingeben. Python soll diese Zahl sowie ihr Quadrat ausgeben. Aber das Programm funktioniert nicht. Warum?

```
n = input("Geben Sie eine Zahl ein:")
quad = n * n
print("Das Quadrat von", n, "ist:", quad)
```

Das Problem liegt darin, dass `input()` standardmäßig eine Zeichenfolge (`str`) zurückgibt, nicht eine Zahl. Wenn du versuchst, eine Zeichenfolge mit sich selbst zu multiplizieren, wird sie einfach wiederholt, anstatt dass das Quadrat der Zahl berechnet wird.

Du musst die Benutzereingabe in eine Zahl umwandeln, bevor du sie quadrierst. Hier ist der korrigierte Code:

```
n = input("Geben Sie eine Zahl ein:")
n = float(n)  # Konvertiere die Benutzereingabe
              # in eine Gleitkommazahl
quad = n * n  # Berechne das Quadrat der Zahl
print("Das Quadrat von", n, "ist:", quad)
```

In diesem korrigierten Code wird die Benutzereingabe mit `float()` in eine Gleitkommazahl umgewandelt, damit du sie quadrieren kannst. Jetzt sollte das Programm wie erwartet funktionieren.

Der neue Code funktioniert tatsächlich, solange Sie ganze Zahlen eingeben oder die internationale Darstellung von Fließkommazahlen mit einem Dezimalpunkt verwenden. Aber der Versuch, das Quadrat von `3,5` auszurechnen, scheitert mit einer neuen Fehlermeldung: *ValueError: could not convert string to float: '3,5'.*

Erkennt ChatGPT auch dieses Mal die Ursache des Problems?

Prompt: Jetzt funktioniert das Programm für ganze Zahlen. Aber wenn ich das Quadrat von 3,5 ausrechnen will, tritt ein neuer Fehler auf. Warum?

Der neue Fehler tritt auf, weil `input()` standardmäßig eine Zeichenfolge zurückgibt, und wenn du versuchst, eine Gleitkommazahl aus einer Zeichenfolge zu erzeugen, die keine gültige Gleitkommazahl darstellt, wird ein `ValueError` ausgelöst.

Der erste Teil der Antwort ist korrekt. Im Anschluss daran schlägt ChatGPT vor (hier nicht abgedruckt), den Code mit `try/except` abzusichern (siehe Kapitel 11, »Umgang mit Fehlern (Exceptions)«). Das schadet zwar nicht, aber das Programm kommt weiterhin nicht mit Eingaben zurecht, die ein deutsches Dezimalkomma anstelle des im Englischen üblichen Dezimalpunkts verwenden.

Weil das Programm immer noch nicht funktioniert, habe ich ChatGPT einfach aufgefordert, die Antwort neu zu formulieren (REGENERATE-Button). Und siehe da, im zweiten Versuch schlägt das KI-Tool eine simple Lösung vor, die funktioniert. Ich habe den Antworttext ein wenig verkürzt.

> Der neue Fehler tritt auf, weil `input()` standardmäßig eine Zeichenfolge zurückgibt und `float()` verwendet wurde, um die Benutzereingabe in eine Gleitkommazahl umzuwandeln. Wenn der Benutzer jedoch eine Dezimalzahl eingibt, wird ein Fehler ausgelöst, da float() die Dezimalpunktnotation verwendet, um Dezimalzahlen zu parsen, während in einigen Ländern die Dezimaltrennung durch Kommas (,) erfolgt.
>
> Um das Problem zu beheben, kannst du `replace()` verwenden, um Kommas durch Punkte zu ersetzen, bevor du die Konvertierung zu einer Gleitkommazahl durchführst. Hier ist der korrigierte Code:

```
n_str = input("Geben Sie eine Zahl ein:")
# ersetze eventuelle Kommas durch Punkte
n_str = n_str.replace(',', '.')

# konvertiere die Benutzereingabe in eine Gleitkommazahl
n = float(n_str)

# berechne das Quadrat der Zahl
quad = n * n
print("Das Quadrat von", n, "ist:", quad)
```

Damit gibt es jetzt eine Version des Programms, die auch im deutschen Sprachraum zufriedenstellend funktioniert. Die `replace`-Methode, mit der hier Kommas durch Punkte ersetzt werden, stelle ich Ihnen in Abschnitt 6.3, »Zeichenkettenfunktionen« vor.

Drittes Beispiel: Methodenaufruf

Das letzte Beispiel ist kurz, aber ein wenig komplexer. Sie verwenden die Methode `requests.get`, um einen Get-Request für eine REST-API durchzuführen. Aber die Auswertung der Antwort im JSON-Format funktioniert nicht. Statt des JSON-Codes erhalten Sie die merkwürdige Ausgabe *bound method Response.json*, mit der Sie nichts anfangen können. Sie fragen also ChatGPT:

Prompt: Python/requests: Ich führe einen Get-Request durch, aber statt der erwarteten JSON-Daten bekomme ich nur 'bound method Response.json' zurück. Was mache ich falsch?

```
import requests
response =
  requests.get('https://httpbin.org/get?q=123')
print(response.json)
```

> Das Problem liegt darin, dass du `response.json` aufrufst, anstatt die Methode `response.json()` aufzurufen, um die JSON-Daten zu erhalten. Hier ist die korrigierte Version deines Codes:
>
> ```
> import requests
> response = requests.get('https://httpbin.org/get?q=123')
> print(response.json())  # Beachte die Klammern
>                         # nach .json
> ```

Jetzt ist alles klar. `json` ist eine Methode. Beim Aufruf von Methoden müssen Sie immer ein Klammernpaar angeben, auch wenn Sie wie hier keine Parameter übergeben. Das wissen Sie vielleicht – allerdings ist ohne das Studium der Onlinedokumentation nicht immer klar, ob ein Schlüsselwort (hier `json`) als Methode mit Klammern oder als Variable/Eigenschaft ohne Klammern zu nutzen ist. Beide Varianten sind gebräuchlich.

2.2 Mit welcher Funktion löse ich ein bestimmtes Problem?

In Python gibt es für nahezu jede Fragestellung eine Funktion oder ein Modul. Aber welche Funktion, welches Modul sollten Sie einsetzen?

Prompt: Ich möchte in Python eine Datei von einem Webserver herunterladen. Wie gehe ich am einfachsten vor?

Um eine Datei von einem Webserver in Python herunterzuladen, kannst du das Modul `urllib.request` verwenden. Hier ist ein einfaches Beispiel, wie du das machen kannst:

```
import urllib.request
# Die URL der Datei, die du herunterladen möchtest
url = 'https://www.beispiel.com/datei.zip'
# Der lokale Pfad, wo die Datei gespeichert werden soll
ziel_pfad = 'lokal/speicherort/datei.zip'

try:
    urllib.request.urlretrieve(url, ziel_pfad)
    print("Die Datei wurde erfolgreich heruntergeladen
           und gespeichert.")
except Exception as e:
    print("Beim Herunterladen ist ein Fehler
           aufgetreten:", e)
```

In diesem Beispiel wird die `urlretrieve`-Funktion verwendet, um die Datei von der angegebenen URL herunterzuladen und am angegebenen Speicherort zu speichern. Wenn ein Fehler auftritt, wird eine entsprechende Fehlermeldung ausgegeben.

Denke daran, dass du möglicherweise zusätzliche Fehlerbehandlung und Validierung hinzufügen musst, je nach den Anforderungen deines Programms. Zum Beispiel solltest du überprüfen, ob die angegebene URL gültig ist, und sicherstellen, dass der lokale Speicherort schreibbar ist.

Das Modul `urllib.request` erwähne ich im Übrigen auch, und zwar in Abschnitt 16.1, »Download und Upload von Dateien«. Dort ist die Zielsetzung ein wenig anders: Die heruntergeladene Seite aus dem Internet soll als UTF-8-Text verarbeitet werden.

Generell gibt es in Python oft alternative Wege, die zum Ziel führen. Nicht immer ist es ganz einfach, den besten Weg zu finden. Die von ChatGPT vorgeschlagene Lösung passt hier wunderbar: `urlretrieve` ist eine häufig eingesetzte Funktion, die genau der Aufgabenstellung entspricht.

2.3 Sprachkonzepte erklären

Sie können ChatGPT auch ganz allgemeine Fragen stellen und sich bestimmte Begriffe oder Grundkonzepte erklären lassen. Das folgende Beispiel bezieht sich auf die Verarbeitung von Listen, die ich in Abschnitt 8.1 erläutere – hoffentlich so, dass Sie es ohne ChatGPT verstehen. :-)

Prompt: Ich lese gerade das Buch »Python-Grundkurs«. Der Autor beschreibt »List Comprehension«, aber ich verstehe das Konzept nicht. Kannst du es mir besser erklären?

Natürlich! List Comprehensions sind eine elegante und kompakte Möglichkeit in Python, Listen zu erstellen. Sie ermöglichen es, eine Liste auf einfache und lesbarere Weise zu erzeugen, indem eine Schleife in einer einzigen Zeile geschrieben wird.

Hier ist ein einfaches Beispiel, um das Konzept zu verdeutlichen:

Angenommen, wir möchten eine Liste von Quadraten der Zahlen von 1 bis 5 erstellen, ohne List Comprehension würde das so aussehen:

```
squares = []
for i in range(1, 6):
    squares.append(i ** 2)
```

Mit List Comprehension können wir das in einer Zeile schreiben:

```
squares = [i ** 2 for i in range(1, 6)]
```

Hier ist die allgemeine Syntax für eine List Comprehension:

```
[expression for item in iterable]
```

- `expression` ist der Ausdruck, der für jedes Element im `iterable` angewendet wird, um die Elemente der neuen Liste zu erstellen.
- `item` ist die Variable, die jedes Element im `iterable` repräsentiert.
- `iterable` ist die Sequenz oder der iterierbare Datentyp, über den iteriert wird, wie z. B. eine Liste, ein Tupel oder ein Bereich.

List Comprehensions können auch Bedingungen enthalten, um die Elemente selektiv aufzunehmen. Hier ist ein Beispiel:

```
even_squares = [i ** 2 for i in range(1, 6) if i % 2 ==
    0]
```

In diesem Beispiel werden nur die Quadrate der geraden Zahlen von 1 bis 5 in die Liste aufgenommen.

List Comprehensions sind nicht nur kürzer und lesbarer als herkömmliche Schleifen, sondern sie sind auch in der Regel effizienter, da sie intern optimiert sind.

Ich finde, sowohl die Erklärung als auch die Beispiele sind gut gelungen!

2.4 Programmieren mit ChatGPT

Nehmen wir an, Sie können programmieren, haben also diesen Grundkurs schon verinnerlicht und auch das eine oder andere Programm selbstständig entwickelt. Dann können Sie eine Menge Zeit sparen, indem Sie sich von ChatGPT unter die Arme greifen lassen.

Ausgangspunkt für das folgende, durchaus anspruchsvolle Beispiel ist die CSV-Datei `umsatz.csv`. Sie enthält fiktive Umsatzdaten irgendeiner Firma aus den letzten sechs Jahren.

```
;Paris;London;Berlin;Wien;Prag;Rom
2018;88000;52000;110000;86000;29000;72000
...
2024;109000;54000;121000;54000;48000;46000
```

Nun wollen Sie ein Python-Programm, das von den letzten vier Jahren Tortendiagramme erstellt, die den Umsatzanteil der jeweiligen Städte angeben. Die vier Diagramme sollen in einem 2 × 2-Raster zu einer Gesamtgrafik arrangiert werden. Selbst mit etwas Python-Praxis klingt das nach einem Job für einen halben Tag.

Wichtig bei der Formulierung der folgenden Frage ist, dass Sie an ChatGPT ausreichend viel Datenmaterial übergeben. Bei einer riesigen CSV-Datei reichen vermutlich die ersten 10 Zeilen, damit ChatGPT die richtigen Schlüsse über den Aufbau der Datei ziehen kann. In diesem Beispiel habe ich die gesamten Daten kopiert und eingefügt.

Prompt: Ich habe eine CSV-Datei mit den folgenden Umsatzzahlen:

```
;Paris;London;Berlin;Wien;Prag;Rom
2017;80000;48000;100000;88000;28000;70000
2018;88000;52000;110000;86000;29000;72000
2019;93000;57000;112000;90000;31000;62000
2020;82000;56000;111000;81000;44000;50000
2021;90000;57000;101000;71000;45000;43000
2022;102000;49000;104000;62000;49000;35000
2023;102000;42000;112000;59000;59000;45000
2024;109000;54000;121000;54000;48000;46000
```

Ich möchte ein möglichst kompaktes Python-Programm schreiben, das von den letzten vier Jahren jeweils ein Tortendiagramm erstellt, wie viel Umsatz prozentuell in welcher Stadt erzielt wurde.

Die vier Diagramme sollen in einem 2 × 2-Raster dargestellt werden. Kannst du mir helfen?

Ja, sicher! Hier ist ein kompaktes Python-Programm, das die CSV-Datei einliest, die Daten verarbeitet und dann die Tortendiagramme erstellt:

```
# Beispieldatei umsatz.py
import pandas as pd
import matplotlib.pyplot as plt

# Daten einlesen
df = pd.read_csv('umsatz.csv', delimiter=';')

# Die letzten vier Jahre auswählen
last_four_years = df.tail(4)

# Diagrammgröße festlegen
plt.figure(figsize=(10, 10))

# Schleife über die letzten vier Jahre
for i, (index, year_data) in \
       enumerate(last_four_years.iterrows(), 1):
    # Daten für das Diagramm extrahieren
    cities = year_data.index[1:]
    values = year_data.values[1:]

    # Diagramm erstellen
    plt.subplot(2, 2, i)
    plt.pie(values, labels=cities, autopct='%1.1f%%')
    plt.title(f'Umsatzverteilung {index}')

# Diagramme anzeigen
plt.tight_layout()
plt.show()
```

Stelle sicher, dass die CSV-Datei `umsatz.csv` im gleichen Verzeichnis wie dein Python-Skript liegt. Das Programm liest die Daten ein, wählt die letzten vier Jahre aus, erstellt dann für jedes Jahr ein Tortendiagramm und zeigt schließlich alle vier Diagramme in einem 2×2-Raster an.

Kopieren Sie den Code in Ihren Editor, und führen Sie ihn aus. Das gelingt nur, wenn pandas und Matplotlib installiert sind. Zur Installation der Module führen Sie im Terminal eines der folgenden Kommandos aus. Hintergründe zu diesem Thema können Sie in Abschnitt 13.3, »Module installieren (pip)«, nachlesen.

```
pip install matplotlib pandas     # Windows
pip3 install matplotlib pandas    # macOS
sudo apt update                   # Debian, Ubuntu
sudo apt install python3-matplotlib python3-pandas
# Fedora, RHEL
sudo dnf install python3-matplotlib python3-pandas
```

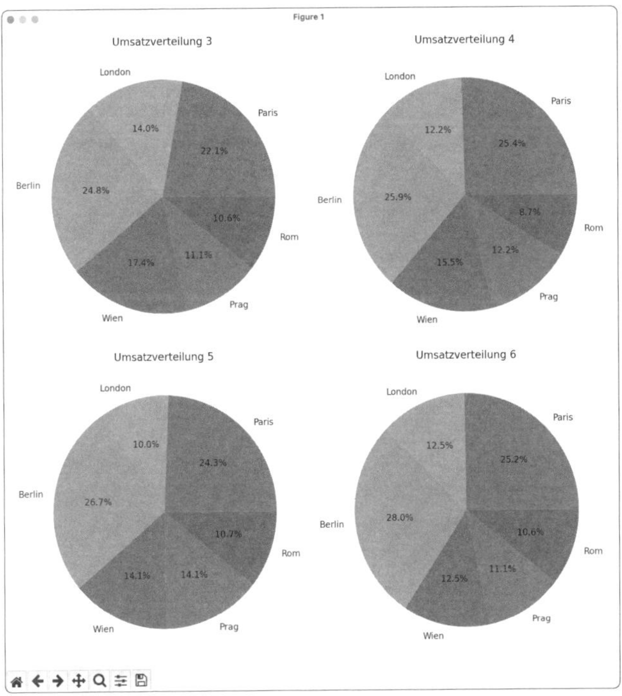

Abbildung 2.2 ChatGPT hat ein Programm zur Visualisierung der Umsatzzahlen geschrieben.

Unter diesen Voraussetzungen funktioniert das Programm einwandfrei (siehe Abbildung 2.2). Es ist fast schon unheimlich, wie gut ChatGPT die Aufgabenstellung verstanden hat und daraus kompakten, bereits mit Kommentaren versehenen Code erstellt. Der Code funktioniert selbst dann noch, wenn die CSV-Datei in Zukunft um Daten weiterer Jahre ergänzt wird.

Wenn Sie die Funktionsweise des Programms verstehen möchten, lesen Sie Kapitel 20, »Wissenschaftliche Anwendung«! Dort gebe ich Ihnen eine Einführung in die Funktionsweise von pandas und Matplotlib.

Bessere Beschriftung

Sie sind zufrieden – aber nicht ganz: Die Beschriftung der Tortendiagrame mit »Umsatzverteilung 3«, »... 4« usw. ist nicht ansprechend. Besser wäre es, wenn hier Jahreszahlen stünden. Also bitten Sie ChatGPT um eine Verbesserung:

Prompt: Kannst du bitte den Code so ändern, dass die vier Diagramme mit den Jahreszahlen beschriftet werden?

> Natürlich! Hier ist der angepasste Code, der die Diagramme mit den entsprechenden Jahreszahlen beschriftet:
>
> ```
> # unveränderter Code ...
> ```

Das Ergebnis war bei meinen Tests enttäuschend. ChatGPT behauptet zwar, dass es den Code angepasst hätte, tatsächlich ist dieser unverändert. Sie sind hartnäckig und versuchen es noch einmal:

Prompt: Das funktioniert nicht. index enthält durchlaufende Zahlen (hier: 3, 4, 5, 6). Ich brauche aber die Jahreszahlen.

> Entschuldigung für das Missverständnis. Hier ist der korrigierte Code, der die Jahreszahl aus dem Index extrahiert:

```
# neuer Code, bei der 'index' durch 'year' ersetzt wird
...
for i, (year, year_data) in \
        enumerate(last_four_years.iterrows(), 1):
    # Daten für das Diagramm extrahieren
    ...
    plt.title(f'Umsatzverteilung {year}')
```

ChatGPT scheitert neuerlich. Die Umbenennung ändert nichts daran, dass die nun als `year` bezeichnete Variable weiterhin durchlaufende Zahlen enthält. Das Diagramm sieht aus wie bisher.

ChatGPT ist also mit seinem Latein am Ende. Jetzt ist die Frage, wie gut Sie den Code verstehen und selbst programmieren können. Mit einem minimalen Verständnis von pandas und der Slicing-Syntax (siehe Abschnitt 6.2, »Zugriff auf Teilzeichenketten«) ist es nicht schwierig, das von ChatGPT erstellte Programm zu korrigieren. Die Jahreszahl ist das erste Element der Schleifenvariable `year_data` und kann von dort ganz leicht extrahiert werden.

```
# ... (restlicher Code unverändert)
# Schleife über die letzten vier Jahre
for i, (index, year_data) in \
        enumerate(last_four_years.iterrows(), 1):
    # Daten für das Diagramm extrahieren
    cities = year_data.index[1:]
    values = year_data.values[1:]
    year = year_data.values[0]        # <- neu

    # Diagramm erstellen
    plt.subplot(2, 2, i)
    plt.pie(values, labels=cities, autopct='%1.1f%%')
    plt.title(f'Umsatzverteilung {index}')
    # plt.title(f'Umsatz {year}')  # <- geändert
```

Aus meiner Sicht zeigt das Beispiel zweierlei:

- Ja, KI-Tools können die Produktivität enorm verbessern.
- Nein, sie ersetzen Programmierer und Entwicklerinnen nicht.

Ich habe es in der Einleitung zu diesem Kapitel schon angesprochen: Sie profitieren von KI-Tools umso mehr, je höher Ihr Grundlagenwissen und je besser Ihr Codeverständnis ist. Deswegen lohnt es sich, dieses Buch weiterzulesen und Python in seinen Grundzügen zu erlernen.

KI-Ergebnisse sind nicht reproduzierbar!

Wenn Sie die vorhin abgedruckten ChatGPT-Fragen (»Prompts«) selbst eingeben, werden Sie andere Antworten erhalten. Die aktuell gebräuchlichen KI-Tools produzieren jedes Mal neuen Text/Code, sodass das Ergebnis mal besser, mal schlechter ausfallen kann.

Für dieses Kapitel habe ich die im Mai 2024 kostenlos verfügbare ChatGPT-Version 3.5 verwendet. Ich habe das Diagrammbeispiel aber auch mit dem zu diesem Zeitpunkt kostenpflichtigen ChatGPT 4 ausprobiert und dabei die auf solche Aufgaben spezialisierte Variante *Data Analyst* eingesetzt. Die CSV-Datei konnte ich einfach per Drag & Drop hochladen. ChatGPT analysierte die Datei, erstellte den Python-Code und führte ihn gleich aus! Das resultierende Diagramm wurde sofort angezeigt. Es war auf Anhieb korrekt mit Jahreszahlen beschriftet. ChatGPT 4 hat also noch besser funktioniert als ChatGPT 3.5.

Bis Sie dieses Buch lesen, gibt es vermutlich neue, noch »intelligentere« Versionen von ChatGPT und Co. Es kann aber sein, dass dann andere Probleme auftreten.

Kapitel 3
Variablen

3

Damit ein Programm sinnvolle Aufgaben übernehmen kann, muss es Werte, Zeichenketten und andere Daten vorübergehend speichern. Diese Aufgabe übernehmen in allen gängigen Programmiersprachen Variablen.

Beachten Sie, dass die »Lebensdauer« von Variablen nur bis zum Programmende reicht. Der Inhalt der Variablen geht verloren, sobald das Programm endet. Um Daten dauerhaft zu speichern, muss der Inhalt von Variablen in eine Datei oder Datenbank übertragen werden. Darauf gehe ich in späteren Kapiteln ein.

Dieses Kapitel beschreibt die wesentlichen Konzepte Pythons für die Variablenverwaltung und stellt die grundlegendsten Datentypen vor. Aber schon jetzt möchte ich auf Kapitel 12, »Objektorientierte Programmierung«, verweisen: Dort erkläre ich Ihnen die Grundlagen des objektorientierten Programmierens. Variablen werden dort eine große Rolle spielen.

3.1 Grundregeln

Für den Umgang mit Variablen gelten in Python zwei einfache Regeln:

- **Zuweisung vor der Verwendung:** Jeder Variablen muss ein Startwert zugewiesen werden, bevor sie in einem Ausdruck ausgewertet werden kann. Es ist also nicht erlaubt, `x=x+1` auszuführen, wenn Sie nicht vorher eine erstmalige Zuweisung wie `x=0` oder `x=27` durchgeführt haben.
- **Keine Typdeklaration:** In Python-Variablen können Objekte jedes beliebigen Typs gespeichert werden. Python merkt sich den Typ und weiß somit, auf welche Art von Daten eine Variable verweist. Im Gegensatz zu vielen anderen Programmiersprachen kann der Typ einer Variablen aber nicht festgelegt oder eingeschränkt werden. Es ist ohne

Weiteres möglich, in ein und derselben Variablen Daten unterschiedlichen Typs zu speichern, also z. B. zuerst eine Zahl (`x=1`), später eine Zeichenkette (`x='abc'`) und schließlich eine Liste (`x=[3,2,1]`).

Python kennt keine Konstanten

Python bietet keine Möglichkeit, Konstanten (also unveränderliche Variablen) zu definieren. Es ist üblich, den Namen einer Variablen, die wie eine Konstante verwendet werden soll, aus lauter Großbuchstaben zu bilden, also z. B. `KURSIV=3`. Sie können aber nicht verhindern, dass dieser Variablen später ein anderer Wert zugewiesen wird.

Variablennamen

Variablennamen müssen mit Buchstaben oder einem Unterstrich beginnen. Allerdings ist der Unterstrich am Beginn von Variablennamen für Python-interne Daten vorgesehen, weswegen Sie ihn in eigenen Scripts möglichst nicht als erstes Zeichen verwenden sollten. Die weiteren Zeichen dürfen auch Ziffern enthalten, allerdings keine Bindestriche oder Leerzeichen. Deutsche Sonderzeichen wie »äöüß« sind ebenso wie viele andere Unicode-Zeichen zulässig, aber unüblich.

Normalerweise bestehen Variablennamen aus lauter Kleinbuchstaben. Großbuchstaben werden zumeist nur für Wortzusammensetzungen verwendet, z. B. bei `einLangerName`.

```
a = 1                    # OK
b = 'abc'                # OK
a = a + 1                # OK
a = c + 1                # Fehler: An c wurde nie etwas
                         # zugewiesen.
einLangerName = 3        # OK
ein_langer_name = 4      # auch OK
länge=3                  # OK, aber unüblich
so gehts-nicht = 5       # Fehler: Leerzeichen und Binde-
                         # striche sind nicht erlaubt.
```

3.2 Datentypen

Python kennt verschiedene vordefinierte Datentypen (siehe Tabelle 3.1). Die Eigenschaften der elementaren Datentypen (Zahlen, Zeichenketten, Listen usw.) stehen im Mittelpunkt der weiteren Kapitel. Außerdem können von Klassen, die im eigenen Code oder in externen Modulen definiert sind, Objekte erzeugt werden (siehe Kapitel 12, »Objektorientierte Programmierung«).

Datentyp	Funktion	Beispiel
`int`	ganze Zahlen	`x=3`
`float`	Fließkommazahlen	`x=3.0`
`complex`	komplexe Zahlen	`x=3+4j`
`bool`	boolesche Werte	`x=bool(1)`
`str`	Zeichenketten	`x='abc'`
`tupel`	Tupel	`x=(1, 2, 3)`
`list`	Listen	`x=[1, 2, 3]`
`set`	Sets	`x={1, 2, 3}`
`dict`	Dictionaries	`x={1:'rot', 2:'blau'}`
`bytearray`	Byte-Arrays	`x=bytearray(...)`
`io.TextIOWrapper`	Dateien	`x=open('readme.txt')`
...	sonstige Klassen	...

Tabelle 3.1 Wichtige Python-Datentypen und -Klassen

Typumwandlung

Was passiert, wenn unterschiedliche Typen in einer Berechnung kombiniert werden oder wenn Sie beispielsweise Zahlen in Zeichenketten umwandeln möchten (oder umgekehrt)? In wenigen Fällen kümmert sich

Python selbstständig um die Typumwandlung. Wenn Sie beispielsweise eine ganze Zahl mit einer Fließkommazahl multiplizieren, wird die ganze Zahl automatisch in eine Fließkommazahl umgewandelt, sodass danach eine Fließkommamultiplikation möglich ist. Das Ergebnis ist somit auch eine Fließkommazahl.

```
a=2     # int
b=2.4   # float
c=a*b   # auch float
  4.8
```

Von solchen Ausnahmen abgesehen, müssen Sie sich selbst um die Typumwandlung kümmern. Dazu verwenden Sie Funktionen, deren Namen mit dem jeweiligen Datentyp übereinstimmen (siehe Tabelle 3.1). Um beispielsweise eine Zeichenkette und eine Zahl zu einer neuen, längeren Zeichenkette zusammenzusetzen, verwenden Sie die Funktion `str`:

```
s = 'abc'        # str
x = 3            # int
s = s + str(x)   # str (Ergebnis 'abc3')
```

In die umgekehrte Richtung wandeln `int` und `float` eine Zeichenkette in eine Zahl um. Beachten Sie, dass dabei der Fehler *invalid literal* auftreten kann, z. B. wenn Sie versuchen, die Zeichenkette `'abc'` in eine Zahl umzuwandeln.

```
int('123'), float('123.3')
  (123, 123.3)
```

3.3 Gültigkeitsbereich von Variablen

Innerhalb eines gewöhnlichen Scripts ohne die Definition eigener Funktionen oder Klassen unterscheidet Python nicht zwischen Gültigkeitsebenen. Sobald eine Variable einmal definiert ist, kann sie weiterverwendet werden. Ein Beispiel:

```
if 1:       # das ist immer erfüllt
    x = 1   # daher wird diese Zuweisung ausgeführt
print(x)    # ok, Ausgabe 1
```


Nur zum Vergleich: In Java würde ein vergleichbarer Code wie folgt aussehen und nicht funktionieren! Dieser Vergleich zeigt auch, wie kompakt und übersichtlich Python-Code im Vergleich zum Code vieler anderer Sprachen ist:

```
// vergleichbarer Java-Code würde einen Fehler auslösen
if(true) {
  int x = 1;
}
System.out.println(x);    // Fehler, x ist hier nicht be-
                          // kannt (nur zwischen { und })
```

Kommen wir zu Python zurück. Das folgende Miniprogramm sieht ganz ähnlich wie das vorige Beispiel aus; es löst aber einen Fehler aus. Hier ist die `if`-Bedingung nicht erfüllt. Das Programm läuft bis `print(x)`. Dort beanstandet Python, dass für `x` noch kein Wert bekannt ist (Fehlermeldung: *name x is not defined*). Es geht also nicht darum, dass Python die Variable `x` nicht kennt – das Problem ist, dass sie keinen Inhalt hat.

```
if 0:          # das ist nie erfüllt
    x = 1      # daher wird diese Zuweisung nicht ausgeführt
print(x)       # Fehler: name 'x' is not defined
```

Python sieht keine Möglichkeit vor, zu testen, ob eine Variable definiert ist. Sie können Variablen aber vorweg den Zustand `None` im Sinne von »noch nicht festgelegt« zuweisen. Der folgende Code wird daher ohne Fehler ausgeführt.

```
x = None
if 0:          # das ist nie erfüllt
    x=1        # wird nicht ausgeführt
if x != None:
    print(x)   # wird ebenfalls nicht ausgeführt
```

Variablen, die Sie nicht mehr brauchen, können Sie sie mit `del` löschen:

```
x=3
del x
print(x)
  NameError: name 'x' is not defined
```

Ein Sonderfall sind Funktionen und Klassen. Dort definierte Variablen gelten nur *innerhalb* der Funktion bzw. nur für ein Objekt der Klasse. Das folgende Codefragment zeigt die Grundidee. Mehr Details und Besonderheiten werden in Kapitel 10, »Funktionen«, und in Kapitel 12, »Objektorientierte Programmierung«, behandelt.

```
def f():    # definiert die Funktion f
  x = 3     # lokale Variable, gilt nur innerhalb von f!
  print(x)

f()         # ruft f auf, Ausgabe 3
print(x)    # Fehler: name 'x' is not defined
```

3.4 Wiederholungsfragen

- **W1:** Der folgende Code löst einen Fehler aus. Warum?

  ```
  x=1; y=2
  print(x+y+z)
  ```

- **W2:** Welchen Typ hat die Variable `i` nach der Zuweisung `i=3`?
- **W3:** Wie werden in Python Konstanten gekennzeichnet?
- **W4:** Der folgende Code ist fehlerhaft. Warum? Wie könnte eine Lösung aussehen?

  ```
  n=22.7
  msg='Die Temperatur beträgt ' + n + ' Grad.'
  ```

Kapitel 4
Operatoren

4

Im Ausdruck `a = b + c` gelten die Zeichen `=` und `+` als Operatoren. Dieses Kapitel stellt Ihnen alle Python-Operatoren vor – von den simplen Operatoren für die Grundrechenarten bis hin zu etwas diffizileren Operatoren zur Bitarithmetik.

4.1 Überblick

Python kennt Operatoren zur Zuweisung von Variablen, zum Vergleich von Werten, zur Berechnung mathematischer Ausdrücke etc. Zu einigen Operatoren folgen im Anschluss an die folgenden Tabellen noch genauere Informationen.

Operator	Funktion
`+ -`	Vorzeichen
`+ - * /`	Grundrechenarten; / liefert `float`-Ergebnisse!
`//`	ganzzahlige Division (`20 // 6` ergibt 3.)
`%`	Rest der ganzzahligen Division (`20 % 6` ergibt 2.)
`@`	Matrixmultiplikation (ab Python 3.5)
`**`	Exponentialfunktion bzw. Hochstellen (`2**8` ergibt 256.)
`+ *`	Strings verbinden bzw. vervielfachen (`'ab'*2` ergibt `'abab'`.)
`%`	Zeichenkette formatieren (`printf`-Syntax)
`=`	Zuweisung (`var=3`)
`:=`	Zuweisung und Auswertung (*Assignment Expression*)

Tabelle 4.1 Rechen-, String- und Vergleichsoperatoren

Operator	Funktion
+=	Zuweisung und Addition (var+=3 entspricht var=var+3.)
-=	Zuweisung und Subtraktion
*=	Zuweisung und Multiplikation
/=	Zuweisung und Division
==	Gleichheit testen (if a==3: ...)
!=	Ungleichheit testen
< > <= >=	kleiner, größer, kleiner-gleich, größer-gleich
is	testen, ob zwei Variablen auf dasselbe Objekt zeigen
is not	testen, ob zwei Variablen auf verschiedene Objekte zeigen
in	testen, ob ein Element in einer Aufzählung ist
fmt % data	Daten formatieren (siehe Kapitel 6, »Zeichenketten«)

Tabelle 4.1 Rechen-, String- und Vergleichsoperatoren (Forts.)

Operator	Funktion
& |	binäres Und und binäres Oder
^	binäres Exklusiv-Oder
~	binäres Nicht
<<	binär nach links schieben (2<<4 ergibt 32.)
>>	binär nach rechts schieben (768>>2 ergibt 192.)
or	logisches Oder
and	logisches Und
not	logisches Nicht

Tabelle 4.2 Binäre und logische Operatoren

<table>
<tr><th>Operator</th><th>Funktion</th></tr>
<tr><td>|</td><td>Vereinigung: {1, 2} | {2, 3} ergibt {1, 2, 3}.</td></tr>
<tr><td>-</td><td>Differenz: {1, 2} - {2, 3} liefert {1}.</td></tr>
<tr><td>&</td><td>Schnittmenge: {1, 2} & {2, 3} liefert {2}.</td></tr>
<tr><td>^</td><td>Symmetrische Differenz: {1, 2} ^ {2, 3} liefert {1, 3}.</td></tr>
</table>

Tabelle 4.3 Operatoren für Sets

4.2 Details und Sonderfälle

Die folgenden Abschnitte erläutern den Einsatz einiger Operatoren und weisen auf Python-spezifische Sonderfälle hin.

Division

Der Operator / führt immer eine Fließkommadivision durch! `6 / 2` liefert also 3,0 und nicht die ganze Zahl 3. Wenn Sie explizit eine ganzzahlige Division wünschen, müssen Sie den Operator // verwenden.

Zuweisung und Berechnung verbinden

Zuweisungen können mit Grundrechenarten verbunden werden. Das heißt, `a=a+7` kann auch in der Form `a+=7` formuliert werden. Diese Kurzschreibweise ist nicht nur für die Grundrechenarten zulässig, sondern für fast alle Python-Operatoren.

Kein x++ oder x--

Im Gegensatz zu vielen anderen Programmiersprachen sind in Python Ausdrücke wie `x++` und `x--` im Sinne von `x=x+1` und `x=x-1` nicht vorgesehen.

Zuweisung und Auswertung verbinden (»Assignment Expressions«)

Die größte Neuerung von Python 3.8 waren »Assignment Expressions« mit dem Operator `:=`. Damit ist es möglich, gleichzeitig einen Ausdruck einer Variablen zuzuweisen und diese Variable sofort auszuwerten. Das ermöglicht in bestimmten Fällen Code, der etwas kompakter ist.

Im folgenden Beispiel öffnen beide Codevarianten mit `with open` eine Textdatei und lesen mit `while` so lange die jeweils nächste Zeile, bis das Ende der Datei erreicht ist. `readline` liefert dann eine leere Zeichenkette. Die `while`-Bedingung ist damit nicht mehr erfüllt, die Schleife endet. (`while`-Schleifen lernen Sie in Abschnitt 9.4, »while-Schleife«, näher kennen. Hintergründe zum Umgang mit Dateien folgen in Kapitel 15, »Dateien lesen und schreiben«.)

```
# Beispieldatei AssignmentExpression.py
# Textdatei auslesen, Variante 1 ohne Assignment Expression
with open('readme.txt', 'rt') as txtfile:
    line = txtfile.readline()
    while line:
        print(line, end='')
        line = txtfile.readline()  # nächste Zeile lesen

# Textdatei auslesen, Variante 2 mit Assignment Expression
# erfordert Python 3.8 oder neuer
with open('readme.txt', 'rt') as txtfile:
    while line := txtfile.readline():
        print(line, end='')
```

Die zweite Variante ist um zwei Zeilen kürzer, `txtfile.readline()` kommt im Code nur einmal vor. In der `while`-Zeile wird direkt die jeweils nächste Zeile ausgelesen und in der Variablen `line` gespeichert. Anschließend wird der Inhalt dieser Variablen sofort ausgewertet.

Die Einführung der Assignment Expressions war äußerst umstritten. Das Python-Entwicklerteam ist an diesem Feature beinahe zerbrochen. Python-Erfinder Guido van Rossum hat nach dem Release von Version 3.8 seine Leitungsfunktion abgegeben. Es arbeitet aber weiter an Python mit.

for statt while

Mit `for line in txtfile` gibt es einen noch einfacheren Weg, Textdateien zeilenweise auszulesen (siehe Abschnitt 15.2, »Textdateien lesen und schreiben«). Diese Variante benötigt gar keinen Zuweisungsoperator und funktioniert in allen gängigen Python-Versionen. Mir ist es hier nur darum gegangen, den Nutzen von Assignment Expressions zu veranschaulichen.

»in«-Operator

Der Operator `in` testet, ob ein angegebenes Element in einer Aufzählung enthalten ist (z. B. in einer Liste, in einem Tupel oder in einem Set – siehe Kapitel 8, »Listen, Tupel, Sets und Dictionaries«). Sie können den Operator gut im Python-Interpreter ausprobieren:

```
lst = [1, 7, 15, 39]
7 in lst
  True

8 in lst
  False
```

Binäre versus logische Operatoren

In Tabelle 4.2 sind binäre und logische Operatoren zusammengefasst. Wo sind die Gemeinsamkeiten, wo liegt der Unterschied? Binäre Operatoren funktionieren wie Rechenoperatoren. Sie bilden aus zwei ganzen Zahlen eine neue ganze Zahl, wobei der jeweilige Operator auf die binäre Darstellung der Zahl angewendet wird.

Beispielsweise ergibt `27 & 7` den Wert 3. Dieses Ergebnis ergibt sich daraus, dass 27 in binärer Darstellung `11011` entspricht, 7 in Binärform `00111`. Der binäre Und-Operator testet nun für jede Bitposition, ob beide Ausgangszahlen den Zustand 1 aufweisen. Nur dann lautet auch das Ergebnis an dieser Stelle 1.

```
27 entspricht 11011
 7 entspricht 00111
 3 entspricht 00011
```

Logische Operatoren dienen dagegen zur Verarbeitung von booleschen Zuständen, also `true` und `false`. Beispielsweise können Sie mit `and` testen, ob zwei Bedingungen gleichzeitig zutreffen. Die folgende `if`-Konstruktion testet, ob `x` größer als 10 ist und es sich bei `x` gleichzeitig um eine gerade Zahl handelt. (`%` berechnet den Rest bei einer Division durch 2. Wenn der Rest 0 ist, war der Dividend gerade.)

```
x=12
if x>10 and x%2==0:
    print('größer 10 und gerade')
```

Short-Circuit-Evaluation

Die logischen Operatoren `and` und `or` unterstützen die sogenannte *Short-Circuit-Evaluation*: Dabei wird die Auswertung abgebrochen, sobald das Ergebnis feststeht:

- Bei `and` endet die Auswertung beim ersten `false`-Teilergebnis. Das Gesamtergebnis ist dann zwingend `false`.
- Bei `or` endet die Auswertung beim ersten `true`-Teilergebnis. In diesem Fall ist das Gesamtergebnis zwingend `true`.

Beispielsweise spielt der Inhalt von `b` im folgenden Beispiel überhaupt keine Rolle. Da `a` nicht zutrifft, wird `b` gar nicht mehr ausgewertet.

```
a=False
b=True
if a and b: ...
```

Wenn `a` und `b` nicht einfach boolesche Variablen sind, sondern wenn an dieser Stelle komplexe Ausdrücke oder zeitaufwendige Funktionsaufrufe stehen, dann spart die *Short-Circuit-Evaluation* Rechenzeit. Gleichzeitig vermeidet sie die Auswertung von Teilausdrücken, die Fehler verursachen können. Im folgenden Beispiel wird die Division `a/b` nur durchgeführt, wenn `b` ungleich null ist:

```
a=3
b=5
if b!=0 and a/b > 3:  ...
```


Operatorhierarchie

Wenn in einem Ausdruck mehrere Operatoren vorkommen, entscheidet Python anhand einer Hierarchietabelle, in welcher Reihenfolge die Operatoren angewendet werden. Dabei gilt die aus der Schule bekannte Regel *Punkt vor Strich* (d. h., bei `2 + 3 * 4` wird zuerst die Multiplikation und dann die Addition ausgeführt). Außerdem gibt es entsprechende Regeln für andere Operatoren (siehe Tabelle 4.4).

Operatoren	Funktion
`**`	Exponentialoperator
`+`, `-` , `~`	Vorzeichen und binäres Nicht
`*`, `@`, `/`, `//`, `%`	Multiplikation und Division
`+`, `-`	Addition und Subtraktion
`>>`, `<<`	Bit-Shift
`&`	binäres Und
`^`	binäres Exklusiv-Oder
`|`	binäres Oder
`in`, `is`, `is not`, `<`, `>`, `==` ...	Vergleichsoperatoren
`not`	logisches Nicht
`and`	logisches Und
`or`	logisches Oder

Tabelle 4.4 Operatorhierarchie (höherwertige Operatoren stehen oben)

Noch mehr Hierarchie

Die obige Tabelle ist nur eine gekürzte Zusammenfassung der Python-Operatorhierarchie. Auf der folgenden Webseite sind weitere Python-Konstrukte enthalten, bei denen es sich nicht um klassische Operatoren handelt – z. B. Lambda-Ausdrücke, `await`-Konstruktionen und Tupel:

https://docs.python.org/3/reference/expressions.html#operator-precedence

Beachten Sie, dass die Operatoren auf dieser Webseite in umgekehrter Reihenfolge angeordnet sind, d. h. die niederwertigsten Operatoren zuerst!

Variablen und Daten vergleichen

Um zu testen, ob zwei Variablen gleich sind, können Sie `a==b` oder `a is b` ausführen. In diesem Abschnitt geht es um den Unterschied zwischen diesen beiden Varianten und darum, was *Gleichheit* bedeutet.

Beginnen wir mit `==`: Damit vergleichen Sie Daten bzw. den Inhalt von Objekten. Im folgenden Beispiel werden in `a` und in `b` dieselben Zeichenketten gespeichert. Erwartungsgemäß trifft der Vergleich `a==b` zu, und das Programm gibt an, dass die Zeichenketten in `a` und `b` übereinstimmen.

```
a = 'abc'
b = 'abc'
if a == b:
  print('Der Inhalt der Variablen a und b stimmt überein.')
```

Auch im zweiten Beispiel wird in `a` eine Zeichenkette gespeichert. Anschließend wird `b` der Inhalt von `a` zugewiesen. Intern verweisen `a` und `b` auf dasselbe Objekt. Der Test `a is b` trifft daher zu.

```
a = 'abc'
b = a
if a is b:
   print('a und b verweisen auf dasselbe Objekt.')
```

Diffiziler ist das dritte Beispiel: Hier werden zwei Listen gebildet, die identisch sind. Der erste `print`-Aufruf gibt erwartungsgemäß zwei gleiche Listen aus. Durch `a==b` vergleicht Python die Listen. Sie stimmen überein, daher trifft `a==b` zu. Der Vergleich `a is b` trifft hier aber *nicht* zu! `a` und `b` verweisen auf zwei unterschiedliche Objekte. Die dort gespeicherten Listen wurden ganz unterschiedlich gebildet.

```
a = ['a', 'b', 'c']
b = ['a']
b.append('b')
b.append('c')
print(a, b) # Ausgabe ['a', 'b', 'c'] ['a', 'b', 'c']

if a == b:  # trifft zu
  print('Die Listen, auf die a und b zeigen,',
        'stimmen überein.')

if a is b:  # trifft nicht zu
  print('a und b verweisen auf dasselbe Objekt.')
```

Soll ich nun mit »==« oder mit »is« vergleichen?

Manche Einsteiger werden sich nach den obigen Ausführungen vielleicht fragen, womit sie nun die Gleichheit testen sollen: mit `==` oder mit `is`? In den meisten Fällen wird es Ihnen darum gehen, festzustellen, ob die Daten übereinstimmen. Dann ist `==` der richtige Operator.

Nur in seltenen Fällen ist es wichtig, festzustellen, ob zwei Variablen auf dasselbe Objekt verweisen; dann ist `is` die richtige Wahl.

Es gibt auch Operatoren für *nicht gleich*, und zwar `!=` für die Daten und `is not` für Objektreferenzen.

Mehrfachvergleiche

Bei den Vergleichsoperatoren <, > etc. sind auch Mehrfachvergleiche möglich. Beispielsweise testet `10 <= x <= 20`, ob `x` einen Wert zwischen 10 und

20 hat. Intern werden alle Vergleiche mit einem logischen Und verknüpft, d.h., 10 <= x <= 20 entspricht 10<=x and x<=20.

»operator«-Modul

Das Modul operator enthält zu allen Python-Operatoren entsprechende Funktionen:

```
import operator
operator.mul(operator.add(2, 3), 7)    # (2+3)*7
```

Diese Funktionen eignen sich gut zur Anwendung in der reduce-Funktion (siehe Abschnitt 8.2, »Funktionen zur Verarbeitung von Listen«).

Operatoren selbst implementieren

Für eigene Klassen können Sie die Python-Standardoperatoren neu implementieren. Dazu definieren Sie Funktionen, deren Namen mit zwei Unterstrichen beginnen und enden, z. B. __add__. Ein Beispiel für diese Vorgehensweise finden Sie in Abschnitt 12.5, »Operator Overloading«.

4.3 Wiederholungsfragen

- **W1:** Sie wollen den Rest der Division 225 / 17 ermitteln. Wie gehen Sie vor?
- **W2:** Was ist eine *Assignment Expression*? Welchen Operator müssen Sie dazu verwenden?
- **W3:** Was ist die *Short-Circuit-Evaluation*? Nennen Sie ein Beispiel!
- **W4:** Welchen Wert haben a und b?

  ```
  a = 1 + 2 * 3 ** 4
  b = 100 < a < 200
  ```

Kapitel 5

Zahlen

5

Im Mittelpunkt dieses Kapitels steht die Frage, wie Python mit ganzen Zahlen und mit Fließkommazahlen umgeht. Sie werden lernen, dass Python bei ganzen Zahlen einen nahezu unendlich großen Zahlenraum unterstützt, dass Sie bei Fließkommazahlen immer mit Rundungsfehlern rechnen müssen und wie Sie Zufallszahlen erzeugen.

Eine Besonderheit von Python besteht darin, dass es auch komplexe Zahlen unterstützt und alle grundlegenden Rechenoperationen ausführen kann. Zuletzt geht das Kapitel kurz auf boolesche Werte ein. In entsprechenden Variablen sind nur die Zustände `True` und `False` möglich.

Leseempfehlung

An dieser Stelle startet eine Reihe von Kapiteln, die sich mit elementaren Python-Datentypen und -Strukturen auseinandersetzen. Die Systematik der Reihenfolge ist vernünftig, weil die weiteren Kapitel dann darauf zurückgreifen. Andererseits sind die Kapitel aber auch relativ trocken, weil »echte« Programme erst möglich sind, wenn Sie in Kapitel 9, »Verzweigungen und Schleifen«, die Schlüsselwörter `if`, `for`, `while` etc. kennenlernen.

Wenn Sie also schon ganz gierig darauf sind, endlich loszuprogrammieren, dann können Sie die folgenden Kapitel vorerst im Schnelldurchgang überblättern und dann gleich in Kapitel 9 weiterlesen. Viele der dort präsentierten Beispiele sind auch ohne tiefgehendes Hintergrundwissen zu den Python-Datentypen verständlich.

Früher oder später sollten Sie sich aber intensiver mit den Python-Datentypen auseinandersetzen! Ohne dieses Grundlagenwissen sind ordentliche Python-Programme schwer möglich.

5.1 Ganze Zahlen

Im Unterschied zu den meisten anderen Programmiersprachen ist die Größe von ganzen Zahlen (Datentyp `int`) nur durch den Speicherplatz limitiert. Sie müssen nie Angst haben, dass Sie den zulässigen Zahlenraum überschreiten.

```
x = 2**100  # 2^100
print(x)
  1267650600228229401496703205376
type(x)
  <class 'int'>
```

Allerdings rechnet Python deutlich schneller, solange alle Zahlen eines Ausdrucks im 64-Bit-Zahlenraum liegen. Python kann dann die Rechenfunktionen der CPU unmittelbar nutzen. Die größte positive Zahl dieses Zahlenraums können Sie mit `sys.maxsize` ermitteln:

```
import sys
print(sys.maxsize)      # 2^63 - 1
  9223372036854775807
```

Python kennt keine vorzeichenlosen Zahlen (also `uint` oder `unsigned int` wie in manchen anderen Sprachen).

Division

Eine weitere Python-Eigenheit besteht darin, dass eine gewöhnliche Division immer eine Fließkommazahl als Ergebnis liefert:

```
print(2 / 3, 6 / 3)
  0.6666666666666666 2.0
```

Wenn Sie explizit eine ganzzahlige Division wünschen, müssen Sie den Operator // verwenden:

```
print(2 // 3, 6 // 3)
  0 2
```

Eine Division durch 0 löst in Python erwartungsgemäß einen Fehler aus, ganz egal, ob Sie mit / oder // arbeiten:

```
a = 7; b = 0
a / b
  ZeroDivisionError: division by zero
a // b
  ZeroDivisionError: integer division or modulo by zero
```


Binäre und hexadezimale Darstellung

Zahlen, die mit 0x beginnen, interpretiert Python als hexadezimal. Umgekehrt können Sie eine vorhandene Zahl mit der Funktion hex in eine Zeichenkette in hexadezimaler Darstellung umwandeln:

```
print(0xa0)
  160

x = 165
print(hex(x))
  0xa5
```

Analog werden mit 0b eingeleitete Zahlen binär interpretiert. Die bin-Funktion liefert von einer ganzen Zahl die entsprechende binäre Darstellung. Für oktale Zahlen verwenden Sie das Präfix 0o bzw. die Funktion oct.

```
print(0b10001)
  17

x = 165
print(bin(x))
  0b10100101
print(oct(x))
  0o245
```

Ganze Zufallszahlen

Ganzzahlige Zufallswerte erzeugen Sie am einfachsten mit der Funktion `randint` aus dem `random`-Modul. `randint(min, max)` liefert ganze Zahlen, die die Grenzwerte `min` und `max` einschließen. Wird das folgende Beispiel wiederholt ausgeführt, wird `randint` früher oder später sowohl 0 als auch 7 als Ergebnis liefern.

```
from random import randint
print(randint(0, 7))  # Zufallszahl zwischen 0 (inklusive)
                      # und 7 (inklusive)
  6
```

5.2 Fließkommazahlen

Fließkommazahlen (Datentyp `float`) werden in Python im standardisierten 64-Bit-Format dargestellt. Die größte darstellbare Zahl ist damit ca. 2×10^{308}, die Anzahl der signifikanten Stellen beträgt 16.

Gängige mathematische Funktionen befinden sich im `math`-Modul. Sie müssen es importieren, bevor Sie die Quadratwurzel, Sinus, Cosinus und andere Funktionen berechnen können. Die Kreisteilungszahl ist in der Form `math.pi` zugänglich.

```
import math
print(math.sqrt(2))
  1.4142135623730951
print(math.sin(0.4))
  0.3894183423086505
```

Rundungsfehler

Bei Berechnungen mit Fließkommazahlen kommt es zu Rundungsfehlern. Das ist kein Problem der Programmiersprache Python, sondern hat mit der binären Darstellung von Zahlen zu tun und ist unvermeidbar. Die folgende Berechnung mit den Variablen `a` bis `d` gibt dafür ein Beispiel.

Eigentlich müssten `c` und `d` jeweils exakt den Wert 0,8 enthalten. Aufgrund von Rundungsfehlern ist das aber nicht der Fall:

```
a = 0.7
b = 0.9
c = a  +0.1
d = b - 0.1
print(c == d)
  False
print(c - d)
  -1.1102230246251565e-16
```

Zufällige Fließkommazahlen

Das bereits vorgestellte `random`-Modul enthält mehrere Funktionen zur Erzeugung pseudozufälliger Fließkommazahlen: `random` liefert Zahlen zwischen 0 (inklusive) und 1 (exklusive). `uniform(min, max)` produziert Zahlen zwischen `min` und `max`. Der untere Grenzwert kann auf jeden Fall ein Ergebnis der Funktion sein; beim oberen Grenzwert hängt dies aber von Rundungsfehlern ab.

```
from random import random, uniform
print(random())           # zwischen 0 und 1
  0.9399897956383795
print(uniform(2.0, 7.5)) # zwischen 2.0 und 7.5
  3.287799000324788
```

Mehr Funktionen zur Berechnung von Zufallszahlen

Das `random`-Modul kennt eine ganze Menge weiterer Funktionen, die zufällige Zahlen erzeugen, zufällige Elemente aus einer Liste auswählen etc. Eine vollständige Referenz finden Sie hier:

https://docs.python.org/3/library/random.html

5.3 Komplexe Zahlen, Brüche und Festkommazahlen

Python unterscheidet sich von vielen anderen Programmiersprachen dadurch, dass es auch auf etwas exotischere Wünsche von Mathematikern und Naturwissenschaftlern Rücksicht nimmt. So zählen komplexe Zahlen zu den elementaren Datentypen von Python. Erweiterungsmodule ermöglichen es, in Python auch mit Brüchen sowie mit Dezimalzahlen zu rechnen.

Komplexe Zahlen

Komplexe Zahlen bestehen aus Real- und Imaginärteil und erweitern den Zahlenraum dahingehend, dass beispielsweise auch die Quadratwurzel einer negativen Zahl abgebildet werden kann. In Python wird der Imaginärteil einer Zahl durch den Buchstaben `j` oder `J` dargestellt (ohne Leerzeichen nach der Zahl!). Einer gegebenen komplexen Zahl können diese Bestandteile den Eigenschaften `real` und `imag` entnommen werden:

```
x = 2+3j
y = 1-4j
z=x*y
print(z)
  (14-5j)
print(type(z))
  <class 'complex'>
print(z.real, z.imag)
  14.0 -5.0
```

Komplexe Zahlen können auch mit `complex` aus zwei Fließkommazahlen gebildet werden, die den Real- und Imaginärteil angeben:

```
complex(0.5, -0.7)
  (0.5-0.7j)
```

Wie das obige Beispiel zeigt, funktionieren elementare Berechnungen auf Anhieb. Allerdings kommen die Funktionen aus dem `math`-Modul nicht mit komplexen Zahlen zurecht. Sie müssen stattdessen auf Funktionen aus dem `cmath`-Modul zurückgreifen:

```
import cmath
cmath.sqrt(-1)
  1j
cmath.phase(1j)
  1.5707963267948966   # Pi/2, also 90 Grad
```


Rationale Zahlen (Brüche)

Das Modul `fractions` stellt Funktionen zur Verfügung, die ohne Rundungsfehler mit rationalen Zahlen bzw. Brüchen arbeiten:

```
from fractions import Fraction
x = Fraction('1/3')
y = Fraction('1/2')
x + y
  Fraction(5, 6)    # 1/3 + 1/2 ergibt 5/6
```

Eine Referenz weiterer Funktionen und Anwendungsfälle des `fractions`-Moduls finden Sie hier:

https://docs.python.org/3/library/fractions.html

Dezimalzahlen

Das `decimal`-Modul bietet eine Alternative zu den üblichen Fließkommazahlen an. Solange 28 Stellen nicht überschritten werden, erfolgen `decimal`-Berechnungen exakt und ohne Rundungsfehler. Beachten Sie aber, dass Sie Zahlen als Zeichenketten an die `Decimal`-Funktion übergeben müssen, um zu verhindern, dass die Rundungsfehler schon bei der Umwandlung herkömmlicher Fließkommazahlen in Dezimalzahlen auftreten. Die folgenden Zeilen zeigen nochmals das Rundungsfehlerbeispiel von vorhin, das nun aber zum korrekten Resultat führt.

```
from decimal import *
a = Decimal('0.7')
b = Decimal('0.9')
c = a + Decimal('0.1')
d = b - Decimal('0.1')
```

```
print(c == d)
  True
print(c - d)
  0.0
```

Standardmäßig sieht `decimal` 28 Stellen vor. Die Stellenanzahl kann aber mit `getcontext().prec = n` frei eingestellt werden:

```
getcontext().prec = 40
print(Decimal(1) / Decimal(7))
  0.1428571428571428571428571428571428571429
```

Beachten Sie, dass Berechnungen mit Dezimalzahlen *viel* langsamer als mit gewöhnlichen Fließkommazahlen erfolgen! Hintergrundinformationen und weitere Anwendungsbeispiele finden Sie hier:

https://docs.python.org/3/library/decimal.html

5.4 Boolesche Werte

Genau genommen sind boolesche Werte keine Zahlen. Vielmehr können nur die beiden Zustände `True` und `False` gespeichert bzw. verarbeitet werden. Genau das ist bei der Auswertung von Bedingungen aber häufig erforderlich und rechtfertigt den eigenen Datentyp `bool`. `not` invertiert boolesche Werte.

```
a = True
b = 7==8
print(b)
  False
print(type(b))
  <class 'bool'>
print(not b)
  True
```

Boolesche Werte können mit `int` in Zahlen umgewandelt werden. `True` wird dann als 1 dargestellt, `False` als 0.

```
print(int(True), int(False))
  1 0
```

Wenn Zahlen wie boolesche Werte ausgewertet werden, gilt 0 als `False`, jeder andere Wert als `True`.

```
x = 7
if x:
    print("x hat einen Wert ungleich 0.")
```


5.5 Wiederholungsfragen

- **W1:** Wie führen Sie eine ganzzahlige Division durch?
- **W2:** Sie wollen den Oktalcode `750` in binärer Darstellung anzeigen. Wie gehen Sie vor?
- **W3:** Wie erzeugen Sie Zufallszahlen zwischen 1 und 49?
- **W4:** Sie brauchen zwei Zufallszahlen zwischen 0,0 und 10,0. Schreiben Sie geeigneten Python-Code!
- **W5:** Sie wollen Geldbeträge ohne Rundungsfehler verarbeiten. Welchen Datentyp verwenden Sie?
- **W6:** Welchem Zahlenwert ist `True` zugeordnet?

Kapitel 6
Zeichenketten

Auch wenn die mathematischen Features von Python beeindruckend sind – bei vielen Anwendungen haben Sie öfter mit Zeichenketten zu tun als mit Zahlen. Der Umgang mit Zeichenketten (Datentyp `str`) zählt zu den Grundfertigkeiten, die Sie in beinahe jeder Anwendung benötigen.

Python macht Ihnen diesbezüglich das Leben relativ leicht: In wenigen Programmiersprachen gelingt der Zugriff auf (Teil-)Zeichenketten so unkompliziert wie in Python, in wenigen Sprachen gibt es eine derart reiche Auswahl an Verarbeitungs- und Analysefunktionen.

Eine vollständige Referenz aller Funktionen ist hier aus Platzgründen unmöglich. Ich werde aber versuchen, Ihnen auf den folgenden Seiten die wichtigsten Features zu erläutern.

6.1 Grundregeln

Zeichenketten werden wahlweise in einfache oder doppelte Apostrophe gestellt, also `'abc'` oder `"abc"`. Beide Varianten sind gleichwertig.

```
s='abc'
type(s)
  <class 'str'>
```

Sollen Zeichenketten im Code über mehrere Zeilen reichen, müssen sie in dreifache Apostrophe gestellt werden, also wahlweise `'''` oder `"""`. In eingerücktem Code enthalten derartige Zeichenketten leider eine Menge überflüssiger Leerzeichen:

```
s = """Das ist
       eine lange
       Zeichenkette."""
```

```
print(s)

Das ist
       eine lange
       Zeichenkette.
```

Natürlich können Sie die Leerzeichen vermeiden, indem Sie die Zeichenkette einfach nicht einrücken. Innerhalb von Abfragen, Schleifen, Funktionen etc. sieht der Code dann allerdings grauenhaft aus und zerstört die optische Struktur:

```
if True:
    s = """Das ist
eine lange
Zeichenkette."""
    print(s)
```

Abhilfe schafft die `dedent`-Funktion aus dem `textwrap`-Modul. Allerdings müssen Sie nun darauf achten, dass die erste Zeile leer bleibt, damit die Funktion die Einrücktiefe erkennen kann.

```
from textwrap import dedent
if True:
    s = """
      Das ist
      eine lange
      Zeichenkette."""
    print(dedent(s))
# Ausgabe:
# Das ist
# eine lange
# Zeichenkette.
```

Zeichenketten aneinanderfügen und vervielfältigen

Mit dem Operator + fügen Sie Zeichenketten aneinander. * vervielfacht Zeichenketten.

```
s1 = 'abc'
s2 = 'efg'
s3 = s1 + s2 + s1        # Ergebnis 'abcefgabc'
s4 = s1 * 3 + 'x' * 2    # Ergebnis 'abcabcabcxx'
```

Sonderzeichen

Zeichenketten werden intern in Unicode dargestellt. In Zeichenketten können mit \ markierte Sonderzeichen eingebettet werden (sogenannte *Escape-Sequenzen* oder *Literale*), z. B. `\n` für einen Zeilenumbruch (siehe Tabelle 6.1). Eine vollständige Referenz aller String-Literale finden Sie hier:

https://docs.python.org/3/reference/lexical_analysis.html#literals

Zeichensequenz	Bedeutung
`\a`	Bell (Signalton)
`\f`	Formfeed (neue Seite)
`\n`	Zeilenumbruch
`\r`	Wagenrücklauf (für Windows-Textdateien)
`\t`	Tabulatorzeichen
`\unnnn`	Unicode-Zeichen mit dem Hexcode `&xnnnn`
`\'`	das Zeichen '
`\"`	das Zeichen "
`\\`	das Zeichen \

Tabelle 6.1 Ausgewählte Escape-Sequenzen

```
s = "Erste\nzweite\ndritte Zeile."
print(s)
```

```
Erste
zweite
dritte Zeile.
```

Raw-Zeichenketten

Python interpretiert \-Sequenzen als Sonderzeichen (siehe Tabelle 6.1). Wenn Sie das nicht möchten und jedes \-Zeichen als solches gewertet werden soll, stellen Sie der gesamten Zeichenkette den Buchstaben `r` (*raw*) voran. Damit übernimmt Python die Zeichenkette exakt wie angegeben.


```
latexcode = r'\section{Überschrift}'
```

Allerdings gibt es selbst für Raw-Zeichenketten Einschränkungen. Die folgende Anweisung funktioniert nicht, weil Python `\'` als Literal betrachtet und entsprechend glaubt, dass die Zeichenkette kein Ende hätte:

```
backslash = r'\'   # funktioniert nicht
```

Zum Ziel führt nur eine Verdoppelung des Backslashs (ohne vorangestelltes `r` für eine Raw-Zeichenkette):

```
backslash = '\\'   # backslash enthält nun das Zeichen \
```

»chr«- und »ord«-Funktion

Die Funktion `chr` liefert ein Zeichen, das dem übergebenen ASCII-Code bzw. Unicode entspricht:

```
chr(65)       # 'A'
chr(8364)     # '€'
```

Die Umkehrfunktion `ord` liefert den ASCII-Code bzw. Unicode zu einem einzelnen Zeichen:

```
ord('A')      # 65
ord('€')      # 8364
ord('abc')    # TypeError, expected a character
```

6.2 Zugriff auf Teilzeichenketten

Für den Zugriff auf Teile einer Zeichenkette gilt die sogenannte *Slicing*-Syntax. `s[n]` gibt das `n`-te Zeichen zurück, wobei `n=0` das erste Zeichen repräsentiert. `s[start:ende]` liefert die Zeichen von `start` (inklusive) bis `ende` (exklusive). Mit negativen Werten geben Sie den Offset vom Ende der Zeichenkette an. Verglichen mit vielen anderen Programmiersprachen ist diese Syntax genial einfach und praktisch. Probieren Sie die folgenden Beispiele im Python-Interpreter aus!

```
s='abcdefghijklmnopqrstuvwxyz'
s[3]  # das vierte Zeichen, weil die Zählung bei 0 beginnt
  'd'
s[3:6]
  'def'
s[:3] # alles bis einschließlich des dritten Zeichens
  'abc'
s[3:] # alles ab dem dritten Zeichen (exklusive)
  'defghijklmnopqrstuvwxyz'
s[-4] # das viertletzte Zeichen
  'w'
s[-4:] # alles ab dem viertletzten Zeichen
  'wxyz'
```

»IndexError«

Wenn Sie in der Slicing-Schreibweise Indizes angeben, die die Länge der Zeichenkette überschreiten, tritt ein Fehler auf:

```
s[25]    # ok, letztes Zeichen ->  'z'
s[-1]    # auch ok, letztes Zeichen -> 'z'
s[26]    # Fehler
  IndexError: string index out of range
s[-26]   # ok, erstes Zeichen -> 'a'
s[-27]   # Fehler
  IndexError: string index out of range
```

Schrittweite (Stride)

Durch einen dritten Parameter (dem *Stride-Parameter*) kann eine Art Schrittweite angegeben werden (also `s[start:ende:schrittweite]`). Da alle Parameter optional sind, ergeben sich viele interessante Varianten:

```
s[::2]      # jedes zweite Zeichen
  'acegikmoqsuwy'
s[:10:2]    # von den ersten 10 Zeichen jedes zweite
  'acegi'
s[10::2]    # ab dem 10. Zeichen jedes zweite
  'kmoqsuwy'
```

Mit einer negativen Schrittweite kehren Sie die Reihenfolge einer Zeichenkette um:

```
s[::-1]     # alles in umgekehrter Reihenfolge
  'zyxwvutsrqponmlkjihgfedcba'
s[::-2]     # jedes 2. Zeichen in umgekehrter Reihenfolge
  'zxvtrpnljhfdb'
```

Unerwartete Ergebnisse erhalten Sie, wenn Sie einen negativen Stride-Parameter mit Start- und Endposition kombinieren:

```
s[0:10]
  'abcdefghij'
s[0:10:-1]  # leeres Ergebnis
  ''
s[10:0:-1]  # vom 11. zum 2. Zeichen
  'kjihgfedcb'
```

Die Ergebnisse haben damit zu tun, wie Python intern die Schleife ausführt, um auf die Elemente zuzugreifen. Wenn Sie einen Teil einer Zeichenkette in umgekehrter Reihenfolge brauchen, ist es zumeist einfacher, zwei `[]`-Konstruktionen hintereinanderzustellen. Die erste wählt die Zeichen aus, die zweite dreht die Reihenfolge um:

```
s[:10][::-1]  # die ersten 10 Zeichen in inverser
              # Reihenfolge
  'jihgfedcba'
```

6.3 Zeichenkettenfunktionen

Zeichenketten können mit diversen Funktionen und Methoden bearbeitet werden (siehe Tabelle 6.2). Eine vollständige und detaillierte Beschreibung aller String-Methoden finden Sie hier:

https://docs.python.org/3/library/stdtypes.html#string-methods

Methode	Funktion
`len(s)`	Ermittelt die Anzahl der Zeichen.
`str(x)`	Wandelt `x` in eine Zeichenkette um.
`sub in s`	Testet, ob `sub` in `s` vorkommt.
`s.count(sub)`	Ermittelt, wie oft `sub` in `s` vorkommt.
`s.endswith(sub)`	Testet, ob `s` mit `sub` endet.
`s.expandtabs()`	Ersetzt Tabulatorzeichen durch Leerzeichen.
`s.find(sub)`	Sucht `sub` in `s` und liefert die Startposition oder `-1` zurück.
`str.isxxx(s)`	Testet Eigenschaften von `s`, z. B. mit `islower()` oder `isdigit()`.
`s.join(x)`	Verbindet die Zeichenketten in `x` (Liste, Set, Tupel).
`s.lower()`	Liefert `s` mit lauter Kleinbuchstaben zurück.
`s.partition(sub)`	Trennt `s` auf und liefert drei Teile als Tupel zurück.
`s.replace(old, new)`	Liefert `s` zurück, wobei `old` jeweils durch `new` ersetzt wird.
`s.rfind(sub)`	Wie `find`, aber beginnt die Suche am Ende der Zeichenkette.
`s.split(sub)`	Zerlegt `s` bei jedem Vorkommen von `sub`, liefert eine Liste.

Tabelle 6.2 Ausgewählte Methoden und Funktionen für Zeichenketten

Methode	Funktion
`s.splitlines()`	Zerlegt `s` zeilenweise, liefert eine Liste.
`s.startswith(sub)`	Testet, ob `s` mit `sub` beginnt.
`s.strip()`	Entfernt Whitespace vom Beginn und Ende.
`s.upper()`	Liefert `s` mit lauter Großbuchstaben zurück.

Tabelle 6.2 Ausgewählte Methoden und Funktionen für Zeichenketten (Forts.)

Funktionen versus Methoden

Methoden sind so etwas Ähnliches wie Funktionen, sie werden aber direkt auf die zugrundeliegenden Daten (Objekte) angewendet. Das äußert sich in der Schreibweise:

`funktion(daten)`
`daten.methode()` bzw. `daten.methode(weitere, daten)`

Die Anwendung von Methoden ist also nicht schwierig. Da Python eine objektorientierte Programmiersprache ist, gibt es viel mehr Methoden als Funktionen. Hintergründe zu Objekten und Methoden sowie Wege, eigene Klassen samt Methoden selbst zu programmieren, werden Sie in Kapitel 12, »Objektorientierte Programmierung«, kennenlernen.

Die folgenden Zeilen zeigen einige Anwendungsbeispiele für diese Funktionen und Methoden:

```
s='abcdefghijklmnopqrstuvwxyz'

s.upper()          # in Großbuchstaben umwandeln
  'ABCDEFGHIJKLMNOPQRSTUVWXYZ'

'efg' in s         # ist 'efg' enthalten?
  True

s.count('efg')     # wie oft ist 'efg' enthalten?
  1
```

```
s.partition('e')  # beim Zeichen 'e' auftrennen (Tupel)
  ('abcd', 'e', 'fghijklmnopqrstuvwxyz')

s.split('e')      # beim Zeichen 'e' auftrennen (Liste)
  ['abcd', 'fghijklmnopqrstuvwxyz']
```

Eigenschaften von Zeichen(ketten) ermitteln

`len` ermittelt die Anzahl der Zeichen einer Zeichenkette. Mit diversen `str.isxxx`-Funktionen können Sie testen, ob ein Zeichen bzw. die gesamte Zeichenkette aus lauter Zeichen eines bestimmten Typs besteht:

- `str.isalpha(s)`: Besteht `s` aus Buchstaben (inklusive `'äöüß'`)? Ein Leerzeichen gilt nicht als Buchstabe!
- `str.isdigit(s)`: Enthält `s` ausschließlich Ziffern (0 bis 9)?
- `str.isalnum(s)`: Enthält `s` ausschließlich Ziffern oder Buchstaben?
- `str.isascii(s)`: Besteht `s` aus ASCII-Zeichen (Code zwischen 0 und 127, verfügbar erst ab Python 3.7)?
- `str.islower(s)`: Enthält `s` keine Großbuchstaben? (Die Zeichenkette darf andere Zeichen enthalten, aber alle Buchstaben müssen klein sein.)
- `str.isupper(s)`: Enthält `s` keine Kleinbuchstaben?

Alle obigen Funktionen liefern `False`, wenn die Zeichenkette leer ist.

```
len('abc')                 # 3
str.isalpha('a')           # True
str.isalpha('abcäöü')      # True
str.isalpha('abc123')      # False
str.isalpha(' ')           # False
str.isdigit('123')         # True
str.isalnum('abc123')      # True
str.isalnum('!')           # False
str.isascii('abc123|$!')   # True
str.islower('abc')         # True
str.islower('abc123_')     # True
str.islower('abcD')        # False
```

Spezialfunktionen

Python kennt auch die str-Funktionen `isnumeric` und `isdecimal`. Sie unterscheiden sich von `isdigit` insofern, als sie auch Spezialzeichen wie ^{3} oder ½ erkennen. Details sind hier dokumentiert:

https://stackoverflow.com/questions/44891070

Suchen und ersetzen

`find` beginnt die Suche normalerweise am Beginn der Zeichenkette. Mit einem optionalen Parameter kann der Startpunkt der Suche angegeben werden, z. B. um in einer Schleife mehrere Vorkommen des Suchbegriffs zu finden.

```
s="abcdefghijklmnopqrstuvwxyz"
s.find('efg')      # 'efg' wird an der Position 4 gefunden
  4
s.find('efg', 4)  # auch dann, wenn die Suche an dieser
  4                # Position beginnt
s.find('efg', 5)  # aber nicht mehr, wenn die Suche eine
  -1               # Stelle weiter startet
```

Anstelle von `find` können Sie auch die verwandte Methode `index` verwenden. Sollte der Suchbegriff nicht zu finden sein, löst `index` einen Fehler aus, anstatt den Wert `-1` zurückzugeben.

`replace` ersetzt alle Vorkommen einer Suchzeichenkette (im folgenden Beispiel `'e'`) durch eine andere Zeichenkette (hier `'X'`):

```
s.replace('e', 'X')
  'abcdXfghijklmnopqrstuvwxyz'
```

6.4 Zeichenketten formatieren und konvertieren

Häufig müssen Sie aus Zahlen, Datums- und Zeitangaben etc. Zeichenketten bilden. Im einfachsten Fall verwenden Sie dazu die Funktionen `str(x)` oder `repr(x)`, die jedes beliebige Objekt als Zeichenkette darstellen. Die Funktion `repr` geht dabei so vor, dass die resultierende Zeichenkette mit `eval` wieder eingelesen werden kann. `str` bemüht sich hingegen, die Zeichenketten so zu formatieren, dass sie für Menschen gut leserlich sind.

```
from fractions import Fraction
x = Fraction('1/3')  # der Bruch 1/3 als Fraction-Objekt
print(str(x))        # gut lesbare Darstellung
  1/3
s = repr(x)          # maschinenlesbare Form
print(s)
  'Fraction(1, 3)'
y = eval(s)          # Rückumwandlung in ein Objekt
print(y)
  1/3
```

Daten formatieren

Weder `str` noch `repr` gibt Ihnen Einfluss auf die Formatierung. Wenn Sie Zahlen rechtsbündig ausgeben oder mit Tausendertrennung darstellen möchten, dann benötigen Sie spezielle Formatierungsfunktionen. Unter Python haben Sie die Wahl zwischen mehreren Verfahren:

- `formatzeichenkette % (daten, daten, daten)`: Hier wird die `formatzeichenkette` in der Syntax der `printf`-Funktion der Programmiersprache C formuliert. Innerhalb dieser Zeichenkette geben `%`-Zeichen die Position der einzusetzenden Daten an.
- `formatzeichenkette.format(daten, daten, daten)`: Bei dieser Variante hat der Aufbau der `formatzeichenkette` große Ähnlichkeiten mit dem Aufbau der gleichnamigen Methode des .NET-Frameworks von Microsoft. Innerhalb dieser Zeichenkette geben `{}`-Klammernpaare die Position der Parameter an.
- Bei der Kurzschreibweise `f'{varname}'` mit vorangestelltem `f` wird `{varname}` durch den Inhalt der Variablen ersetzt.
- `locale.format_string(...)`: Diese Methode aus dem `locale`-Modul berücksichtigt bei der Formatierung landesspezifische Einstellungen und verwendet z. B. ein Komma anstelle des Dezimalpunkts.

Formatierung mit dem %-Operator

Zuerst drei Beispiele für das %-Verfahren, die Sie im Python-Interpreter ausprobieren können:

```
print('%s ist %d Jahre alt.' % ('Matthias', 11))
  'Matthias ist 11 Jahre alt.'
print('1/7 mit drei Nachkommastellen: %.3f' % (1/7))
  '1/7 mit drei Nachkommastellen: 0.143'
print('<img src="%s" alt="%s" width="%d">' %
      ('foto.jpg', 'Porträt', 200))
  '<img src="foto.jpg" alt="Porträt" width="200">'
```

Es gibt unzählige Codes zum Aufbau der Zeichenketten für die beiden Formatierungssysteme. Die wichtigsten sind in Tabelle 6.3 zusammengefasst, einige weitere auf der folgenden Webseite dokumentiert:

https://docs.python.org/3/library/stdtypes.html#old-string-formatting-operations

Code	Bedeutung
`%d`	ganze Zahl (dezimal)
`%5d`	ganze Zahl mit fünf Stellen, rechtsbündig
`%-5d`	ganze Zahl mit fünf Stellen, linksbündig
`%f`	Fließkommazahl (*float*)
`%.2f`	Fließkommazahl mit zwei Nachkommastellen
`%r`	Zeichenkette, Python verwendet `repr`.
`%s`	Zeichenkette, Python verwendet `str`.
`%10s`	Zeichenkette mit zehn Zeichen, rechtsbündig
`%-10s`	Zeichenkette mit zehn Zeichen, linksbündig
`%x`	ganze Zahl hexadezimal ausgeben

Tabelle 6.3 Ausgewählte Codes für die %-Formatierung (»printf«-Syntax)

Formatierung mit der »format«-Methode

Der größte Vorteil der neueren `format`-Methode besteht darin, dass die Platzhalterreihenfolge durch `{n}` frei gewählt werden kann und daher unabhängig von der Reihenfolge der Parameter ist. Für eine vollständige Referenz der vielen Formatierungscodes fehlt abermals der Platz. Die wichtigsten Codes sind in Tabelle 6.4 aufgelistet. Weitere Codes finden Sie hier:

https://docs.python.org/3/library/string.html#format-string-syntax

Code	Bedeutung
`{}`	Parameter, beliebiger Datentyp
`{0}, {1}, ...`	nummerierte Parameter
`{eins}, {zwei}, ...`	benannte Parameter
`{:d}`	ganze Zahl
`{:<7d}`	ganze Zahl mit sieben Stellen, linksbündig
`{:>7d}`	ganze Zahl mit sieben Stellen, rechtsbündig
`{:^7d}`	ganze Zahl mit sieben Stellen, zentriert
`{:f}`	Fließkommazahl
`{:,f}`	Fließkommazahl mit Tausendertrennung
`{:.5f}`	Fließkommazahl mit fünf Nachkommastellen
`{:n}`	Zahl mit Lokalisierung
`{:s}`	Zeichenkette

Tabelle 6.4 Ausgewählte Codes für die »format«-Methode

Beachten Sie in den folgenden Beispielen die eigenwillige Syntax in der Form `fmtstr.format(daten, daten, daten)`!

```
print('{} ist {} Jahre alt.'.format('Sebastian', 13))
  Sebastian ist 13 Jahre alt.
```

```
# umgekehrte Reihenfolge der Parameter!
print('{1} ist {0} Jahre alt.'.format(13, 'Sebastian'))
  Sebastian ist 13 Jahre alt.

# benannte Parameter
print('{name} ist {alter} Jahre alt.'.format(
       alter=13, name='Sebastian'))
  Sebastian ist 13 Jahre alt.

print('1/7 mit drei Nachkommastellen: {:.3f}'.format(1/7))
  1/7 mit drei Nachkommastellen: 0.143

print('SELECT * FROM table WHERE id={:d}'.format(324))
  SELECT * FROM table WHERE id=324
```


»format«-Kurzschreibweise

Wenn Sie in der Formatierungszeichenkette Variablennamen verwenden und der Zeichenkette den Buchstaben `f` voranstellen, dann brauchen Sie weder `format` explizit aufzurufen noch irgendwelche Parameter zu übergeben:

```
alter=13
name='Sebastian'
print(f'{name} ist {alter} Jahre alt.')
  Sebastian ist 13 Jahre alt.
```

Die Schreibweise lässt sich auch mit den vorhin zusammengefassten Formatierungsparametern kombinieren:

```
x=1/7
print(f'{x:.2}')  # x mit zwei Nachkommastellen ausgeben
  0.14
```

Seit Python 3.8 gibt `{name=}` zuerst den Text `name=` und dann der Inhalt der gleichnamigen Variablen aus:

```
print(f'{name=} {alter=}')
  name='Sebastian' alter=13
```

Die Qual der Wahl

Was ist nun besser, das %-Verfahren oder die `format`-Methode, egal, ob in der herkömmlichen Form oder in der Kurzschreibweise?

Sie kommen mit beiden Verfahren zum Ziel. Wenn Ihnen die `printf`-Syntax vertraut ist, spricht nichts dagegen, beim %-Verfahren zu bleiben. Bei aktuellen Python-Versionen führt die neue Kurzschreibweise `f'...'` zu dem am besten lesbaren Code.

6.5 Lokalisierung

Die vorhin präsentierten Formatierungsverfahren mit `%` und mit `format` berücksichtigen die Spracheinstellungen des Systems leider nicht. Fließkommazahlen werden immer mit dem US-typischen Dezimalpunkt ausgegeben:

```
x=2.5
print("%f" % x)
  2.500000
print(f'{x:f}')
  2.500000
```

Zur Veränderung des Defaultverhaltens verwenden Sie die Methoden des `locale`-Moduls. Die darin enthaltenen Methoden helfen bei der Lokalisierung eines Programms, also bei der Anpassung an landestypische Gepflogenheiten.

Laut Dokumentation sollte es ausreichen, `setlocale` auszuführen und als ersten Parameter `LC_ALL` zu übergeben. Damit werden alle Lokalisierungseinstellungen geändert, wobei die Einstellungen des Betriebssystems übernommen werden. Leider funktioniert dies vielfach nicht. Abhilfe schafft dann eine explizite Einstellung, die aber je nach Plattform unterschiedlich erfolgen muss (siehe das folgende Listing). Unter macOS und Linux können Sie die zur Auswahl stehenden Lokalisierungszeichenketten in einem Terminal mit dem Kommando `locale -a` feststellen.

Zur formatierten Ausgabe verwenden Sie dann `format_string(fmt, val)`, wobei die gleichen Syntaxregeln gelten wie für `fmt % val`:

```
import locale

# Einstellungen des Betriebssystems übernehmen
# (funktioniert oft nicht)
locale.setlocale(locale.LC_ALL)

# Lokalisierung explizit einstellen (Linux)
locale.setlocale(locale.LC_ALL, 'de_DE.utf-8')

# Lokalisierung explizit einstellen (macOS)
locale.setlocale(locale.LC_ALL, 'de_DE.UTF-8')

# Lokalisierung explizit einstellen (Windows)
locale.setlocale(locale.LC_ALL, 'german')

x=2.5
print(locale.format_string('%f', x))
  2,500000
```

Auch die »gewöhnliche« `format`-Methode liefert lokalisierte Zahlen, wenn Sie das Formatzeichen `n` für lokalisierte Zahlen verwenden:

```
print('{:n}'.format(x))
  2,5
```

Lokalisierte Zeichenketten in Zahlen umwandeln

Wenn Sie bei der Konvertierung von Zeichenketten in Zahlen die Lokalisierung berücksichtigen möchten, verwenden Sie die Methode `atof`:

```
s='2,5'
x=locale.atof(s)
print(x*2)
  5
```

Lokalisierung von Zeitangaben

Die Methoden des locale-Moduls sind auch erforderlich, um Zeitangaben (z. B. Wochentage, Monatsnamen) landestypisch auszugeben. Entsprechende Beispiele folgen in Kapitel 7, »Datum und Zeit«.

Lokalisierungsbeispiel

Das folgende Script erwartet die Eingabe von Länge und Breite eines Rechtecks, wobei das hierzulande übliche Komma verwendet werden darf. Das Programm berechnet den Flächeninhalt und gibt den Wert mit zwei Nachkommastellen ebenfalls in der bei uns üblichen Notation aus. Damit das Programm unter allen Betriebssystemen zufriedenstellend funktioniert, wird mit `platform.system` das Betriebssystem ermittelt und `setlocale` entsprechend ausgeführt. (`if` lernen Sie eigentlich erst in Kapitel 9, »Verzweigungen und Schleifen«, kennen, der Code sollte aber ohne weitere Erläuterungen verständlich sein.)

Beachten Sie, dass `input` in jedem Fall eine Zeichenkette zurückgibt. Für `input` ist daher keine Lokalisierung erforderlich. Wichtig ist aber, dass zur Konvertierung der Zeichenkette in eine Zahl die Methode `atof` verwendet wird.

```
# Beispielprogramm rechteck.py
import locale, platform
if platform.system() == 'Windows':
    locale.setlocale(locale.LC_ALL, 'german')
elif platform.system() == 'Linux':
    locale.setlocale(locale.LC_ALL, 'de_DE.utf8')
else:
    locale.setlocale(locale.LC_ALL, 'de_DE.UTF8')

s = input("Länge des Rechtecks: ")        # str
laenge = locale.atof(s)                   # float
s = input("Breite des Rechtecks: ")       # str
breite = locale.atof(s)                   # float
```

```
flaeche = laenge * breite                     # float
s = locale.format_string('%.2f', flaeche) # str
print("Flächeninhalt: ", s)
```

Ein Probelauf des Programms sieht z. B. so aus:

```
./rechteck.py
  Länge des Rechtecks: 12,5
  Breite des Rechtecks: 7,8
  Flächeninhalt:  97,50
```


6.6 Reguläre Ausdrücke

Reguläre Ausdrücke bzw. *regular expressions* sind eine eigene Art von Sprache, die Suchmuster für Zeichenketten beschreibt. Sie können damit z. B. alle Links aus einem HTML-Dokument extrahieren oder komplexe Suchen-und-Ersetzen-Vorgänge durchführen. In Python sind die entsprechenden Funktionen im Modul `re` gebündelt (siehe Tabelle 6.5).

Funktion	**Bedeutung**
`match(pattern, s)`	Testet, ob `s` dem Muster `pattern` entspricht.
`search(pattern, s)`	Liefert die Position, an der das Muster vorkommt.
`split(pattern, s)`	Zerlegt `s` bei jedem Vorkommen des Suchmusters
`sub(pattern, r, s)`	Ersetzt das erste gefundene Muster in `s` durch `r`.

Tabelle 6.5 Ausgewählte Funktionen des »re«-Moduls

Die folgenden Zeilen zeigen eine einfache Anwendung: Das Programm erwartet mit `input` die Eingabe einer E-Mail-Adresse. `pattern` enthält einen regulären Ausdruck zum Testen, ob die Adresse formalen Kriterien entspricht. Dazu muss der erste Teil der Adresse aus den Buchstaben a–z, den Ziffern 0–9 sowie einigen Sonderzeichen bestehen. Danach folgt ein @-Zeichen, dann ein weiterer Block aus Buchstaben, Ziffern und Zeichen, schließlich ein Punkt und zuletzt ein reiner Buchstabenblock für die Top-

Level-Domain (z. B. info). Damit die Zeichenkette korrekt interpretiert wird, muss sie als Raw-Zeichenkette angegeben werden (also r'...').

```
import re
pattern =
  r'^[A-Za-z0-9\.\+_-]+@[A-Za-z0-9\._-]+\.[a-zA-Z]+$'
email = input("Geben Sie eine E-Mail-Adresse ein: ")

if re.match(pattern, email):
  print("Die E-Mail-Adresse ist OK.")
else:
  print("Die E-Mail-Adresse sieht fehlerhaft aus.")
```

Das Beispiel macht auch gleich klar, dass das Zusammenstellen regulärer Ausdrücke alles andere als einfach ist. Für gängige Problemstellungen finden Sie oft im Internet passende Lösungen. Der obige Code folgt z. B. einem Vorschlag von der folgenden Webseite:

http://stackoverflow.com/questions/8022530

Andernfalls müssen Sie den regulären Ausdruck selbst zusammenbasteln (siehe Tabelle 6.6). Das Muster [a-z]+ trifft beispielsweise auf beliebige aus Kleinbuchstaben zusammengesetzte Zeichenketten zu, z. B. auf abc oder x oder xxx, nicht aber auf a b (Leerzeichen), Abc (Großbuchstabe), a1 (Ziffer) oder äöü (internationale Buchstaben).

Code	Bedeutung
^	Beginn der Zeichenkette
$	Ende der Zeichenkette
.	ein beliebiges Zeichen
[a-z]	ein Kleinbuchstabe zwischen a und z
[abf-h]	ein Buchstabe aus a, b, f, g und h
[^0-9]	ein beliebiges Zeichen außer 0 bis 9

Tabelle 6.6 Aufbau regulärer Ausdrücke

Code	Bedeutung
`<muster>*`	Das Muster darf beliebig oft vorkommen (auch 0-mal).
`<muster>+`	Das Muster darf beliebig oft vorkommen (mindestens einmal).
`\x`	Spezialzeichen angeben (\$ steht also für ein $-Zeichen.)

Tabelle 6.6 Aufbau regulärer Ausdrücke (Forts.)

Weitere Details und Beispiele können Sie in der Dokumentation zum `re`-Modul nachlesen:

https://docs.python.org/3/library/re.html

6.7 Wiederholungsfragen und Übungen

- **W1:** Wie bilden Sie eine Zeichenkette, die selbst ein Anführungszeichen enthält?
- **W2:** Wie bilden Sie Zeichenketten, die das Zeichen \ enthalten?
- **W3:** Extrahieren Sie aus der folgenden Zeichenkette das Tag zwischen den eckigen Klammern:

  ```
  bla [wichtig] mehr bla
  ```

- **W4:** Zerlegen Sie den folgenden Dateinamen in Linux-Notation in die Verzeichnisangabe (bis zum letzten /-Zeichen) und den eigentlichen Dateinamen (ab dieser Position):

  ```
  /home/kofler/Bilder/foto1.jpg
  ```

- **W5:** Fordern Sie den Anwender eines Scripts auf, seinen Namen einzugeben, und entfernen Sie dann alle Leerzeichen am Beginn und Ende der Eingabe.
- **W6:** Geben Sie drei maximal fünfstellige Zahlen rechtsbündig aus.
- **W7:** Geben Sie *Hello, World!* in umgekehrter Reihenfolge aus.

Kapitel 7
Datum und Zeit

Der Umgang mit Daten und Zeiten ist in allen Programmiersprachen schwierig. Das liegt an der riesigen Anzahl von Sonderfällen: Zeitzonen, Schaltjahre und -sekunden, Sommer- und Winterzeit, unterschiedliche Darstellung (Formatierung) je nach Landessprache etc. Wie in den anderen Kapiteln mache ich auch hier nicht den Versuch, die Möglichkeiten Pythons vollständig zu beschreiben. Vielmehr beschränke ich mich auf wichtige Anwendungsfälle der Module `datetime` und `time`.

Python unterscheidet generell zwischen zwei Arten von Zeitobjekten:

- *naive*: »Naive« Objekte geben einen Zeitpunkt an, ihnen fehlt aber die Kontextinformation, in welcher Zeitzone die Zeit gilt, ob gerade Sommer- oder Winterzeit gilt etc. Für viele Anwendungsfälle sind diese Zusatzinformationen nicht erforderlich; dann vereinfachen naive Objekte die Programmierung.
- *aware*: Zeitobjekte, die diese Kontextinformationen haben, werden *aware* genannt. Bei solchen Objekten ist eine Feststellung möglich, welcher Zeitpunkt absolut gesehen früher oder später ist.

7.1 Zeit ermitteln und darstellen

Die gerade aktuelle Zeit liefert die `now`-Methode der `datetime`-Klasse, die wiederum Teil des `datetime`-Moduls ist. Was hier ein wenig umständlich klingt, sieht als Python-Code so aus:

```
from datetime import datetime
now = datetime.now()
print(now)
  2024-03-26 16:53:04.525241
```

»datetime« ist sowohl ein Modul- als auch ein Klassenname

Die obige `import`-Anweisung sieht verwirrend aus. Das liegt daran, dass das `datetime`-Modul diverse Klassen enthält. Eine davon ist die `datetime`-Klasse, und genau die soll hier mit minimalem Tippaufwand eingesetzt werden. Würden Sie nur `import datetime` ausführen, dann wäre bei jedem Zugriff auf diese Klasse eine Verdoppelung erforderlich, z. B. `datetime.datetime.now()`. Mehr Details zur Funktionsweise von `import` sowie zum Modulsystem von Python finden Sie in Kapitel 13, »Module«.

Die einzelnen Zeitkomponenten können Sie nun mit den Eigenschaften `year`, `month`, `day`, `hour`, `minute`, `second` und `microsecond` auswerten:

```
print(now.year)
  2024
print(now.month)
  3
```

Um Datum und Zeit formatiert auszugeben, können Sie auf die Methoden `isoformat` und `strftime` zurückgreifen.

```
print(now.isoformat())
  2024-03-26T16:53:04.525241
print(now.strftime('%d.%m.%Y %H:%M'))
  26.03.2024 16:53
```

Wie aus dem vorigen Beispiel hervorgeht, müssen Sie an `strftime` diverse Formatierungscodes für Jahr, Monat usw. übergeben. Eine Referenz dieser Codes finden Sie hier im Internet:

https://docs.python.org/3/library/time.html#time.strftime

Ein wenig aufwendiger wird die Sache, wenn Sie Monatstage, Wochentage etc. in der jeweiligen Sprache darstellen wollen. Standardmäßig verwendet Python englische Bezeichnungen:

```
print(now.strftime('%A, %d. %B %Y'))
  Tuesday, 26. March 2024
```

Abhilfe schafft das locale-Modul und seine Methode setlocale, die ich Ihnen in Abschnitt 6.5, »Lokalisierung«, bereits vorgestellt habe.

```
import locale
locale.setlocale(locale.LC_ALL, 'de_DE.utf-8') # Linux
locale.setlocale(locale.LC_ALL, 'de_DE.UTF-8') # macOS
locale.setlocale(locale.LC_ALL, 'german')      # Windows
print(now.strftime('%A, %d. %B %Y'))
  Dienstag, 26. März 2024
```

Datum aus Zeichenkette einlesen (»parsen«)

Die Umkehrmethode zu strftime ist strptime, wobei das p für *parse* steht. Sie erzeugen damit aus einer Zeichenkette, deren Format Sie kennen, ein datetime-Objekt. Dabei gelten die gleichen Formatierungscodes wie bei strftime.

```
s = '2024-03-26 16:53'
dt = datetime.strptime(s, '%Y-%m-%d %H:%M')
```

Datum ohne Zeit

Falls Sie nur am Datum interessiert sind (nicht an der Uhrzeit), arbeiten Sie mit date-Objekten. Das aktuelle Datum entnehmen Sie dann today:

```
from datetime import date
today = date.today()
print(today)
  2024-03-26
```

Alternativ können Sie aus einem schon vorhandenen datetime-Objekt durch das Anhängen von date() den Datumsteil extrahieren:

```
now = datetime.now()
print(now.date())
  2024-03-26
```

Zeit ohne Datum

Eine mit `today` vergleichbare Methode für die Uhrzeit gibt es nicht. Der einfachste Weg, die aktuelle Uhrzeit ohne Datum zu erzeugen, sieht so aus:

```
print(datetime.now().time())
  17:10:09.331895
```

Falls Sie ein `date`- und ein `time`-Objekt zu einem `datetime`-Objekt kombinieren möchten, verwenden Sie `combine`:


```
from datetime import date, datetime
today = date.today()
clock = datetime.now().time()
together = datetime.combine(today, clock)
```

Objekte für einen beliebigen Zeitpunkt

Wenn es Ihnen nicht um den aktuellen Zeitpunkt geht, können Sie ein beliebiges `datetime`-Objekte auch erstellen, indem Sie Jahr, Monat, Tag, Stunde, Minute und Sekunde als Parameter an `datetime` übergeben:

```
from datetime import datetime
somedate = datetime(2024, 12, 31, 12, 0, 0)
print(somedate.isoformat())
  2024-12-31T12:00:00
```

Wenn Sie ein Datum ohne Uhrzeit erzeugen möchten, verwenden Sie `date`:

```
from datetime import date
otherdate = date(2024, 12, 31)
print(otherdate.isoformat())
  2024-12-31
```

Analog funktioniert dies auch für reine Zeitpunkte ohne Datum bis maximal 23:59:59:

```
from datetime import time
sometime = time(23, 59, 59)
print(sometime.isoformat())
  23:59:59
```

Zeiten mit Zeitzone

Alle bisherigen Zeitobjekte waren *naive*. Um Zeitobjekte zu erstellen, die einer Zeitzone zugeordnet sind (*aware*), installieren Sie am besten zuerst das Paket `pytz` (siehe Abschnitt 13.3, »Module installieren (pip)«). Damit steht Ihnen nun das Modul `pytz` zur Verfügung. Die folgenden Zeilen initialisieren die Variable `utc` mit der sogenannten »Weltzeit« (*Universal Time, Coordinated*). Bei der Ausgabe geht die Zeitzone aus `+00:00` hervor:

```
from datetime import datetime
import pytz
utc = datetime.now(pytz.utc)
print(utc)
  2024-03-26 16:00:36.325012+00:00
```

Wenn Sie absolute Zeiten benötigen, empfiehlt die Dokumentation zu `pytz`, generell mit UTC-Zeiten zu arbeiten. Um daraus (z. B. für eine Ausgabe) die lokale Zeit für die in Ihrem Betriebssystem eingestellte Zeitzone zu machen, rufen Sie die Methode `astimezone` ohne Parameter auf:

```
localtime = utc.astimezone()
print(localtime)
  2024-03-26 17:00:36.325012+01:00
```

Alternativ können Sie auch ein beliebiges Zeitzonenobjekt einrichten und dieses an `astimezone` übergeben:

```
berlin = pytz.timezone('Europe/Berlin')
print(utc.astimezone(berlin))
  2024-03-26 17:00:36.325012+01:00
```

Wenn Ihr Ausgangspunkt dagegen ein naives Zeitobjekt (`datetime.now()`) ist, können Sie es mit der Methode `localize` einer Zeitzone zuordnen. Ich habe die Kommandos des folgenden Beispiels zwei Minuten später ausgeführt, deswegen springt die Zeit von 17:00 auf 17:02.

```
berlin = pytz.timezone('Europe/Berlin')
berlintime = berlin.localize(datetime.now())
print(berlintime)
  2024-03-26 17:02:09.435836+01:00
```

7.2 Mit Zeiten rechnen

Ausgehend von einem Zeitpunkt können Sie die Zeit bzw. das Datum errechnen, indem Sie dazu eine Zeitspanne addieren. Dazu greifen Sie auf timedelta-Objekte zurück, die ebenfalls im datetime-Modul definiert sind. Das folgende Beispiel zeigt zwei leicht verständliche Anwendungen:

```
from datetime import date, datetime, timedelta

today = datetime.now().date()  # date
week = timedelta(weeks=1)      # timedelta
print(today, today + week, today + 3 * week)
  2024-03-26 2024-04-02 2024-04-16

now = datetime.now()           # datetime
minute = timedelta(minutes=1)  # timedelta
soon = now + 10 * minute       # datetime
print(now.time(), soon.time())
  17:03:15.834873 17:13:15.834873
```

Beachten Sie bitte, dass Sie Zeitspannen zwar zu datetime- und zu date-Objekten addieren können, aber nicht zu time-Objekten. Da könnte es schnell zu Überlaufproblemen kommen. Deswegen bin ich beim zweiten Beispiel bei datetime-Objekten geblieben und habe erst die Ergebnisse in time-Objekte umgewandelt.

Beim Initialisieren von timedelta-Objekten sind die Parameter microseconds, seconds, minutes, hours, days und weeks erlaubt. months ist dagegen nicht zulässig, weil die Länge eines Monats bekanntlich variiert.

Zeiten subtrahieren

Wenn Sie zwei date-, zwei datetime- oder zwei time-Objekte voneinander subtrahieren, erhalten Sie ebenfalls ein timedelta-Objekt. Im nächsten Schritt können Sie dessen Eigenschaften auswerten. Das folgende Beispiel rechnet aus, wie viele Tage es noch bis Weihnachten sind. (Das Beispiel funktioniert allerdings nicht vom 25.12. bis zum 31.12. Da liefert es eine negative Zahl als Ergebnis.)

```
from datetime import date, timedelta
today = date.today()
christmas = date(today.year, 12, 24)
wait = christmas - today
print('Noch', wait.days, 'Tage bis Weihnachten.')
  Noch 273 Tage bis Weihnachten.
```

Laufzeit von Code messen

Mitunter wollen Sie feststellen, wie lange es dauert, eine bestimmte Aufgabe in Python zu erledigen. Das folgende Verfahren greift auf die Methode `process_time` aus dem `time`-Modul zurück. Diese Methode liefert die CPU-Laufzeit des Prozesses abzüglich eventueller Schlafphasen der CPU. In der `for`-Schleife werden eine Million Sinuswerte berechnet, um so einen rechenaufwendigen Prozess zu simulieren.

```
#!/usr/bin/env python3
# Beispielprogramm measure.py
import time, math
start = time.process_time()

# sinnlos Zeit totschlagen
for i in range(1, 1000000):
  x=math.sin(i)

end = time.process_time()
print(end - start, 'Sekunden')
```

Laufzeitmessungen sind nicht so trivial, wie sie auf den ersten Blick aussehen. Das bemerken Sie sofort, wenn Sie das Beispielprogramm mehrfach ausführen. Die Laufzeit ist jedes Mal ein wenig anders. Eine Diskussion über Vor- und Nachteile diverser anderer Verfahren finden Sie auf der folgenden Stackoverflow-Webseite:

https://stackoverflow.com/questions/7370801

7.3 Wiederholungsfragen und Übungen

- **W1**: Geben Sie das heutige Datum in der Form *Montag, 31. 12.* aus, also mit Wochentag, aber ohne Jahreszahl.
- **W2**: Ein Kinofilm beginnt um 19:30 Uhr und dauert 132 Minuten. Wann ist die Vorstellung zu Ende?
- **W3:** Ermitteln Sie, wie viele Sekunden seit Mitternacht vergangen sind.

Kapitel 8

Listen, Tupel, Sets und Dictionaries

In den vorausgegangenen Kapiteln habe ich Ihnen gezeigt, wie Sie *eine* Zahl, *eine* Zeichenkette, *ein* Datum in einer Variablen speichern. Was aber, wenn Sie mehrere gleichartige Daten verarbeiten möchten, z. B. 100 Messdaten oder 10.000 E-Mail-Adressen?

Python enthält im Sprachkern diverse Datentypen, die zur Verwaltung von Aufzählungen dienen:

- **Listen:** Der wichtigste Datentyp zur Speicherung einer variablen Anzahl von Elementen sind Listen. Die Ordnung der darin enthaltenen Elemente bleibt erhalten, es können jederzeit und an jeder beliebigen Stelle Elemente hinzugefügt werden.
- **Tupel (Sequenzen):** Ein Tupel ist (stark vereinfacht) eine unveränderliche Liste mit wenigen Elementen. Tupel sind von ihren Möglichkeiten wesentlich simpler als Listen, intern aber auch mit weniger Overhead verbunden. Sie werden oft verwendet, um mehrere zusammengehörende Daten an Funktionen zu übergeben oder als Ergebnis zurückzugeben.
- **Sets (Mengen):** Ein Set ist eine Menge von ungeordneten Elementen ohne Doppelgänger.
- **Dictionaries:** In Dictionaries können Sie Wertpaare (Key-Value-Paare) speichern. Der wesentliche Unterschied im Vergleich zu Listen besteht darin, dass der Zugriff auf einzelne Werte über einen Schlüssel erfolgt, nicht über einen durchlaufenden Index.
- **Arrays:** Die aus anderen Programmiersprachen vertrauten Arrays spielen in Python zumeist eine untergeordnete Rolle. Arrays können Sie als Alternative zu Listen einsetzen, wenn die Elementanzahl von vornherein bekannt ist. Arrays sind weniger flexibel als Listen, dafür aber bei vielen Elementen effizienter.

Dieses Kapitel setzt den Schwerpunkt auf Listen. Das ist die Datenstruktur, mit der Sie in Python am häufigsten zu tun haben. Das Kapitel stellt aber auch die anderen vier Aufzählungstypen kurz vor.

8.1 Listen

Listen können Elemente beliebigen Datentyps aufnehmen und werden in eckigen Klammern formuliert. Der Zugriff auf die Listenelemente erfolgt wie auf die Zeichen einer Zeichenkette, also in der Form `liste[start:ende]` (Slicing-Syntax, siehe Abschnitt 6.2, »Zugriff auf Teilzeichenketten«). Vergessen Sie nicht, dass Python die Nummerierung mit 0 beginnt und dass die Startposition inklusive, die Endposition aber exklusive ist!


```
lst = [1, 2.3, 'abc', 'efg', 12]
lst[2]            # das dritte Element
  'abc'

lst[2:4]          # vom dritten bis zum vierten Element
  ['abc', 'efg']

lst[::-1]         # umgekehrte Reihenfolge
  [12, 'efg', 'abc', 2.3, 1]

lst[0] = 3        # ändert das erste Listenelement
print(lst)
  [3, 2.3, 'abc', 'efg', 12]
```

Vorsicht

Der Versuch, auf nicht vorhandene Elemente zuzugreifen, endet mit dem Fehler *list index out of range*. Das wäre z. B. der Fall, wenn Sie für die obige Liste `lst[5]` ausführen. Die Liste hat zwar fünf Elemente, aber da die Zählung mit 0 beginnt, erfolgt der korrekte Zugriff auf das letzte Element mit `lst[4]` oder mit `lst[-1]`.

Da als Listenelement jedes beliebige Python-Objekt erlaubt ist, sind auch verschachtelte Listen zulässig. Entsprechend sind beim Auslesen der Elemente oft mehrere hinterandergestellte Klammernpaare erforderlich.

```
lst = [[1, 2],  # verschachtelte Liste
       [3, 4]]
lst[0]          # das erste Element ist selbst eine Liste
  [1, 2]
lst[0][1]       # das zweite Element der ersten Teilliste
  2
```

»range«-Funktion

Mit der Funktion `list(range(start, ende, schrittweite))` erzeugen Sie unkompliziert Listen, die Zahlen in einem bestimmten Wertebereich enthalten. Wie bei der Slicing-Syntax für den Zugriff auf Listenelemente und Zeichenkette ist auch bei `range` der Endwert exklusive, wird also nicht erreicht. Damit die Liste 10, 20 … mit dem Wert 100 endet, müssen Sie also einen Endwert *größer* als 100 angeben! Im folgenden Beispiel wird die Liste wieder in einer Variablen gespeichert:

```
lst = list(range(10, 101, 10))    # erzeugt eine Liste
lst                               # und zeigt sie an
  [10, 20, 30, 40, 50, 60, 70, 80, 90, 100]
```

Listen und Zeichenketten

Die Zeichen einer Zeichenkette wandeln Sie mit `list` in eine Liste um:

```
hwlst = list('Hello, World!')
print(hwlst)
  ['H', 'e', 'l', 'l', 'o', ',', ' ', 'W', 'o', 'r',
   'l', 'd', '!']
```

Nicht ganz so offensichtlich ist das Zusammenfügen der Listenelemente zu einer neuen Zeichenkette. Dazu wenden Sie die `join`-Methode auf eine leere Zeichenkette an:

```
''.join(hwlst)
  'Hello, World!'
```

Die Zeichenkette vor `join` gibt das oder die Trennzeichen zwischen den Listenelementen an. Die Funktion wird mit dem folgenden Beispiel klar:

```
'->'.join(hwlst)
  'H->e->l->l->o->,-> ->W->o->r->l->d->!'
```

List Comprehension

8

Python bietet viele Möglichkeiten, Listenelemente zu verarbeiten. Am elegantesten ist zumeist das Konzept der sogenannten *List Comprehension*: Dabei wird eine Anweisung in der Form `[ausdruck for x in liste]` gebildet. Python setzt nun der Reihe nach jedes Element der Liste in die Variable `x` ein und wertet dann den Ausdruck aus. Die Ergebnisse ergeben eine neue Liste. Im zweiten Beispiel ist jedes Ergebnis selbst eine aus zwei Elementen bestehende Liste, sodass die resultierende Liste verschachtelt ist.

```
lst = list(range(10, 101, 10))  # [10, 20, ..., 100]
[x * 2 + 1 for x in lst]
  [21, 41, 61, 81, 101, 121, 141, 161, 181, 201]

[ [x, x * x] for x in lst]
  [[10, 100], [20, 400], [30, 900], [40, 1600], [50, 2500],
   [60, 3600], [70, 4900], [90, 8100], [100, 10000]]
```

Erfahrene Programmierer mögen erleichtert sein, dass die Verarbeitung der Liste natürlich auch in traditionellen Schleifen zulässig ist (siehe auch Kapitel 9, »Verzweigungen und Schleifen«). Dies ist aber selten der effizienteste Weg.

Die folgende Schleife zeigt zu allen Listenelementen das Quadrat und die dritte Potenz an. Dabei bildet `for` eine Schleife, während der jedes Listenelement in die Variable `x` eingesetzt wird. `print` gibt die Daten aus, wobei die drei Zahlen jeweils durch ein Tabulatorzeichen getrennt werden.

Wenn Sie dieses Beispiel im Python-Interpreter ausprobieren, müssen Sie die Eingabe durch ein zweimaliges [↵] abschließen. Das ist notwendig, weil es möglich ist, mit jedem Durchlauf der for-Schleife mehrere Anweisungen auszuführen.

```
for x in lst:
    print(x, x * x, x ** 3, sep = '\t')

  10      100     1000
  20      400     8000
  30      900     27000
  40      1600    64000
  50      2500    125000
  60      3600    216000
  70      4900    343000
  90      8100    729000
  100     10000   1000000
```

Weitere Beispiele für List Comprehension folgen in Abschnitt 9.3.

8.2 Funktionen zur Verarbeitung von Listen

Python kennt eine ganze Menge Funktionen und Methoden zur Manipulation von Listen (siehe Tabelle 8.1). Das folgende Listing gibt ein paar Anwendungsbeispiele. len ermittelt die Anzahl der Elemente. extend bzw. += fügt eine zweite Liste am Ende der ersten Liste hinzu. insert fügt ein Element an einer beliebigen Position ein, pop entfernt es wieder. del löscht die in der [start:ende]-Notation angegebenen Elemente. remove entfernt das erste passende Objekt.

```
len(lst)           # ermittelt die Anzahl der Elemente
  10

lst.extend([110])  # fügt ein Element am Ende hinzu
lst.insert(5, 55)  # fügt ein Element in der Mitte hinzu
```

```
lst
  [10, 20, 30, 40, 50, 55, 60, 70, 80, 90, 100, 110]

lst.pop(5)         # entfernt das Element an der Position 5
  55
lst
  [10, 20, 30, 40, 50, 60, 70, 80, 90, 100, 110]

lst += [120, 130]  # fügt eine zweite Liste hinzu
lst
  [10, 20, 30, 40, 50, 60, 70, 80, 90, 100, 110, 120, 130]

del lst[-3:]       # entfernt die letzten drei Elemente
lst
  [10, 20, 30, 40, 50, 60, 70, 80, 90, 100]
lst.remove(80)     # entfernt die Zahl 80 aus der Liste
lst
  [10, 20, 30, 40, 50, 60, 70, 90, 100]
```


Funktion/Methode	Bedeutung
`del l[start:ende]`	Entfernt die angegebenen Listenelemente.
`n = len(l)`	Liefert die Anzahl der Elemente.
`l.append(x)`	Fügt das Element `x` am Ende der Liste hinzu.
`l.clear()`	Löscht die Liste (entspricht `l=[]`).
`n = l.count(x)`	Ermittelt, wie oft das Element `x` in der Liste vorkommt.
`l1.extend(l2)`	Fügt die Liste `l2` am Ende von `l1` hinzu (also `l1 += l2`).
`iterator = filter(f, l)`	Liefert die Elemente zurück, für die `f(element)==true` gilt.

Tabelle 8.1 Wichtige Funktionen und Methoden zur Bearbeitung von Listen

Funktion/Methode	Bedeutung
`n = l.index(x)`	Ermittelt die erste Position von `x` in der Liste.
`l.insert(n, x)`	Fügt das Element `x` an der Position `n` in die Liste ein.
`iterator = map(f, l)`	Wendet die Funktion `f` auf alle Elemente an.
`min(l)` und `max(l)`	Ermittelt das kleinste bzw. größte Element.
`x = l.pop(n)`	Liest das Element an der Position `n` und entfernt es.
`l.remove(x)`	Entfernt das Element `x` aus der Liste.
`l.reverse()`	Dreht die Liste um (das erste Element zuletzt etc.).
`l.sort()`	Sortiert die Liste.
`sum(l)`	Berechnet die Summe der Listenelemente.
`iterator = zip(l1, l2)`	Verbindet die Listenelemente paarweise zu Tupeln.

Tabelle 8.1 Wichtige Funktionen und Methoden zur Bearbeitung von Listen (Forts.)

Eine Referenz mit weiteren Methoden finden Sie hier:

https://docs.python.org/3/tutorial/datastructures.html

»map«-Funktion

Die in diesem und den beiden folgenden Abschnitten vorgestellten Funktionen `map`, `reduce` und `filter` sind keine ausgesprochenen Listenfunktionen. Sie können auf jedes Objekt angewendet werden, das *iterable* ist, d. h. das mehrere Elemente enthält, über die eine Schleife gebildet werden kann. Außer auf Listen trifft dies unter anderem auf Sets, Tupel und Dictionaries zu. Der sprachlichen Einfachheit halber ist hier aber dennoch nur von

Listen die Rede. (Ein Beispiel zu der in Tabelle 8.1 ebenfalls genannten `zip`-Funktion folgt in Abschnitt 8.3, »Tupel (Sequenzen)«.)

`map` wendet eine Funktion auf alle Elemente einer Liste an. `map` liefert aus Effizienzgründen nicht unmittelbar eine Ergebnisliste, sondern einen *Iterator*. Dieses Objekt können Sie z. B. in einer Schleife auswerten oder mit `list` in eine Liste umwandeln. Im folgenden Beispiel wird erst die Funktion `quad` definiert, die eine Zahl quadriert. Sie wird dann mit `map` auf die Elemente einer Liste angewendet.

```
def quad(x):
  return x * x

lst = [1, 2, 3, 4, 5]
iterator = map(quad, lst) # map liefert einen Iterator
list(iterator)            # list(...) liefert eine Liste
  [1, 4, 9, 16, 25]
```


Funktionen

Im obigen Beispiel wurde mit `quad` eine einfache Funktion definiert, die den übergebenen Parameter quadriert und das Ergebnis zurückgibt. Der Code sollte ohne Weiteres verständlich sein. Im Detail stelle ich Funktionen in Kapitel 10, »Funktionen«, vor. Auch die im folgenden Beispiel angewendete Lambda-Syntax werde ich dort genau erläutern.

Es ist nicht notwendig, die Funktion, die Sie an `map` übergeben wollen, zuerst mit `def` zu definieren. Sie können die Funktion auch ad hoc als Lambda-Funktion angeben. Dabei verwenden Sie das Schlüsselwort `lambda`, um zuerst einen Variablennamen und dann die Funktion für diese Variable anzugeben.

```
list(map(lambda x: x * x, lst))
  [1, 4, 9, 16, 25]
```

Die gewünschte Aufgabe lässt sich syntaktisch noch kürzer und eleganter formulieren: Anstelle von `map` können Sie auch die bereits erwähnte List

Comprehension einsetzen. Dazu platzieren Sie die for-Schleife in den eckigen Klammern einer Liste:

```
[ x * x for x in lst ]
  [1, 4, 9, 16, 25]
```

map kann auch *mehrere* Listen verarbeiten. Im folgenden Beispiel wird aus jeder Liste das jeweils n-te Element an eine Funktion übergeben, die so viele Parameter erwartet, wie Sie Listen an map übergeben. Wenn die Listen unterschiedlich lang sind, liefert map so viele Elemente, wie die kürzeste Liste enthält.

```
def f(x, y):    # Funktion, die zwei Parameter addiert
  return x + y

lst1 = [ 7,  1,  4]
lst2 = [10, 11, 12]
# map wendet f auf die Daten von lst1 und lst2 an,
# list wertet den resultierenden Iterator aus
lst3 = list(map(f, lst1, lst2))
print(lst3)
  [17, 12, 16]
```

»reduce«-Funktion

Auch bei reduce aus dem Modul functools wird eine Funktion auf die Listenelemente angewendet. Die Funktion muss diesmal aber *zwei* Parameter verarbeiten. Die Funktion wird von links nach rechts paarweise angewendet, zuerst auf die beiden ersten Listenelemente, dann auf das vorherige Ergebnis und das dritte Element, dann auf das vorige Ergebnis und das vierte Element etc.

Wenn die Listenelemente x1, x2, x3 etc. lauten, dann entspricht reduce(f, l) dem Ausdruck f(f(f(f(x1, x2), x3), x4), ...). reduce macht aus einer Liste also ein singuläres Ergebnis. Das erklärt auch den Namen: Die Funktion *reduziert* die Liste auf einen Wert. Im folgenden Beispiel wird mit lambda eine Funktion definiert, die die Summe der beiden Parameter ausrechnet. reduce(...) bildet dann die Summe über alle Elemente.

```
from functools import reduce
lst = list(range(1, 11))
  [1, 2, 3, 4, 5, 6, 7, 8, 9, 10]
reduce(lambda x, y: x + y, lst)
  55
```

Operatoren als Funktionen

Das Modul `operator` enthält für alle Operatoren entsprechende Funktionen. Wenn Sie `import operator` in den Code einbauen, dann können Sie die obige Lambda-Funktion einfach durch `operator.add` ersetzen.

»filter«-Funktion

`filter` wendet ähnlich wie `map` eine Funktion auf jedes Listenelement an. Das Ziel ist es diesmal aber nicht, die Funktionsergebnisse zurückzugeben, sondern vielmehr alle Listenelemente, bei denen die Filterfunktion `true` liefert. Es geht also darum, alle diejenigen Elemente aus einer Liste herauszufiltern, die einer Bedingung genügen. Das Ergebnis ist wie bei `map` ein Iterator, den Sie bei Bedarf mit `list` zu einer Liste auswerten können.

Das folgende Beispiel filtert aus einer Liste alle geraden Zahlen heraus. Der Lambda-Ausdruck ergibt `true`, wenn bei einer Division durch 2 kein Rest bleibt.

```
lst = list(range(1, 11)) # [1, 2, 3, ..., 9, 10]

result = filter(lambda x: x % 2 == 0, lst)

list(result)
  [2, 4, 6, 8, 10]
```

Das gleiche Ergebnis können Sie wiederum auch mit List Comprehension erzielen:

```
[ x for x in lst if x % 2 == 0 ]
  [2, 4, 6, 8, 10]
```

»any«- und »all«-Funktion

any testet, ob mindestens ein Listenelement True ist. all überprüft, ob diese Bedingung für *alle* Elemente zutrifft.

```
any([False, True, False])
  True
all([False, True, False])
  False
```

Die beiden Funktionen sind in Kombination mit List Comprehension praktisch, um Eigenschaften einer Liste zu überprüfen. Die folgenden Anweisungen testen, ob eine Liste zumindest eine gerade Zahl enthält oder ob sie lauter gerade Zahlen enthält:

```
lst = [1, 2, 4, 8]
any(x % 2 == 0 for x in lst)
  True
all(x % 2 == 0 for x in lst)
  False
```

Listen sortieren

Die sort-Methode sortiert Listen. Das setzt voraus, dass alle Listenelemente den gleichen Typ aufweisen und vergleichbar sind. sort kann also keine Liste sortieren, die sowohl Zahlen als auch Zeichenketten enthält.

```
lst = list('Hello, World!')
lst.sort()
print(lst)
  [' ', '!', ',', 'H', 'W', 'd', 'e', 'l', 'l', ..., 'r']
```

sort verändert die zugrundeliegende Liste. Wenn Sie das nicht wollen, können Sie die Funktion sorted verwenden. sorted hat zudem den Vorteil, dass es auch mit anderen Aufzählungstypen zurechtkommt. Tupel und Sets liefert sorted in Form von sortierten Listen zurück.

```
lst = list('Hello, World!')
hwsorted = sorted(lst)      # lst bleibt unverändert
```

An sort und sorted können Sie zwei Parameter übergeben: Mit reverse=True wird abfallend statt aufsteigend sortiert. Und mit key können Sie eine Funktion übergeben, die auf die Elemente vor dem Sortieren angewendet wird. Das Resultat dieser Funktion gilt dann als Sortierkriterium. (Ein weiteres Beispiel für die Anwendung des key-Parameters folgt in Kapitel 12, »Objektorientierte Programmierung«. Dort zeige ich Ihnen, wie Sie Elemente einer selbst definierten Klasse nach einem beliebigen Kriterium sortieren.)

```
mysort = sorted(lst, key=str.lower, reverse=True)
print(mysort)
  ['W', 'r', 'o', 'o', 'l', 'l', 'l', 'H', 'e', 'd',
   ',', '!', ' ']
```


Zeichenketten mit deutschen Buchstaben sortieren

Etwas schwieriger wird die Sache, wenn Sie Zeichenketten mit äöüß richtig sortieren möchten. Relativ schnell zum Ziel kommen Sie unter Linux und Windows: Dort stellen Sie mit setlocale die Lokalisierung ein und verwenden als Sortierschlüssel die Methode strxfrm. Diese Methode erzeugt einen Vergleichswert, der die jeweilige Sortierordnung berücksichtigt:

```
import locale
locale.setlocale(locale.LC_ALL, 'de_DE.utf-8') # Linux
locale.setlocale(locale.LC_ALL, 'de_DE.UTF-8') # macOS
locale.setlocale(locale.LC_ALL, 'german')      # Windows
sorted(['a', 'b', 'ä', 'c'], key=locale.strxfrm)
  ['a', 'ä', 'b', 'c']
```

8.3 Tupel (Sequenzen)

Kurz gesagt ist ein Tupel eine unveränderliche Liste. Während Sie bei Listen Elemente hinzufügen, ersetzen und entfernen können, ist ein einmal definiertes Tupel nicht mehr veränderlich. Dafür ist die interne Verwaltung mit minimalem Overhead verbunden.

Tupel werden in runden Klammern formuliert. Wenn es zu keinen syntaktischen Mehrdeutigkeiten kommen kann, ist es sogar erlaubt, auf die Klammern zu verzichten.

```
t = (12, 73, 3)
print(t)
  (12, 73, 3)
t = 12, 73, 3   # gleichwertig, liefert Tupel (12, 73, 3)
```

Der Zugriff auf Tupelelemente erfolgt wie bei Listen in der Slicing-Syntax. Ergebnisse mit mehr als einem Element sind wieder Tupel.

```
t[0]      # einzelner Wert (hier int)
  12
t[1:3]    # Tupel
  (73, 3)
```

Anwendungsfälle

Tupel werden oft für Ad-hoc-Tests verwendet. Im folgenden Beispiel wird eine Zufallszahl zwischen 1 und 20 erzeugt. `in` testet, ob es sich dabei um eine Primzahl handelt.

```
from random import randint
n = randint(1,20)
print(n)
  7
n in (2, 3, 5, 7, 11, 13, 17, 19)
  True
```

Tupel eignen sich gut, um zusammengehörige Daten zu speichern, ohne gleich eine eigene Klasse zu definieren (siehe Kapitel 12, »Objektorientierte Programmierung«):

```
darkblue = (0.1, 0.0, 0.3)  # Farbanteile RGB
rectangle = (12.5, 7.34)    # Maße eines Rechtecks
point = (-2.4, 4.3, 1.5)    # x-, y- und z-Koordinate
```

Tupel sind praktisch, um eine Zuweisung an mehrere Variablen auf einmal durchzuführen oder um mehrere Variablen auf einmal zu vergleichen:

```
(a, b, c) = (1, 2, 3)
if (a, b, c) == (1, 2, 3):
    print('Vollständige Übereinstimmung')
```

Auch Vergleiche mit <, > etc. sind erlaubt. Dabei vergleicht Python zuerst die jeweils ersten Elemente der beiden Tupel. Sind die Elemente gleich, werden die jeweils zweiten Elemente verglichen usw.


```
(1, 2, 3) < (1, 2, 3)  # False
(1, 2, 3) < (2, 2)     # True
(1, 2, 3) < (1, 2, 4)  # True
```

Sie können Tupel schließlich dazu verwenden, zwei (oder mehr) Variablen zu vertauschen:

```
a = 17
b = 23
(a, b) = (b, a)  # Inhalt von a und b vertauschen
print(a, b)      # Ausgabe 23 17
```

Dabei dürfen die runden Klammern entfallen:

```
# Inhalt von a und b nochmals vertauschen
a, b = b, a
```

»zip«-Funktion

`zip` verbindet zusammengehörige Elemente mehrerer Listen zu Tupeln. Wenn Sie also an `zip` zwei Listen übergeben, besteht das Ergebnis aus Tupeln, die die jeweils ersten, zweiten, dritten Elemente der beiden Listen enthalten. Wie `map` und `filter` liefert auch `zip` einen Iterator, den Sie mit `list` zu einer Liste oder mit `set` zu einer Menge auswerten können. `zip` kann bei Bedarf auch mehr als zwei Listen verarbeiten. Wenn die Listen unterschiedlich viele Elemente haben, hat das Ergebnis so viele Elemente wie die kleinste Liste.

```
lst1 = list(range(1,11))    # [1, 2, 3, ..., 8, 9, 10]
lst2 = list('abcdefghij')   # ['a', 'b', ..., 'i', 'j']
list(zip(lst1, lst2))
```

```
  [(1, 'a'), (2, 'b'), (3, 'c'), (4, 'd'), (5, 'e'),
   (6, 'f'), (7, 'g'), (8, 'h'), (9, 'i'), (10, 'j')]
```

8.4 Sets (Mengen)

Ein *Set* ist eine ungeordnete Menge von Elementen ohne Doppelgänger. Anders als bei Listen garantiert Python nicht, dass die Reihenfolge der Elemente erhalten bleibt. Insbesondere dürfen Sie sich nicht darauf verlassen, dass die Elemente in derselben Reihenfolge verarbeitet werden, in der Sie sie eingefügt haben! Es ist unmöglich, dass ein Set mehrfach dasselbe Objekt enthält.

Sets werden in geschwungenen Klammern formuliert. Zeichenketten können Sie mit `set` in ein Zeichen-Set umwandeln, wobei Doppelgänger automatisch eliminiert werden.

```
s = {1, 2, 3}
s = set('Hello, World!')
print(s)
```

```
  {'r', 'W', '!', ' ', 'e', 'd', ',', 'H', 'l', 'o'}
```

Für Fortgeschrittene

In Sets können nur Elemente gespeichert werden, die *hashable* sind, d. h., wenn intern ein Code zur Kennzeichnung des Objekts generiert werden kann und wenn zwei Objekte miteinander vergleichbar sind.

Für die meisten elementaren Python-Datentypen ist dies automatisch der Fall, für selbst entwickelte Klassen hingegen nicht immer. Mit der Frage, was *hashable* bedeutet und wie die Methode `__hash__` selbst programmiert werden kann, beschäftigt sich Kapitel 12.

»set«-Methoden

Mit add fügen Sie einem Set ein weiteres Element hinzu. Sollte das Element bereits enthalten sein, ändert sich das Set nicht; es tritt kein Fehler auf. Mit dem Operator in können Sie unkompliziert testen, ob ein Element enthalten ist.

```
s.add('x')       # Element hinzufügen
'H' in s         # testen, ob Element enthalten ist
  True
```


remove entfernt ein Element. Vorsicht: Sollte das Element gar nicht enthalten sein, tritt ein Fehler auf. Wollen Sie diese Art von Fehler vermeiden, verwenden Sie discard: Die Methode hat dieselbe Wirkung wie remove, meckert aber nicht über nicht vorhandene Elemente. clear löscht einfach alle Elemente. Die Datenstruktur bleibt dabei erhalten. Im folgenden Beispiel zeigt s weiterhin auf ein Set, das jetzt eben leer ist.

```
s.remove('H')    # Element entfernen
print(s)
  {'l', 'o', ' ', 'W', 'd', 'e', ',', 'r', 'x', '!'}
s.remove('H')    # nochmals, Fehler, weil nicht vorhanden
  KeyError: 'H'
s.discard('H')   # Element entfernen (kein Fehler)
s.clear()        # alle Elemente entfernen
print(s)         # leeres Set
  set()
```

Mengenlehre

Sets bieten sich besonders zum Finden und Löschen von Doppelgängern sowie zum Durchführen von Mengenoperationen an, also z. B., wenn Sie herausfinden möchten, welche Objekte aus Set 1 auch in Set 2 enthalten sind. Rufen die folgenden Beispiele Erinnerungen an die Mengenlehre aus dem Mathematikunterricht wach?

```
x = set('abcdef')
y = set('efgh')
x | y    # Vereinigung
```

```
  {'a', 'c', 'b', 'e', 'd', 'g', 'f', 'h'}
x - y    # Differenz
  {'a', 'c', 'b', 'd'}
x & y    # Schnittmenge (gemeinsame Elemente)
  {'e', 'f'}
x ^ y    # unterschiedliche Elemente (XOR)
  {'a', 'c', 'b', 'd', 'g', 'h'}
```

8.5 Dictionaries

Dictionaries (assoziative Arrays)

Bei Listen und Tupeln erfolgt der Zugriff auf einzelne Elemente durch einen numerischen Index, also in der Form `liste[n]` oder `tupel[n]`. Python-Dictionaries ermöglichen es hingegen, Elementaufzählungen mit einem beliebigen Schlüssel zu verwalten. In anderen Programmiersprachen werden derartige Datenstrukturen mitunter als *assoziative Arrays* bezeichnet.

Dictionaries werden wie Sets in geschwungenen Klammern formuliert. Im Unterschied zu Sets werden aber immer Schlüssel-Wert-Paare gespeichert. Das folgende Beispiel speichert einige HTML-Farbcodes, wobei als Schlüssel der Name der Farbe verwendet wird:

```
d = {'Rot' : 0xff0000, 'Grün' : 0xff00, 'Blau' : 0xff,
     'Weiß' : 0xffffff}
print(d)

  {'Blau': 255, 'Rot': 16711680, 'Weiß': 16777215,
   'Grün': 65280}
```

Die Ausgabe von `d` zeigt bereits, dass Dictionaries nicht nur syntaktisch, sondern auch funktionell mit Sets verwandt sind: Die Reihenfolge der Elemente bleibt nicht erhalten. Zum Zugriff auf die Elemente des Dictionarys können Sie nun den Schlüssel verwenden. `hex` wandelt die dezimal gespeicherten Zahlen in die hexadezimale Schreibweise um:

```
d['Rot']        # Zugriff auf ein Element
```

```
  16711680
hex(d['Rot'])
  0xff0000
```

Der Versuch, auf ein nicht vorhandenes Element zuzugreifen, führt zu einem *KeyError*. Um das zu vermeiden, können Sie vorweg mit `schlüssel in d` testen, ob das Dictionary ein Element für einen bestimmten Schlüssel enthält:

```
d['Gelb']
  KeyError: 'Gelb'
'Gelb' in d
  False
```

8

Alternativ können Sie zum Auslesen von Elementen die Methode `get` verwenden. Wenn der angegebene Schlüssel nicht existiert, liefert `get` den Wert `None`:

```
print(d.get('Gelb'))
  None
```

Sie können an `get` in einem zweiten Parameter auch einen Defaultwert übergeben, der anstelle von `None` zum Einsatz kommt, wenn der Schlüssel nicht existiert:

```
print(d.get('Gelb', 0))
  0
```

`len` liefert wie bei Listen, Sets und Tupeln die Anzahl der Elemente. Mit der Anweisung `d[neuerSchlüssel]=neuerWert` können Sie das Dictionary erweitern:

```
len(d)
  4
d['Schwarz']=0  # fügt ein Element hinzu
```

`del d[schlüssel]` entfernt ein Element:

```
del d['Rot']    # löscht ein Element
print(d)
  {'Schwarz': 0, 'Blau': 255, 'Weiß': 16777215,
   'Grün': 65280}
```

Sie können auch einem leeren Dictionary {} Schritt für Schritt Elemente hinzufügen:

```
dict = {}                # leeres Dictionary
dict['key1'] = 123       # Elemente hinzufügen
dict['key2'] = 'abc'
dict['key1'] = 789       # oder überschreiben
dict
  {'key1': 789, 'key2': 'abc'}
```

Die Methoden keys und values liefern alle Schlüssel bzw. alle Werte des Dictionarys. Gegebenenfalls können Sie diese Daten mit list oder set in Listen oder Sets umwandeln:

```
d.values()
  dict_values([0, 255, 16777215, 65280])
d.keys()
  dict_keys(['Schwarz', 'Blau', 'Weiß', 'Grün'])
set(d.keys())
  {'Schwarz', 'Blau', 'Weiß', 'Grün'}
list(d.keys())
  ['Schwarz', 'Blau', 'Weiß', 'Grün']
```

Verarbeitung von Dictionary-Elementen

Wenn Sie eine for-Schleife über ein Dictionary bilden, setzt Python in die Schleifenvariable alle Schlüssel ein. (Wie Schleifen funktionieren, erfahren Sie in Kapitel 9, »Verzweigungen und Schleifen«.)

```
for f in d:
    print(f'Die Farbe {f} hat den Farbcode {hex(d[f])}.')
```

```
Die Farbe Schwarz hat den Farbcode 0x0.
Die Farbe Blau hat den Farbcode 0xff.
Die Farbe Weiß hat den Farbcode 0xffffff.
Die Farbe Grün hat den Farbcode 0xff00.
```

Auch Dictionaries können Sie durch Comprehension-Ausdrücke verarbeiten. Hier erzeugen wir eine Liste aller Farben, bei denen der Farbcode ungleich 0 ist:

```
[ color for (color, code) in d.items() if code!=0 ]
  ['Blau', 'Weiß', 'Grün']
```


In den obigen Beispielen wurden immer Zeichenketten als Schlüssel verwendet. Grundsätzlich sind aber die meisten Python-Objekte als Schlüssel geeignet. Die einzige Voraussetzung besteht darin, dass die Schlüssel eindeutig und die Typen *hashable* sind. (Das sind dieselben Voraussetzungen wie für Set-Elemente.)

Dictionaries zusammenführen (Vereinigung/Union)

Um zwei Dictionaries zu vereinigen, verwenden Sie die Schreibweise `{**d1, **d2}`. Dabei liefert der Unpacking-Operator `**` jeweils die Elemente des Dictionarys. Wenn `d1` und `d2` gleiche Keys verwenden, hat `d2` Vorrang. Beachten Sie bei den folgenden Beispielen die Key-Value-Paare mit dem Schlüssel `'b'`:

```
a = {'a': 10, 'b': 20}
b = {'b': 30, 'c': 40}
union1 = {**a, **b}  #  {'a': 10, 'b': 30, 'c': 40}
union2 = {**b, **a}  #  {'a': 10, 'b': 20, 'c': 40}
```

Ab Python 3.9 ist die viel elegantere Kurzschreibweise mit dem Operator `|` erlaubt:

```
union1 = a | b
union2 = b | a
```

»zip«-Funktion

Die in Abschnitt 8.3, »Tupel (Sequenzen)«, schon vorgestellte zip-Funktion können Sie auch zur Bildung von Dictionaries verwenden. Dazu übergeben Sie in der Form dict(zip(keylist, valuelist)) zwei Listen mit Schlüsseln und Werten:

```
lst1 = list(range(1,11))    # [1, 2, 3, ..., 8, 9, 10]
lst2 = list('abcdefghij')   # ['a', 'b', ..., 'i', 'j']
dict(zip(lst1, lst2))
  {1: 'a', 2: 'b', 3: 'c', 4: 'd', 5: 'e',
   6: 'f', 7: 'g', 8: 'h', 9: 'i', 10: 'j'}
```

8.6 Arrays

Bei vielen Programmiersprachen sind Arrays die zentrale Datenstruktur, um mehrere gleichartige Elemente zu speichern. Python bietet mit Listen, Sets und Dictionaries wesentlich flexiblere Aufzählungstypen. Wenn Sie doch vergleichsweise primitive Arrays nutzen möchten, können Sie auf das Modul array zurückgreifen. Im Prinzip verpackt dieses Modul die Funktionalität von Arrays, die wie in der Programmiersprache C funktionieren.

Arrays versus Listen

Normalerweise sollten Sie gar nicht lange nachdenken. Verwenden Sie Listen!

Der einzig wesentliche Vorteil, den Arrays bieten, ist der wesentlich sparsamere Umgang mit dem Speicherplatz. Wenn Sie also Millionen von Messdaten gleichzeitig verarbeiten müssen, dann sollten Sie ein Auge auf Arrays werfen. Einen ausgezeichneten Vergleich zwischen Arrays und Listen in Python gibt dieser Stack-Overflow-Beitrag:

https://stackoverflow.com/a/176589/4387996

Ein neues Array erzeugen Sie, indem Sie an die array-Methode den gewünschten Datentyp in Form eines Zeichens angeben. Optional können Sie das Array auch gleich mit einigen Elementen aus einer Liste initialisieren. Die Typangabe bezieht sich auf C-Datentypen (siehe Tabelle 8.2).

Formatcode	Datentyp
'b'	ganze Zahl mit Vorzeichen (1 Byte, C-Datentyp char)
'h'	ganze Zahl mit Vorzeichen (2 Byte, short)
'l'	ganze Zahl mit Vorzeichen (4 Byte, long)
'q'	ganze Zahl mit Vorzeichen (8 Byte, long long)
'B', 'H' usw.	wie oben, aber ohne Vorzeichen (unsigned)
'f'	Fließkommazahl (4 Byte, float)
'd'	Fließkommazahl (8 Byte, double)

Tabelle 8.2 Die wichtigsten Array-Datentypen

Wenn Sie wie im folgenden Beispiel 'h' verwenden, können Sie in dem Array nur Zahlen im Bereich von –32.768 bis +32.767 speichern.

```
from array import array
a = array('i', [7, 12, 8, -4])
a[2]            # Zugriff auf das 3. Element
  8
a.append(13)  # Element am Ende hinzufügen
print(a)        # ganzes Array ausgeben
  array('i', [7, 12, 8, -4, 13])
```

Der Zugriff auf einzelne Array-Elemente erfolgt wie bei Listen, wobei auch die Slicing-Syntax erlaubt ist, um ein Teil-Array zu lesen. Auch viele Funktionen und Methoden funktionieren gleichartig, z. B. append, insert, len oder remove. Eine Referenz aller Array-Methoden finden Sie hier:

https://docs.python.org/3/library/array.html

NumPy

Das kleine Modul `array` stellt nur grundlegende Funktionen zur Verwaltung von Arrays zur Verfügung.

Wenn Sie Arrays im mathematischen Sinne als Vektoren und Matrizen betrachten und damit rechnen möchten, sollten Sie besser das sehr viel größere Modul `numpy` einsetzen. Es stellt die im wissenschaftlichen Bereich viel genutzte NumPy-Bibliothek mit unzähligen mathematischen Spezialfunktionen zur Verfügung. Eine kurze Einführung in den Umgang mit NumPy gebe ich in Abschnitt 20.2, »NumPy«.

8.7 Wiederholungsfragen und Übungen

- **W1:** Versuchen Sie, drei unterschiedliche Wege zu finden, eine Liste mit den Vielfachen von 7 zu bilden, die kleiner als 100 sind (also `[7, 14, ..., 98]`).
- **W2:** Extrahieren Sie aus der Zeichenkette `Hello, World!` alle Vokale und verbinden Sie diese zu einer neuen Zeichenkette.
- **W3:** Welchen Datentyp verwenden Sie, um Lottozahlen zu speichern?
- **W4:** Welches sind die gemeinsamen Buchstaben der Wörter *Python* und *Programmierung*?
- **W5:** Entfernen Sie die Doppelgänger aus einer Liste von Zahlen, z. B. aus `[1, 2, 3, 2, 7, 3, 9]`. Die Ergebnisliste soll aufsteigend sortiert sein.
- **W6:** Erstellen Sie ein kleines Deutsch-Englisch-Wörterbuch für Zahlen. Beispielsweise soll `woerter['eins']` die englische Bezeichnung `'one'` liefern.
- **W7:** Ermitteln Sie die maximale Wortlänge in der folgenden Zeichenkette (siehe *http://www.loremipsum.de*):

```
Lorem ipsum dolor sit amet, consetetur sadipscing elitr, ...
```

Kapitel 9

Verzweigungen und Schleifen

Bis zu dieser Stelle im Buch haben Sie eine Menge Grundlagen kennengelernt. Jetzt wollen Sie aber endlich »richtig« programmieren, oder? In diesem Kapitel geht es damit los:

- **Verzweigungen** ermöglichen es, abhängig von Bedingungen unterschiedliche Codeteile auszuführen. Verzweigungen werden mit `if` formuliert.
- **Schleifen** führen Code mehrfach aus, z. B. solange eine Bedingung erfüllt ist. In Python werden Schleifen oft mit `for`, seltener mit `while` gebildet.

Sie werden sehen, dass Verzweigungen und Schleifen syntaktisch ganz einfach zu handhaben sind. Daraus ergeben sich aber schier endlose Anwendungsmöglichkeiten, wie die vielen Beispiele und Übungsaufgabe zeigen werden. Am Ende des Kapitels stelle ich Ihnen noch ganz kurz das relativ neue *Pattern Matching* vor (verfügbar ab Python 3.10).

9.1 »if«-Verzweigung

Die Syntax von `if`-Verzweigungen ist leicht verständlich und lässt sich so zusammenfassen:

```
if bedingung1:
    block1
elif bedingung2:
    block2
elif bedingung3:
    block3
else:
    block4
```

Es sind beliebig viele `elif`-Bedingungen erlaubt, auch null. Der `else`-Block ist optional. Python durchläuft die gesamte Konstruktion bis zur ersten zutreffenden Bedingung. Dann werden die Anweisungen ausgeführt, die dieser Bedingung zugeordnet sind. Anschließend wird der Code nach dem letzten `elif`- oder `else`-Block fortgesetzt.

Syntaxfeinheiten

Achten Sie auf zwei Python-spezifische Eigenheiten:

- Nach den Bedingungen sowie nach `else` müssen Sie einen Doppelpunkt angeben.
- Python verzichtet auf eine Menge Klammern, die in anderen Programmiersprachen erforderlich sind. Aber dafür *müssen* Sie die Codeblöcke einrücken. Das Ausmaß der Einrückung ist egal, aber es muss innerhalb des Blocks einheitlich sein.

Bedingungen werden in der Regel mit Vergleichsoperatoren gebildet, z. B. in der Form `if x==3` oder `if a is b`. Mehrere Bedingungen können mit `and` oder `or` logisch verknüpft werden (siehe Kapitel 4, »Operatoren«). Bedingungen können Sie aber auch ohne Vergleichsoperator formulieren, beispielsweise in dieser Form:

```
if x:
   ...
```

Diese Bedingung ist erfüllt, wenn:

- `x` eine Zahl ungleich 0 ist,
- `x` eine nicht leere Zeichenkette ist,
- `x` der boolesche Zustand `True` ist,
- `x` eine Liste, ein Tupel oder ein Set mit mindestens einem Element ist,
- `x` ein initialisiertes Objekt ist (nicht `None`).

»pass«-Schlüsselwort

Jeder `if`-, `elif`- und `else`-Block *muss* mit Code gefüllt werden. Es reicht nicht aus, dort vorübergehend nur einen Kommentar anzugeben. Python meldet dann an dieser Stelle einen `IndentationError`.

```
if x == 42:
  print('Hurra!')
else:
  # Todo, Code fehlt noch
  # Fehler: 'IndentationError expected an indented block'
```

Für solche Fälle sieht Python das Schlüsselwort `pass` vor. Wenn Sie also an einer bestimmten Stelle im Code vorerst einfach nichts tun und den Code erst später vervollständigen möchten, dann geben Sie an dieser Stelle `pass` an:

```
if x == 42:
  print('Hurra!')
else:
  pass #  Todo, Code später hinzufügen
```

`pass` können Sie an jeder Stelle angeben, wo Python eingerückten Code erwartet, also z. B. auch in Schleifen oder in Funktionsdefinitionen.

»if«-Kurzschreibweise

Mitunter benötigen Sie `if`-Konstruktionen nur für eine Zuweisung:

```
if bedingung:
    x = wert1
else:
    x = wert2
```

Für derartige Konstruktionen gibt es in manchen Programmiersprachen den schwer zu lesenden *Ternary Operator*. In Python können Sie stattdessen die folgende platzsparende, aber immer noch gut verständliche Kurzschreibweise verwenden:

```
x = wert1 if bedingung else wert2
```

Dazu ein Beispiel: In s soll eine Zeichenkette gespeichert werden, je nachdem, ob die Zahl n gerade oder ungerade ist:

```
n = 3
s = 'gerade' if n % 2 == 0 else 'ungerade'
```

Kein »switch«

Viele Programmiersprachen kennen mit switch eine zweite Möglichkeit, Verzweigungen zu formulieren. In Python fehlt dieses Konstrukt. Wirklich tragisch ist das aber nicht. if-Konstruktionen sind ohnedies leichter zu lesen und lassen sich mit dem in-Operator selbst dann elegant formulieren, wenn mehrere Fälle einheitlich verarbeitet werden sollen:

```
day = 3   # 1 = Montag, ..., 7 = Sonntag
if day in (1, 2, 3, 4, 5):
    print('arbeiten ...')
elif day in (6, 7):
    print('Wochenende')
else:
    print('ungültig')
```

Mitunter können Sie auch Dictionaries anstelle von komplizierten if-Konstruktionen einsetzen. Nehmen wir an, Sie wollen je nach Wert der obigen Variablen day eine Zeichenkette initialisieren. Die naheliegende if-Konstruktion sieht dann wie folgt aus und beansprucht 14 Zeilen (bzw. 16, wenn Sie auch ungültige Wochentage erkennen möchten).

```
if day == 1:
  s = 'Montag'
elif day == 2:
  s = 'Dienstag'
...
```

Es ist erlaubt, den Code wie im folgenden Listing kompakter zu formulieren. Das reduziert die Zeilenanzahl, nicht aber die Codemenge.

```
if day == 1:   s = 'Montag'
elif day == 2: s = 'Dienstag'
...
```

Eine elegantere Lösung besteht mitunter darin, vorweg ein Dictionary zu initialisieren, das alle möglichen Werte als Schlüssel enthält; diese Vorgehensweise wird auch *Dictionary Mapping* genannt:

```
# Beispieldatei wochentage.py
alldays = { 1: 'Montag', 2: 'Dienstag', 3: 'Mittwoch',
            4: 'Donnerstag', 5: 'Freitag', 6: 'Samstag',
            7: 'Sonntag'}

if day in alldays:
  s = alldays[day]
else:
  s = 'ungültig'
print('Wochentag:', s)
```


9.2 Beispiel: Schaltjahrtest

Stellen Sie sich vor, Sie sollen ein Programm entwickeln, das ermittelt, ob ein Jahr ein Schaltjahr ist oder nicht. In der Wikipedia sind die für den Test anzuwendenden Regeln detailliert beschrieben. Die Kurzfassung:

- Durch vier ohne Rest teilbare Jahre sind normalerweise Schaltjahre.
- Durch 100 ohne Rest teilbare Jahre sind *keine* Schaltjahre.
- Durch 400 ohne Rest teilbare Jahre sind *doch* Schaltjahre.

https://de.wikipedia.org/wiki/Schaltjahr

Im folgenden Script befindet sich die Jahreszahl in der Variablen `year`. Nun geht es darum, aus den obigen deutschen Sätzen für Python verständliche `if`-Anweisungen zu machen. Es gibt viele Lösungen zu diesem Problem, aber am einfachsten ist es, die Reihenfolge der Regeln einfach auf den Kopf zu stellen und mit der wirksamsten Regel zu beginnen. Die resultierende Lösung sieht dann so aus:

```
# Beispieldatei schaltjahr.py
year = 2024   # Ist dieses Jahr ein Schaltjahr?

if year % 400 == 0:
    leapYear = True
elif year % 100 == 0:
    leapYear = False
elif year % 4 == 0:
    leapYear = True
else:
    leapYear = False

if leapYear:
    print(year, 'ist ein Schaltjahr.')
else:
    print(year, 'ist kein Schaltjahr.')
```

Der Test, ob eine Jahreszahl ohne Rest teilbar ist, erfolgt mit dem Restwertoperator `%`. Der Ausdruck `year % 4` ermittelt den Rest einer Division durch 4. Ist dieser Wert `0`, dann ist die Zahl durch 4 teilbar.

9.3 »for«-Schleife

Schleifen werden in Python zumeist mit `for var in elemente` gebildet. Die Schleifenvariable nimmt dabei der Reihe nach jedes der angegebenen Elemente an.

```
for var in elemente:
    anweisungen
```

Die Schleifenvariable `var` kann auch im Code nach dem Ende der Schleife verwendet werden und enthält dann den zuletzt zugewiesenen Wert:

```
for i in [7, 12, 3]:
    print(i)  # Ausgabe: 7, 12, 3
print(i)      # Ausgabe: nochmals 3
```

Schleifen über Zahlenbereiche (»range«)

Für Schleifen über einen vorgegebenen Zahlenraum werden die Elemente in der Regel durch `range(start, ende)` erzeugt, wobei der Endwert exklusiv ist. Die folgende Schleife durchläuft daher die Werte von 1 bis 9 (nicht 10!). Die Option `end=' '` in `print` bewirkt, dass jeder Ausgabe ein Leerzeichen folgt (kein Zeilenumbruch).

```
for i in range(1, 10):
    print(i, end=' ')
# Ausgabe: 1 2 3 4 5 6 7 8 9
```

Die Kurzschreibweise `range(n)` entspricht `range(0, n)`:

```
for i in range(10):
    print(i, end=' ')
# Ausgabe 0 1 2 3 4 5 6 7 8 9
```

Bei `range` können Sie im optionalen dritten Parameter die Schrittweite angeben:

```
for i in range(0, 20, 3):
    print(i, end=' ')
# Ausgabe: 0 3 6 9 12 15 18

for i in range(100, 0, -10):
    print(i, end=' ')
# Ausgabe: 100 90 80 70 60 50 40 30 20 10
```

Interna

`range` ist ein sogenannter *Generator*, der die Elemente erst bei Bedarf erzeugt. Vor allem bei Schleifen über eine große Anzahl von Elementen spart das Speicherplatz.

`range` kann nur für ganze Zahlen verwendet werden, nicht für Fließkommazahlen. Wenn Sie eine Schleife von 0 bis 1 mit einer Schrittweite von 0,1 bilden möchten, können Sie z. B. so vorgehen:

```
for i in range(0, 11):
    x = i / 10.0
    print(x, end=' ')
# Ausgabe 0.0 0.1 0.2 0.3 0.4 0.5 0.6 0.7 0.8 0.9 1.0
```

Schleifen über die Zeichen einer Zeichenkette

So können Sie eine Zeichenkette Zeichen für Zeichen verarbeiten:

```
for c in 'abc':
    print(c)
# Ausgabe: a
#          b
#          c
```

> **Tipp**
>
> Unter Umständen ist es zweckmäßiger, die Zeichenkette mit `list` in eine Liste umzuwandeln, deren Elemente jeweils ein Zeichen enthalten. Dann können Sie in der Folge alle Listenfunktionen verwenden oder die im Folgenden illustrierte *List-Comprehension*-Syntax anwenden.

Schleifen über Listen, Tupel und Sets

Die Elemente von Listen, Tupeln und Sets können Sie mühelos mit `for` verarbeiten:

```
for i in (17, 87, 4):
    print(i, end=' ')
# Ausgabe: 17 87 4

for s in ['Python', 'macht', 'Spaß!']:
    print(s)
# Ausgabe: Python
#          macht
#          Spaß!
```

»enumerate«-Funktion

Relativ oft brauchen Sie, wenn Sie alle Elemente einer Liste durchlaufen, parallel eine Variable mit einem Zähler. Eine naheliegende Vorgehensweise sieht so aus:

```
lst = ['a', 'b', 'c']
cnt = 0
for itm in lst:
   print(cnt, itm)
   cnt += 1
```

Damit derartiger Code eleganter formuliert werden kann, stellt Python die `enumerate`-Funktion zur Verfügung. Sie durchläuft alle Elemente einer Liste und gibt den Zähler und das Listenelement jeweils als Tupel zurück. Die obige Schleife vereinfacht sich damit wie folgt:

```
for cnt, itm in enumerate(lst):
    print(cnt, itm)
```

List/Tupel/Set Comprehension

Oft ist das Ziel solcher Schleifen, eine neue Liste, ein neues Tupel oder ein neues Set zu bilden. Dann ist es zumeist eleganter und effizienter, *List/Tupel/Set Comprehension* zu verwenden (siehe Abschnitt 8.1, »Listen«). Diese besondere Variante einer `for`-Schleife wird *in* einer Liste, einem Tupel oder einem Set gebildet. Die folgenden Beispiele beziehen sich alle auf Listen, können aber analog auch für Tupel oder Sets formuliert werden.

In der einfachsten Form lautet die Syntax `[ ausdruck for var in liste ]`. Dabei werden alle Listenelemente in die Variable eingesetzt. Die ausgewerteten Ausdrücke ergeben eine neue Liste. Optional hängen Sie mit `if` eine Bedingung für die Schleifenvariable an: Dann werden nur die Listenelemente berücksichtigt, für die die Bedingung zutrifft.

```
lst = [1, 2, 3, 10]                # Quadrat aller Listen-
result = [ x * x for x in lst ]   # elemente bilden
print(result)
  [1, 4, 9, 100]
```

```
# nur gerade Zahlen berücksichtigen
result2 = [ x * x for x in lst if x % 2 == 0 ]
print(result2)
  [4, 100]
```

Der Ausdruck darf selbst eine Liste, ein Set oder ein Tupel sein – dann ist das Ergebnis ein verschachtelter Ausdruck:

```
result3 = [ [x, x * x] for x in lst ]
# Ergebnis [[1, 1], [2, 4], [3, 9], [10, 100]]
```

Um aus einer Liste, einem Tupel oder einem Set ein Dictionary zu bilden, verwenden Sie die Schreibweise `{ k:v for x in liste }`, wobei `k` und `v` Ausdrücke für den Schlüssel (Key) und den Wert (Value) jedes Dictionary-Elements sind.

```
dict = { x: x * x for x in lst }
print(dict)
  {1: 1, 2: 4, 3: 9, 10: 100}
```

»map«, »filter« und »reduce« machen viele Schleifen überflüssig!

Mitunter können Sie auf Schleifen ganz verzichten und stattdessen mit `map`, `filter` und `reduce` arbeiten. Entsprechende Beispiele finden Sie in Abschnitt 8.2, »Funktionen zur Verarbeitung von Listen«.

Schleifen über Dictionaries, Dictionary Comprehension

Die vorhin beschriebene Comprehension-Syntax können Sie auch für Dictionaries verwenden. In der einfachsten Form bilden Sie dabei eine Schleife über die Schlüssel der Dictionary-Elemente. Je nachdem, ob Sie den Ausdruck in eckige oder geschwungene Klammern stellen, ist das Ergebnis eine Liste oder ein Set.

```
dict = {'a': 12, 'c': 78, 'b': 3, 'd': 43}
resultset = { x for x in dict }
```

```
print(resultset)
  {'a', 'c', 'b', 'd'}

resultlst = [ x for x in dict ]
print(resultlst)
  ['a', 'c', 'b', 'd']
```

Wenn Sie in der Schleife zwei Variablen für das Schlüssel-Wert-Paar benötigen, verwenden Sie die `items`-Methode:

```
{ k for k,v in dict.items() }
# Ergebnis {'a', 'c', 'b', 'd'}

{ v for k,v in dict.items() }
# Ergebnis {43, 3, 12, 78}
```


Damit das Ergebnis des Ausdrucks selbst wieder ein Dictionary wird, bilden Sie den Ergebnisausdruck in der Form `schlüssel:wert`. Dann spricht man analog zur *List Comprehension* von *Dictionary Comprehension*:

```
{ k: v*2 for k, v in dict.items() }
# Ergebnis {'a': 24, 'c': 156, 'b': 6, 'd': 86}
```

Generator Expressions

Durch die List Comprehension wird im Arbeitsspeicher eine Liste eingerichtet. Wenn diese Liste im nächsten Schritt verarbeitet und danach ohnedies nie wieder benötigt wird, können Sie in manchen Fällen eine sogenannte *Generator Expression* verwenden. Die Syntax ist fast dieselbe wie bei der List Comprehension, nur die eckigen Klammern entfallen.

Generator Expressions sind eine Kurzschreibweise zur Formulierung eines *Generators*. Hintergrundinformationen zu diesem Thema folgen in Abschnitt 10.7, »Generatoren«.

Nehmen wir an, Sie wollen die Quadrate der Zahlen von 0 bis 99 summieren. Mit List Comprehension können Sie das so machen:

```
# List Comprehension
sum([x*x for x in range(100)])  # Ergebnis 328350
```

Funktionen wie `sum`, `min` oder `max` können Generator Expression wie eine Liste verarbeiten. Der Vorteil: `sum` ruft den Generator immer wieder auf, um das jeweils nächste Element zu erzeugen; es ist aber nicht notwendig, alle Elemente *gleichzeitig* im Speicher zu behalten.

```
# Generator Expression (schneller)
sum(x*x for x in range(100))    # gleiches Ergebnis 328350
```

Sie können Generator Expressions auch verwenden, um Zeichenketten mit `join` aneinanderzufügen. Der folgende Ausdruck liefert die Zeichen A bis Z mit den ASCII-Codes von 65 bis 90.

```
''.join(chr(i) for i in range(65, 91))
# Ergebnis 'ABCDEFGHIJKLMNOPQRSTUVWXYZ'
```

»break«, »continue« und »else«

`break` beendet `for`-Schleifen vorzeitig:

```
for var in elemente:
    anweisung1
    if bedingung:
        break        # die Schleife abbrechen
    anweisung2
```

`continue` überspringt die restlichen Anweisungen für den aktuellen Schleifendurchgang, setzt die Schleife aber fort:

```
for var in elemente:
    anweisung1
    if bedingung:
        continue     # anweisung2 überspringen
    anweisung2
```

»break« und »continue« in verschachtelten Schleifen

Bei verschachtelten Schleifen gelten `break` und `continue` nur für die innerste Schleife. Um unkompliziert eine verschachtelte Schleife abzubrechen, verpacken Sie sie in eine Funktion und verlassen diese mit return (siehe Kapitel 10, »Funktionen«). Eine andere Möglichkeit besteht darin, sämtliche Schleifen durch try abzusichern und zum Abbruch der Schleifen eine Exception auszulösen (siehe Kapitel 11, »Umgang mit Fehlern (Exceptions)«).

Python kennt auch einen else-Block für Schleifen und unterscheidet sich damit von den meisten anderen Programmiersprachen. Der else-Block wird ausgeführt, nachdem bei einer for-Schleife alle Elemente durchlaufen wurden. Selbst wenn die Liste der Elemente leer ist und der eigentliche Schleifenblock daher gar nicht durchlaufen wird, wird auf jeden Fall der Code im else-Block ausgeführt. (Der else-Block wird allerdings nicht ausgeführt, wenn Sie die Schleife vorzeitig mit break beenden.)


```
for var in elemente:
    anweisung1
    anweisung2
else:
    anweisung3
```

»_« als Schleifenvariable

Manchmal wollen Sie einen bestimmten Vorgang *n* Mal ausführen, sind aber an der Schleifenvariablen gar nicht interessiert. Natürlich können Sie in der Schleife dennoch eine Variable verwenden, also z. B. so:

```
for i in range(10):   # 10 x 'bla' ausgeben
    print('bla')
```

Um zu verdeutlichen, dass Sie die Schleifenvariable (hier i) gar nicht benötigen, können Sie in Python das Zeichen _ verwenden. Wird der Unterstrich als Variablenname verwendet, dann hat das die Funktion von *interessiert mich nicht, einfach ignorieren*. Die neue Schleife sieht dann so aus:

```
for _ in range(10):   # 10 x 'bla' ausgeben
    print('bla')
```

Das Zeichen _ können Sie natürlich auch in der Comprehension-Syntax verwenden.

```
['x' for _ in range(8) ]
# Ergebnis  ['x', 'x', 'x', 'x', 'x', 'x', 'x', 'x']

''.join(['abc' for _ in range(3)])
# Ergebnis 'abcabcabc'
```

Noch effizienter ist es hier, auf die eckigen Klammern zu verzichten und an join stattdessen eine *Generator Expression* zu übergeben.

```
''.join('abc' for _ in range(3))
# ebenfalls Ergebnis 'abcabcabc'
```

Wie so oft wollte ich mit den obigen Beispielen Syntaxfeinheiten illustrieren. Es ging mir aber nicht darum, Zeichenketten zu vervielfachen. Das gelingt viel schneller mit dem Operator *:

```
s = 'abc' * 3  # 'abcabcabc'
```

Interna

Eigentlich ist _ die Bezeichnung für eine normale Variable – aber mit einem besonderen Namen. Wenn Sie beispielsweise `for _ in range(3): print(_)` ausführen, werden die Zahlen 0, 1 und 2 ausgegeben.

9.4 »while«-Schleife

Als Alternative zu for können Sie Schleifen mit while formulieren. Die eingerückten Anweisungen werden dann so lange ausgeführt, wie die Bedingung erfüllt ist. Die Schlüsselwörter break, continue und else funktionieren wie bei der for-Schleife.

```
while bedingung:
    anweisungen
```

Im folgenden Beispiel durchläuft die Schleifenvariable die Werte von 1 bis 4. Am Ende hat `i` den Wert 5. Dieser Wert wird aber nicht mehr ausgegeben, weil die Schleife dann beendet wird.

```
i = 1
while i < 5:
    print(i)
    i += 1
# Ausgabe 1 2 3 4
```

Vorsicht, Endlosschleife!

Bei der Programmierung von Schleifen passiert es leicht, dass diese endlos laufen. Das wäre z. B. der Fall, wenn Sie im obigen Code die Anweisung `i+=1` vergessen oder die Schleifenbedingung falsch formulieren.

Beim Test eines derart fehlerhaften Scripts endet dieses nicht mehr. Abhilfe schafft in solchen Fällen die Tastenkombination Strg+C.

9

`while`-Schleifen sind insbesondere dann vorteilhaft, wenn die Zahlen unregelmäßige Abstände aufweisen sollen und eine Konstruktion mit `for` und `range` daher nicht zielführend ist:

```
i=1
while i<100000:
    print(i, end=' ')
    i += i * i
# Ausgabe: 1 2 6 42 1806
```

9.5 Beispiele für Schleifen

Beispiele für Schleifen, sowohl in der »klassischen« Syntax als auch in der Comprehension-Form, werden Sie in nahezu allen weiteren Kapiteln finden. Dennoch möchte ich Ihnen schon an dieser Stelle einige Anwendungsmöglichkeiten zeigen, bevor Sie Ihr Wissen im nächsten Abschnitt anhand einiger Übungen überprüfen können.

Summe der Zahlen von 1 bis 1000

Der Mathematiker Carl Friedrich Gauß entdeckte schon im Alter von neun Jahren, dass die Summe der Zahlen von 1 bis *n* mit dem folgenden Ausdruck berechnet werden kann:

$summe = n \times (n + 1) / 2$

Aber wenn Sie diese Formel nicht kennen, können Sie natürlich auch den Computer rechnen lassen. In Python gibt es dafür viele Möglichkeiten. Am naheliegendsten ist vermutlich eine »gewöhnliche« `for`-Schleife, wobei der zu durchlaufende Zahlenraum mit `range` formuliert wird.

Die Summe wird schrittweise in der Variablen `sum` errechnet. Dabei ist `sum += i` die Kurzschreibweise für den Ausdruck `sum = sum + i` (siehe Kapitel 4, »Operatoren«).

```
# Beispieldatei summe.py
sum = 0
for i in range(1, 1001):
  sum += i
print('Summe der Zahlen von 1 bis 1000:', sum)
# Ergebnis: 500500
```

Wenn Sie mit `while` arbeiten, benötigen Sie *zwei* Variablen: Eine Schleifenvariable (hier `i`) und eine zur Berechnung der Summe:

```
sum = 0
i = 1
while i <= 1000:
  sum += i
  i += 1
```

Es geht aber auch ganz ohne (sichtbare) Schleife: Mit `list(range(...))` bilden Sie eine Liste mit den Zahlen von 1 bis 1000. `reduce` wendet nun die Formel `x + y` auf die ersten beiden Listenelemente an, dann auf das Zwischenergebnis und das dritte Listenelement usw. (Intern arbeitet `reduce` also ebenfalls wie eine Schleife.)

```
from functools import reduce
sum = reduce(lambda x, y: x + y, list(range(1, 1001)))
```

Zurück zur Schleife: Wenn Sie wissen, dass Python die Funktion `sum` zur Verfügung stellt, um die Elemente einer Liste oder eines Generators zu addieren, ergibt sich eine weitere Variante:

```
sum = sum(i for i in range(1, 1001))
```

Einmaleins-Tabelle

Stellen Sie sich vor, Sie wollten mit einem Python-Script eine Tabelle mit allen Multiplikationen der Zahlen zwischen 1 und 10 ausgeben, die wie folgt aussieht:

```
1x1=1   2x1=2   3x1=3   4x1=4   ...  10x1=10
1x2=2   2x2=4   3x2=6   4x2=8   ...  10x2=20
1x3=3   2x3=6   3x3=9   4x3=12  ...  10x3=30
...
1x10=10 2x10=20 3x10=30 4x10=40 ...  10x10=100
```

9

Für derartige Aufgabenstellungen benötigen Sie *zwei* Schleifen, die ineinander angeordnet sind:

```
# Beispieldatei einmaleins.py
for i in range(1, 11):
    for j in range(1, 11):
        print('%dx%d=%d\t' % (j, i, i*j), end='')
    print()
```

Dabei beginnt die äußere Schleife mit `i=1`. In der inneren Schleife durchläuft jetzt `j` alle Werte von 1 bis 10. Dabei wird die erste Zeile der Multiplikationstabelle ausgegeben. Wenn die `j`-Schleife fertig ist, geht es in der `i`-Schleife weiter, und es gilt `i=2`. Die `j`-Schleife wird nun erneut ausgeführt, wieder von 1 bis 10. So entsteht die zweite Zeile usw.

`%d` in der Formatierungszeichenkette von `print` wird durch die drei Ausdrücke `j`, `i` und `i*j` ersetzt. `\t` fügt der Ausgabe ein Tabulatorzeichen hinzu. `end=''` verhindert, dass nach jeder Ausgabe eine neue Zeile beginnt. Eine neue Zeile soll erst beginnen, wenn die `j`-Schleife fertig ist. Die Anweisung `print()` ist deswegen so eingerückt, damit sie Teil der `i`-Schleife ist, also mit jedem Durchlauf der `i`-Schleife ausgeführt wird.

Parameter verarbeiten

Beim Aufruf eines Python-Scripts können Sie Parameter übergeben. Im Script enthält sys.argv aus dem sys-Modul zuerst den Programmnamen und dann die Parameter in Form einer Liste.

argv ist eine Liste, deren erstes Element der Dateiname des Scripts ist. Die weiteren Listenelemente enthalten die übergebenen Parameter. Da der Script-Name selten benötigt wird, wird er mit dem Ausdruck [1:] eliminiert.

```
import sys
if(len(sys.argv) <= 1):
    print('Es wurden keine Parameter übergeben.')
else:
    for x in sys.argv[1:]:
        print('Parameter:', x)
```

Ein möglicher Aufruf des Scripts sieht nun so aus:

```
./parameter.py -x -y readme.txt
  Parameter: -x
  Parameter: -y
  Parameter: readme.txt
```

Unter macOS oder Linux können Sie an parameter.py auch Dateinamen mit Jokerzeichen übergeben, z. B. *.txt. Da im Terminal die bash oder eine andere Shell läuft, wertet diese den Ausdruck sofort aus und übergibt an das aufgerufene Kommando dann die Liste der gefundenen Dateien. Wenn im aktuellen Verzeichnis also die drei Dateien readme.txt, copyright.txt und gpl.txt gespeichert sind, dann werden mit ./parameter.py *.txt die Namen aller drei Dateien übergeben:

```
./parameter.py *.txt
  Parameter: copyright.txt
  Parameter: gpl.txt
  Parameter: readme.txt
```

Unter Windows funktioniert das nicht. Dort müssen Sie die `glob`-Funktion aus dem gleichnamigen Modul einsetzen: `glob('*.txt')` liefert eine Liste mit allen Textdateien im gerade aktuellen Verzeichnis. (Beachten Sie, dass diese Liste leer ist, wenn es keine passenden Dateien gibt! Unter macOS oder Linux bleibt in solchen Fällen `*.txt` als Parameter erhalten.)

Mit der Berücksichtigung dieses Sonderfalls bekommen wir plötzlich ein schönes Beispiel für die Verschachtelung von Bedingungen und Schleifen und für die Konstruktion komplexer Bedingungen: Die erste `if`-Abfrage testet, ob überhaupt Parameter übergeben wurden. Ist das der Fall, verarbeitet die `for`-Schleife alle Parameter. Wenn in einem Parameter die Zeichen `?` oder `*` auftauchen *und* das Script unter Windows läuft, wird die `glob`-Funktion ausgeführt, andernfalls einfach der Parameter angezeigt.


```
# Beispieldatei parameter.py
import platform, sys
from glob import glob
iswin = platform.system() == 'Windows'
if len(sys.argv) <= 1:
    print('Es wurden keine Parameter übergeben.')
else:
    for para in sys.argv[1:]:
        if iswin and ('?' in para or '*' in para):
            print('Parameter:', glob(para))
        else:
            print('Parameter:', para)
```

Parameter effizient verarbeiten

Wenn Sie ein Python-Script entwickeln möchten, an das Sie diverse Parameter, Optionen usw. übergeben, helfen die Klassen und Methoden des `argparse`-Moduls bei der effizienten Auswertung dieser Parameter:

https://docs.python.org/3/library/argparse.html

9.6 Pattern Matching

In Python 3.10 wurde der Mechanismus des *Pattern Matchings* eingeführt. Damit können Sie die Elemente eines Tupels oder einer Liste verarbeiten. Nehmen Sie an, eine Liste enthält in ein, zwei oder drei Elementen die Kommandos `quit`, `do <cmd>` oder `join <part1> <part2>`. Anstatt zuerst zu testen, wie viele Listenelemente vorliegen, und diese dann umständlich auszuwerten, können Sie in Python 3.10 den folgenden Code verwenden:

```
#!/usr/bin/env python3
lst = ['join', 1, 2]
match lst:
    case ['quit']:
        print('Programmende')
    case ['do', cmd]:
        print('Führe', cmd, 'aus.')
    case ['join', part1, part2]:
        print('Füge', part1, 'und', part2, 'aneinander.')
    case _:
        print('Unbekanntes Kommando')
```

Die prinzipielle Syntax geht aus dem Beispiel hervor: An `match` übergeben Sie eine Liste, ein Tupel oder eine andere Aufzählung von Daten. In der Folge geben die `case`-Ausdrücke vor, welchem Muster die Daten entsprechen müssen. `case ['join', part1, part2]` bedeutet, dass es sich um eine Liste mit drei Elementen handeln muss. Das erste Element der Liste muss die Zeichenkette `'join'` sein. Für die restlichen beiden Elemente gibt es keine Regeln. Sie können im nachfolgenden Codeblock über die Variablen `part1` und `part2` verarbeitet werden.

Bei der Verarbeitung von `match` werden der Reihe nach alle `case`-Muster ausgewertet, bis das erste zutrifft. Mit der Verarbeitung des nachfolgenden Codeblocks endet der gesamte `match`-Block. `case _` eignet sich als abschließendes, immer zutreffendes `case`-Muster, um einen Defaultcodeblock einzuleiten.

case-Muster können mit zusätzlichen Bedingungen versehen werden, die in der Dokumentation als *Guards* bezeichnet werden:

```
case ['join', part1, part2] if part1 < part2:
    print(part1, 'ist kleiner als', part2)
```

In der Schreibweise *name können Muster für beliebig viele weitere Elemente formuliert werden:

```
case ['join', *parts]:
    lst = [p for p in parts]
    ...
```

Weitere Syntaxvarianten und Anwendungsbeispiele finden Sie hier:

https://www.python.org/dev/peps/pep-0636
https://www.python.org/dev/peps/pep-0634

9.7 Wiederholungsfragen und Übungen

- **W1:** Erweitern Sie das Script aus Abschnitt 9.2, »Beispiel: Schaltjahrtest«, dahingehend, dass auch die Tage des Monats bestimmt werden. Die Struktur des Codes könnte so aussehen:

```
year = 2024
month = 2   # 1 = Januar, 2 = Februar usw.
...         # todo: Ihr Code
print('Der %d. Monat im Jahr %d hat %d Tage.'
      % (month, year, days))
```

- **W2:** Berechnen Sie die Fakultät der Zahlen von 1 bis 20. (Die Fakultät ist als das Produkt aller Zahlen bis *n* definiert. Die Fakultät von 6 ist also $1 \times 2 \times 3 \times 4 \times 5 \times 6 = 720$.)
- **W3:** Berechnen Sie die Summe der Funktion $1/x^2$, wenn Sie für x alle Zahlen zwischen 2 und 30 einsetzen.
- **W4:** Was wird bei der Ausführung des folgenden Codes ausgegeben?

```
for i in range(1, 3):
    for j in range(i):
        print(i+j)
```

- **W5:** Welche Zahlen werden durch das folgende Programm ausgegeben?

```
i = 0
j = 9
while i < j:
    print(i, j)
    if i >= 3:
        break
    i += 1
    j -= 1
```

- **W6:** Schreiben Sie eine `while`-Schleife, die in 5er-Schritten von 100 bis 0 zählt.
- **W7:** Formulieren Sie eine Schleife, um den Wertebereich zwischen 125 und 160 in elf Schritten zu durchlaufen. Das Programm soll alle elf Zahlen ausgeben, beginnend mit 125,0 und endend mit 160,0.
- **W8:** Initialisieren Sie eine Liste mit 50 Zufallszahlen zwischen 0 (inklusive) und 10 (inklusive). Berechnen Sie dann die Summe aller Elemente. Zählen Sie, wie oft der Wert 0 vorkommt. Ermitteln Sie, an welcher Position die erste 0 erscheint. (Es kann passieren, dass die Zahl gar nicht vorkommt.) Formulieren Sie zur Auswertung der Liste eigenen Code mit Schleifen und Bedingungen. Vermeiden Sie den Einsatz fertiger Listenfunktionen wie `count` und `index`.
- **W9:** Was ist der Unterschied zwischen *List Comprehension* und einer *Generator Expression*? Geben Sie jeweils ein Beispiel an.

Kapitel 10

Funktionen

Python stellt diverse vordefinierte Funktionen zur Verfügung. Kennengelernt haben Sie beispielsweise schon `len`: Die Funktion ermittelt die Anzahl der Elemente einer Liste bzw. die Anzahl der Zeichen einer Zeichenkette. Vertraut ist Ihnen natürlich auch `print`: Damit werden die in den Parametern übergebene Daten ausgegeben. Daneben gibt es unzählige weitere Funktionen, die in Modulen definiert sind, z. B. `sin` oder `sqrt` im Modul `math`, `randint` oder `random` im Modul `random` sowie `sleep` im Modul `sys`.

In diesem Kapitel geht es darum, wie Sie selbst *eigene Funktionen* definieren. Damit können Sie Ihren Code besser und übersichtlicher strukturieren. In vielen Fällen können Funktionen auch Redundanz im Code vermeiden – z. B. wenn Sie bestimmte Aufgaben an mehreren Stellen in Ihrem Code durchführen müssen.

Python bietet zur Definition von Funktionen gleich zwei Möglichkeiten: Den Code für gewöhnliche Funktionen leiten Sie mit `def` ein. Außerdem können Sie mit minimalem Aufwand sogenannte Lambda-Funktionen definieren und sofort anwenden. Das bietet sich insbesondere dann an, wenn Sie einfache Funktionen nur an einer Stelle in Ihrem Programm benötigen.

Quasi noch eine Ebene höher auf dem Weg zum Profiprogrammierer bzw. zur Profiprogrammiererin steigen Sie dann in Kapitel 12, »Objektorientiertes Programmieren«: Dort zeige ich Ihnen, wie Sie größere Projekte in mehrere Klassen unterteilen. Klassen bieten die Möglichkeit, den Code zur Verwaltung und Verarbeitung einer bestimmten Art von Daten zu bündeln. Sie werden sehen, dass in Klassen definierte Methoden große Ähnlichkeiten mit den in diesem Kapitel vorgestellten Funktionen haben.

10.1 Eigene Funktionen definieren

Die Definition eigener Funktionen beginnt mit dem Schlüsselwort `def`. Dem folgt der Funktionsname, für den dieselben Regeln wie für Variablennamen gelten. Mit Parametern übergeben Sie Daten an die Funktion. Die Parameter müssen in runde Klammern gestellt werden.

```
def funktionsname(para1, para2, para3):
    code
    mehr code
    noch mehr code
```

Für die Programmierung und Anwendung von Funktionen gelten einige Regeln:

- Funktionen müssen definiert werden, bevor sie verwendet werden können. Deswegen ist es üblich, zuerst alle Funktionen zu definieren und erst im Anschluss daran den restlichen Code anzugeben. Die Codeausführung beginnt somit in der ersten Zeile, die *nicht* zu einer Funktionsdefinition gehört.
- Funktionen ohne Parameter sind zulässig, die runden Klammern sind aber immer erforderlich.
- Funktionen können vorzeitig mit `return` verlassen werden. Die Verwendung von `return` ist optional.
- Mit `return` kann die Funktion ein Ergebnis zurückgeben. Hierfür ist jeder Python-Datentyp erlaubt, also auch Listen, Tupel etc. Auf diese Weise kann eine Funktion ganz einfach *mehrere* Werte zurückgeben.
- Funktionen dürfen verschachtelt werden. Es ist also zulässig, in einer Funktion `f1` eine weitere Funktion `f2` zu definieren. `f2` kann dann allerdings nur innerhalb von `f1` genutzt werden, weswegen die verschachtelte Definition von Funktionen in der Praxis recht selten vorkommt. Eine mögliche Anwendung zeige ich später in Abschnitt 10.6, »Funktionale Programmierung«, wo eine neue Funktion gebildet und das Ergebnis mit `return` zurückgegeben wird.

- Es ist nicht erlaubt, dass mehrere Funktionen denselben Namen haben. Diese Regel klingt selbstverständlich; tatsächlich unterstützen aber viele Programmiersprachen gleichnamige Funktionen, wenn diese sich in ihrer Parameterliste unterscheiden (Stichwort *Overloading*).

»Hello, Function!«

Im folgenden Miniprogramm werden zuerst zwei Funktionen definiert und dann aufgerufen, um den prinzipiellen Umgang mit Funktionen zu zeigen:

```
# Beispieldatei hellofunc.py

# Funktion ohne Ergebnis
def f1(x, y):
  print('Parameter 1:', x)
  print('Parameter 2:', y)

# Funktion mit Ergebnis
def f2(x, y):
  return x+y

# hier beginnt die Programmausführung
f1(2, 3)      # gibt die Parameter aus
# Ausgabe: Parameter 1: 2
#          Parameter 2: 3

n = f2(4, 5)
print(n)
# Ausgabe: 9
```

Beispiel: zufällige Zeichenkette

Das zweite Beispiel ist insofern etwas praxisnäher, als die Funktion tatsächlich eine einfache Aufgabe erfüllt. Das Ziel besteht darin, eine Zeichenkette zu bilden, die aus `n` zufälligen Kleinbuchstaben zusammengesetzt ist.

Die Funktion speichert dazu die in Frage kommenden Buchstaben in der Zeichenkette `letters`, erzeugt mit *List Comprehension* eine Liste von Buchstaben, wobei jedes Zeichen zufällig aus `letters` ausgewählt wird, verbindet die Buchstaben der Liste schließlich mit `join` zu einer Zeichenkette und gibt diese als Ergebnis zurück. Alle hier eingesetzten Sprachelemente, also `len`, `randint`, `range`, `join` und die List-Comprehension-Syntax, habe ich Ihnen in den vorangegangenen Kapiteln bereits vorgestellt.

```
# Beispieldatei randomstring.py
from random import randint

# Definition der Funktion randomstr(n)
def randomstr(n):
    letters = 'abcdefghijklmnopqrstuvwxyz'
    max = len(letters)
    lst = [letters[randint(0, max-1)] for _ in range(n)]
    return ''.join(lst)

# Anwendung der Funktion
print(randomstr(4))  # Ausgabe z. B. ameu
print(randomstr(8))  # Ausgabe z. B. imyhlsuz
```

Dieses Beispiel hat rein didaktischen Charakter. Wenn es Ihnen nur um die Sache an sich geht, finden Sie im `random`-Modul mit `choices` eine Funktion, die genau diese Aufgabe erfüllt. Dabei ist `k` der Parameter, der die gewünschte Anzahl der Elemente angibt.

Das `string`-Modul enthält außerdem die Variable `ascii_lowercase`, sodass Sie sich auch die Variable `letters` sparen können. Die Funktionsdefinition reduziert sich damit auf zwei Zeilen.

```
from string import ascii_lowercase
from random import choices

# Alternative Implementierung der Funktion
def randomstr2(n):
    return ''.join(choices(ascii_lowercase, k=n))
```

Beispiel: Passwortgenerator

Manche Login-Systeme verlangen, dass ein Passwort zumindest einen Großbuchstaben, eine Ziffer und ein Sonderzeichen enthält. Die folgende Funktion erzeugt passende Passwörter aus lauter Kleinbuchstaben plus drei Zusatzzeichen. Der Code sieht so aus:

```
# Beispieldatei passwordgen.py
from random import randint
from random import choices
from random import shuffle
import string

def passwordgen(n):
    if n < 8:
        n = 8
    lower =  string.ascii_lowercase
    upper =  string.ascii_uppercase
    digits = string.digits
    other =  '.,;:-_!$%&()='
    pwlst =  choices(lower, k=n-3)
    pwlst += [upper[randint(0, len(upper) - 1)]]
    pwlst += [digits[randint(0, len(digits) - 1)]]
    pwlst += [other[randint(0, len(other) - 1)]]
    shuffle(pwlst)
    return ''.join(pwlst)

# Anwendung/Test
for _ in range(3):
    print(passwordgen(10))
# Ausgabe z. B. km6vKkqr;w
#               f6_qsxlgsS
#               Q-4iuhrljq
```

Nun zur Erklärung: Die vier `import`-Anweisungen betreffen drei `random`-Funktionen sowie alle `string`-Funktionen und -Variablen. In der Funktion passwordgen wird zuerst der Parameter n überprüft. Ist er kleiner als 8, wird er auf 8 hochgesetzt. (Kürzere Passwörter sind immer unsicher.)

pwlst wird nun mit einer Liste aus n-3 zufällig ausgewählten Kleinbuchstaben initialisiert. Die Funktionsweise von random.choices habe ich im vorigen Abschnitt erläutert.

Die nächsten drei Zeilen fügen der Liste einen zufälligen Großbuchstaben, eine zufällige Ziffer und ein zufälliges Sonderzeichen hinzu. random.shuffle vermischt nun alle Elemente, damit sich die drei Spezialzeichen nicht immer am Schluss befinden. join macht aus der Liste schließlich die gewünschte Zeichenkette.

Hinweis

Wenn Sie kryptografisch sichere Passwörter benötigen, verwenden Sie anstelle eigenen Codes besser die Methode choice aus dem secret-Modul. Ein entsprechendes Beispiel finden Sie in Abschnitt 17.2, »Linux-Accounts einrichten«.

10.2 Lokale und globale Variablen

Die vorangegangenen Beispiele haben bewiesen, dass Sie ohne viel Theorie und nur mit dem Wissen aus den vorherigen Kapiteln bereits sinnvolle Funktionen programmieren können. Die folgenden Abschnitte gehen nun etwas detaillierter auf Hintergründe und Sonderfälle bei der Definition von Funktionen ein.

Variablenverwaltung

Funktionen können Variablen lesen, die außerhalb der Funktion definiert sind:

```
def f1():
  print(x)
```

```
x=3
f1()  # Ausgabe 3
```

Umgekehrt gelten Variablen, die in einer Funktion initialisiert werden – die also auf der linken Seite einer Zuweisung stehen –, als *lokal*: Sie können nur innerhalb der Funktion verwendet werden. Intern verwendet Python zur Speicherung lokaler Variablen einen sogenannten *Namensraum*. Was das ist, beschreibe ich näher in Kapitel 12, »Objektorientierte Programmierung«, unter dem Stichwort »Klassenvariablen und Namensräume«.

```
def f1():
  y = 5
  print(y)  # Ausgabe 5

f1()
print(y)     # Fehler, y ist nicht definiert!
```


Diese Regel gilt auch dann, wenn eine Variable in einer Funktion denselben Namen hat wie eine Variable außerhalb der Funktion oder in einer anderen Funktion. Im folgenden Beispiel gibt es also zwei Variablen `z`: eine innerhalb von `f1`, die andere außerhalb. Die Variablen sind vollkommen unabhängig voneinander und beeinflussen sich nicht!

```
def f1():
  z = 5
  print(z)

z = 3
f1()        # Ausgabe 5
print(z)    # Ausgabe 3!
```

Im folgenden Miniprogramm kommt es zu einem Fehler. `z` gilt als lokale Variable innerhalb der Funktion `f1`. Deswegen kann `z=z+3` nicht funktionieren, weil `z` auf der rechten Seite des Zeichens `=` verwendet wird, bevor die Variable innerhalb der Funktion definiert wurde.

```
def f1():
  z = z + 3  # Fehler, z ist nicht definiert
  print(z)
```

```
z = 3
f1()
```

Dieser Fehler tritt auch dann auf, wenn `z` oberhalb der Funktionsdefinition initialisiert wird. Entscheidend ist hier nur, dass `z` eine lokale Variable innerhalb der Funktion `f1` ist.

```
z = 3

def f1():
  z = z + 3    # Fehler, z ist nicht definiert
  print(z)

f1()
```

Globale Variablen

Wenn Sie in einer Funktion eine Variable verändern möchten, die außerhalb der Funktion initialisiert wurde, dann können Sie diese Variable in der Funktion als `global` kennzeichnen. Im folgenden Beispiel soll Python `z` nicht als lokale Variable betrachten, sondern als eine Variable aus dem globalen Gültigkeitsbereich (*Global Scope*) des Programms.

```
def f1():
  global z
  z = z + 3
  print(z) # Ausgabe 6

z = 3
f1()
print(z)   # Ausgabe 6
```

Vermeiden Sie globale Variablen in Funktionen!

In der Praxis wird das Schlüsselwort `global` möglichst vermieden, weil es oft zu unübersichtlichem Code führt. Stattdessen ist es in der Regel besser, das Funktionsergebnis mit `return` zurückzugeben und dann zu speichern. Das folgende Listing liefert Ihnen hierfür ein Beispiel. Hintergrundinformationen zum Umgang mit Parametern folgen im nächsten Abschnitt.

```
def f1(x):
  return x + 3

z = 3
z = f1(z)
print(z)    # Ausgabe 6
```


Lokale Variablen sind für jeden Funktionsaufruf lokal!

Funktionen dürfen sich selbst oder andere Funktionen aufrufen. Dabei sind lokale Variablen ebenso wie die im nächsten Abschnitt beschriebenen Parameter für *jeden* Funktionsaufruf lokal und beeinflussen einander nicht.

Nur so ist die Programmierung rekursiver Algorithmen möglich, bei der eine Funktion immer wieder sich selbst aufruft, etwa um eine hierarchische Datenstruktur Ebene für Ebene abzuarbeiten. Beispiele für rekursive Funktionen folgen in Abschnitt 10.4, »Rekursion«.

10.3 Parameter

Parameter dienen dazu, Daten an eine Funktion zu übergeben. Grundsätzlich ist die Funktionsweise leicht zu verstehen. Es gibt aber eine Menge Varianten und Sonderfälle, die einerseits viel Gestaltungsspielraum geben, die aber andererseits das Leben für Python-Einsteiger nicht gerade leichter machen.

Parameter für unveränderliche Typen (immutable)

Intern verhalten sich die Parameter wie lokale Variablen. Ein Parameter mit dem Namen x ist somit vollkommen unabhängig von einer gleichnamigen Variablen, die außerhalb der Funktion definiert ist:

```
def f1(x):
  print(x)
  x = 6          # die Veränderung gilt nur für den
  print(x)       # Parameter innerhalb der Funktion

x = 3
f1(x)            # Ausgabe: zuerst 3, dann 6
print(x)         # Ausgabe 3, die Variable x ist unverändert
```

Ein wenig diffizil ist aber die Frage, ob eine Funktion den Parameter verändern kann oder nicht. Für die Übergabe von Daten in den Parametern einer Funktion gelten dieselben Regeln wie bei Variablenzuweisungen, auf die ich in Abschnitt 14.2, »Interna der Variablenverwaltung«, näher eingehe. Das bedeutet, dass bei unveränderlichen Datentypen eine Änderung der Daten durch die Funktion ausgeschlossen ist, wie auch das obige Beispiel beweist.

Parameter für veränderliche Typen (mutable)

Deutlich komplizierter ist die Lage bei veränderlichen Datentypen, z. B. bei Listen oder allgemein bei Objekten. Auch in diesem Fall führt eine direkte Zuweisung dazu, dass die Daten nur innerhalb der Funktion, aber nicht außerhalb verändert werden:

```
def f1(x):
  x = [4, 5]     # die Neuzuweisung von x
  print(x)       # gilt nur innerhalb der Funktion

x = [1, 2]
f1(x)            # Ausgabe [4, 5]
print(x)         # Ausgabe [1, 2]
```

Sehr wohl möglich ist hingegen eine Veränderung am *Inhalt* eines Objekts, einer Liste, eines Sets etc., also beispielsweise das Hinzufügen eines weiteren Elements!

```
def f1(x):
  x.append(3)  # die Veränderung von x gilt auch nach dem
  print(x)     # Ende der Funktion (Listen sind mutable)

x = [1, 2]
f1(x)          # Ausgabe [1, 2, 3]
print(x)       # Ausgabe [1, 2, 3]!
```

Optionale Parameter

Mit `<name>=<defaultwert>` definieren Sie für einen Parameter einen Defaultwert. Dieser Parameter ist damit gleichzeitig optional. Alle optionalen Parameter müssen am Ende der Parameterliste angegeben werden.

Damit der Aufruf von Funktionen mit vielen optionalen Parametern übersichtlicher ist, können Sie die Funktionsparameter auch in der Schreibweise `name=wert` übergeben. Der Funktionsaufruf mit benannten Parametern hat zudem den Vorteil, dass Sie sich nicht an die Reihenfolge der Parameter halten müssen und der Code unter Umständen besser lesbar wird.

```
def f(a, b, c=-1, d=0):
  print(a, b, c, d)

f(6, 7, 8, 9)       # Ausgabe 6 7  8 9
f(6, 7, 8)          # Ausgabe 6 7  8 0
f(a=6, b=7, d=9)    # Ausgabe 6 7 -1 9
f(d=9, b=7, a=6)    # Ausgabe 6 7 -1 9
f(6, 7)             # Ausgabe 6 7 -1 0
f(6, 7, d=3)        # Ausgabe 6 7 -1 3

f(6)                # Fehler, b fehlt
f(b=6, c=7)         # Fehler, a fehlt
```

Variable Parameteranzahl

Wenn Sie einen Parameter in der Form `*para` oder `**para` definieren, nimmt dieser Parameter beliebig viele Werte entgegen. Bei `*para` stehen diese Parameter anschließend als Tupel zur Verfügung, bei `**para` als Dictionary. `**para`-Argumente *müssen* als benannte Parameter übergeben werden.

```
def f(a, b, *c):
  print(a, b, c)

f(1, 2, 3)           # Ausgabe 1 2 (3)
f(1, 2, 3, 4)        # Ausgabe 1 2 (3, 4)
f(1, 2, 3, 4, 5, 6)  # Ausgabe 1 2 (3, 4, 5, 6)
```

Wenn die Daten, die Sie an eine Funktion übergeben wollen, in einer Liste, einem Tupel oder einer anderen aufzählbaren Datenstruktur vorliegen, ist beim Funktionsaufruf die Schreibweise `function(*liste)` erlaubt. Damit werden die Elemente der Liste automatisch auf die Parameter verteilt:

```
def f(a, b, *c):
  print(a, b, c)

l = [1, 2, 3, 4, 5, 6]
f(*l)                # Ausgabe 1 2 (3, 4, 5, 6)
```

Die Schreibweise `*liste` können Sie in den Parametern *jeder* Funktion verwenden, z. B. auch in `print`:

```
l = [1, 2, 3]
print(l)   # ganze Liste ausgeben, Ausgabe '[1, 2, 3]'
print(*l)  # Listenelemente werden zu Parametern,
           # Ausgabe '1 2 3'
```

In Kombination mit der *List Comprehension* ergeben sich kompakte, aber schwer lesbare Ausdrücke. Im Folgenden bildet `[x*x for ...]` Quadrate aller Listenelemente. `*` übergibt die Elemente als `print`-Parameter:

```
l = [1, 2, 3]
print(*[x*x for x in l])  # Ausgabe 1 4 9
```

Innerhalb der Funktion ermittelt `len(c)`, wie viele Parameter übergeben wurden. Das folgende Beispiel demonstriert den Umgang mit einem **-Parameter:

```
def f(a, b, **c):
  print(a, b, len(c), c)

f(1, 2)                 # Ausgabe 1 2 0 {}
f(1, 2, x=4, y=7)       # Ausgabe 1 2 2 {'y': 7, 'x': 4}
```

Benannte Parameter können auch mit der Schreibweise `**dict` aus einem Dictionary in die Parameterliste übertragen werden:

```
def f(a, b, **c):
  print(a, b, c)

dict = {'a': 1, 'b': 2, 'x': 3, 'y': 4, 'z': 5}
f(**dict)               # Ausgabe 1 2 {'y': 4, 'x': 3, 'z': 5}
```

In der Parameterliste darf es maximal einen *- oder **-Parameter geben. Einem **-Parameter dürfen keine weiteren Parameter mehr folgen. Bei *-Parametern sind weitere einfache Parameter erlaubt. Diese müssen aber immer benannt werden, wie das folgende Beispiel zeigt:

```
def f(a, b, *c, x):
  print(a, b, c, x)

f(1, 2, x=3)            # Ausgabe 1 2 () 3
f(1, 2, 3, 4, x=5)      # Ausgabe 1 2 (3, 4) 5
```

Keep it simple, stupid!

Python erlaubt also den Aufbau der Parameterliste sowie die Übergabe von Parametern in vielen Syntaxvarianten. Ihr Ziel sollte es aber immer sein, dass der Code gut lesbar und verständlich bleibt. Übertreiben Sie es nicht!

Parameterreihenfolge erzwingen

Bei Parametern, die namenlos übergeben werden, ist die Reihenfolge der Parameter innerhalb der Funktion bindend.

```
def f(a, b, c):
    print("a=", a, " b=", b, " c=", c, sep='')

f(1, 2, 3)           # Ausgabe a=1 b=2 c=3
```

Wenn Sie dagegen die Parameter beim Aufruf benennen, ist eine beliebige Reihenfolge zulässig:

```
f(c=3, b=1, a=-7)  # Ausgabe a=-7 b=1 c=3
```

Ab Python 3.8 können Sie die Übergabe der Parameter in der Reihenfolge der Funktionsdefinition erzwingen. Dazu bauen Sie in die Parameterliste das Zeichen / ein. Alle Parameter links von diesem Zeichen müssen in der vorgegebenen Reihenfolge übergeben und dürfen nicht benannt werden:

```
def g(a, b, c, /):
    print("a=", a, " b=", b, " c=", c, sep='')

g(1, 2, 3)           # Ausgabe a=1 b=2 c=3
g(c=3, b=1, a=-7)  # nicht erlaubt (TypeError)
```

Diverse Sonderfälle sowie Gründe, warum es zweckmäßig sein kann, die Parameterreihenfolge unveränderlich festzulegen, sind hier dokumentiert:

https://www.python.org/dev/peps/pep-0570

Parametertyp überprüfen

Im Gegensatz zu anderen Sprachen ist es in Python nicht möglich, den Typ eines Parameters zu limitieren. Beispielsweise könnte es sein, dass Sie eine Funktion programmieren möchten, die als Parameter nur eine ganze Zahl akzeptiert. In solchen Fällen können Sie im Code Ihrer Funktion mit der Funktion `isinstance` überprüfen, ob der Typ korrekt ist:

```
def f(n):
    if isinstance(n, int):
        return 2*n
    else:
        print('ungültiger Parameter')
        return -1

print(f(3))      # Ausgabe 6
print(f('abc')) # Ausgabe -1
```

In Kapitel 11, »Umgang mit Fehlern (Exceptions)«, werden Sie lernen, dass die beste Reaktion nach dem Erkennen eines nicht korrekten Datentyps darin besteht, einen Fehler auszulösen.

10.4 Rekursion

Wenn sich Funktionen selbst aufrufen, spricht man von *Rekursion*. Das klingt ganz einfach, und tatsächlich zeichnen sich viele rekursive Funktionen durch verblüffend knappen Code aus. Dennoch ist die Programmierung rekursiver Funktionen gerade für Einsteiger eine große Herausforderung. Das Hauptproblem ist dabei, sich den Ablauf des Codes in den verschiedenen Ebenen der Funktion richtig vorzustellen.

Rekursive Algorithmen eignen sich besonders gut, um hierarchische Datenstrukturen zu verarbeiten, also z. B. um alle Verzeichnisse der Festplatte oder Baumstrukturen zu durchsuchen. Eine gute Einführung in die Denkweise der Rekursion gibt die Wikipedia:

https://de.wikipedia.org/wiki/Rekursion

Fakultät rekursiv berechnen

Die Funktion `f` errechnet die Fakultät einer ganzen Zahl. Die Fakultät von `n` ist das Produkt aller Zahlen zwischen 1 und `n`. Demzufolge gibt das Programm `1*2*3*4*5=120` aus.

Wie aber funktioniert das Programm? Die Programmausführung beginnt mit der Zeile `result = f(5)`. Dort wird die Funktion `f` mit dem Parameter 5 ausgeführt. Innerhalb dieser Funktion wird nun `return 5 * f(4)` aufgerufen. Bevor die Funktion mit `return` verlassen werden kann, muss also schnell noch die Fakultät von 4 ermittelt werden.

An dieser Stelle findet die Rekursion statt: Die `f`-Funktion ruft sich selbst auf. Und – Sie haben es sicher schon erraten – zur Berechnung von `f(4)` muss wiederum `f(3)` aufgerufen werden etc. Der rekursive Aufruf endet erst mit `f(1)`, wo ohne weitere Aufrufe direkt das Ergebnis `1` zurückgegeben wird.

```
# Beispieldatei faculty.py
def f(n):
    if n <= 1:
        return 1
    else:
        return n * f(n - 1)

result = f(5)
print(result)  # 120
```

Unkontrollierte Rekursion

Wenn Sie einen Fehler in Ihre rekursive Funktion einbauen oder wenn das zu lösende Problem tatsächlich äußerst komplex ist, kann es passieren, dass die maximale Verschachtelungstiefe überschritten wird. Python bricht die Programmausführung dann mit einer Fehlermeldung ab, wie das folgende Beispiel zeigt.

```
# Beispieldatei recursiondepth.py
def f(n):
    # Vorsicht, unkontrollierte Rekursion
    return 1 + f(n)

f(2)  # RecursionError: maximum recursion depth exceeded
```

Die maximale Rekursionstiefe können Sie mit der `sys`-Funktion `getrecursionlimit` ermitteln und mit `setrecursionlimit` verändern.

```
import sys
sys.getrecursionlimit()       # üblicherweise 1000
sys.setrecursionlimit(2000)  # auf 2000 anheben
```

Bei meinen Tests änderte `setrecursionlimit` allerdings unter Linux und macOS nichts daran, dass der `RecursionError` weiterhin nach 1000 ineinander verschachtelten Funktionsaufrufen auftrat. Unter Windows stürzte das Programm nun ohne Fehlermeldung ab – auch nicht besser.

Ein Beitrag in Stack Overflow weist darauf hin, dass häufig auch die Größe des Stacks verändert werden muss:

https://stackoverflow.com/questions/2917210

Im obigen Beispiel half das aber nicht. Ganz generell empfiehlt die Python-Dokumentation, stark rekursive Algorithmen zu vermeiden. Python ist (im Gegensatz zu manchen anderen Programmiersprachen) nicht dafür optimiert.

10.5 Lambda-Funktionen

Eigene Funktionen verwenden Sie oft aus zwei Gründen: einerseits, um komplexen Code in überschaubare Teile zu zerlegen, oder andererseits, weil Sie eine bestimmte Aufgabe an verschiedenen Stellen im Code erledigen möchten, um redundanten Code zu vermeiden.

Mitunter gibt es aber eine dritte Variante: Sie brauchen an *einer* Stelle im Code – z. B. in `map`, `filter` oder zur Formulierung einer einfachen Callback-Funktion – eine oft einfache Funktion. Der herkömmliche Weg ist dann recht umständlich: Sie müssen eine womöglich nur einzeilige Funktion explizit mit `def` definieren, um sie dann ein einziges Mal zu verwenden.

Für solche Fälle bieten sich Lambda-Funktionen als platzsparende Alternative an: Dabei handelt es sich um Funktionen, die ad hoc definiert *und* gleichzeitig an dieser Stelle im Code sofort verwendet werden. Aus diesem Grund besteht auch keine Notwendigkeit, der Funktion einen Namen zu geben, weswegen Lambda-Funktionen auch als *anonyme Funktionen* bezeichnet werden. Etwas salopper könnte man von »Wegwerf-Funktionen« sprechen, die nur für den einmaligen Einsatz definiert werden.

Die folgende Zeile zeigt die Syntax zur Definition einer Lambda-Funktion. Die größte Einschränkung von Lambda-Funktionen im Vergleich zu anderen Funktionen besteht übrigens darin, dass Lambda-Funktionen nur aus einem einzigen Ausdruck bestehen dürfen!

```
lambda var1, var2, var3, ...: ausdruck
```

Im folgenden Listing erkennt der Lambda-Ausdruck die durch 3 teilbaren Zahlen und verwendet dieses Kriterium, um Elemente in `lst2` aufzunehmen.

```
lst1 = [1, 2, 3, 9, 345, 36, 33]

# lst2 enthält alle durch 3 teilbaren Elemente von lst1
lst2 = list(filter(lambda x: x % 3 == 0, lst1))
print(lst2)  # Ausgabe [3, 9, 345, 36, 33]
```

Hier wird ein anderer Lambda-Ausdruck auf alle Elemente von `lst2` angewandt, um sie ganzzahlig durch 3 zu dividieren. Die resultierende Liste landet in `lst3`:

```
# alle Elemente von lst2 durch 3 dividieren
lst3 = list(map(lambda x: x // 3, lst2))
print(lst3)  # Ausgabe [1, 3, 115, 12, 11]
```

Unüblich, aber syntaktisch erlaubt ist es, eine Lambda-Funktion einer Variablen zuzuweisen. Diese Variable können Sie dann wie eine gewöhnliche Funktion verwenden. Die beiden Funktionen `f1` und `f2` im folgenden Code sind daher gleichwertig:

```
# gewöhnliche Funktion
def f1(x, y):
  return (x + 1) * (y + 1)
```

```
# gleichwertige Lambda-Funktion
f2 = lambda x, y: (x + 1) * (y + 1)

print(f1(2, 3))  # Ausgabe 12
print(f2(2, 3))  # Ausgabe 12
```

10.6 Funktionale Programmierung

Python kann mit Funktionen ungemein flexibel umgehen. Das vorige Lambda-Beispiel hat bereits gezeigt, dass Sie Funktionen so wie Zahlen, Listen oder Objekte ohne Weiteres in einer Variablen speichern können – um diese Variable dann wie eine Funktion einzusetzen.

Beispiel: Funktionsgenerator

Ebenso können Funktionen selbst an die Parameter einer anderen Funktion übergeben werden. Funktionen können auch mit `return` eine Funktion als Ergebnis zurückgeben. Betrachten Sie das folgende Beispiel:

```
# Beispieldatei funcbuilder1.py
import math

def funcbuilder(f, n):
  def newfunc(x):
      return f(n * x)  # Ergebnis von newfunc
  return newfunc       # Ergebnis von funcbuilder

# bildet die Funktion sin(2 * x)
f1 = funcbuilder(math.sin, 2)
print(f1(0.4), math.sin(0.4 * 2))
# Ausgabe 0.7173560908995228 0.7173560908995228

# bildet die Funktion cos(4 * x)
f2 = funcbuilder(math.cos, 4)
print(f2(0.07), math.cos(0.07 * 4))
# Ausgabe 0.9610554383107709 0.9610554383107709
```

funcbuilder erwartet als Parameter eine Funktion und eine Zahl. Damit wird die neue Funktion neu(x)=f(n*x) gebildet. return gibt die Funktion zurück. Die restlichen Zeilen zeigen die Anwendung von funcbuilder samt der Berechnung eines Vergleichswerts zur Kontrolle.

Wenn Sie in funcbuilder einen Lambda-Ausdruck verwenden, können Sie den Code weiter verkürzen. Es gibt nur wenige Programmiersprachen, die solche Konstrukte derart elegant unterstützen.

```
def funcbuilder(f, n):
  return lambda x: f(n*x)
```

Beispiel: verschachtelter Funktionsgenerator

Das nächste Beispiel verfolgt eine ähnliche Idee, liefert allerdings keine Funktion, sondern gleich ein Ergebnis zurück. Die Funktion nest erwartet drei Parameter: f, g und x. Dabei müssen f und g Funktionen sein. Das Resultat ist f(g(x)).

```
# Beispieldatei funcbuilder2.py
import math
def nest(f, g, x):
    return f(g(x))

# Anwendung
nest(print, math.sin, 0.2)    # 0.19866933079506122
print(math.sin(0.2))          # 0.19866933079506122

result = nest(math.sin, math.sqrt, 0.5)
print(result == math.sin(math.sqrt(0.5)))  # True
```

Beispiel: Listengenerator

Im dritten Beispiel erzeugt die Funktion buildlist eine Liste. An die Funktion werden vier Parameter übergeben: n legt die Anzahl der Listenelemente an. start und end geben den gewünschten Wertebereich fest. fn ist schließlich selbst eine Funktion, die einen Parameter erwartet.

Ein Aufruf in der Form `buildlist(5, 0.0, 4.0, math.sqrt)` liefert eine Liste mit fünf Elementen, wobei das erste Element die Quadratwurzel von 0, das letzte die Quadratwurzel von 4 und die dazwischenliegenden Elemente entsprechend Wurzeln im Wertebereich zwischen 0 und 4 liefern.

Im zweiten Anwendungsbeispiel wird als Funktion `lambda x: x` übergeben – also eine Funktion, die den Parameter unverändert zurückgibt. Aus Platzgründen sind die Ergebnisse im Listing mit wenigen Nachkommastellen dargestellt. Tatsächlich treten kleine Rundungsfehler auf, sodass z. B. anstelle von 0,6 der Wert 0,6000000000000001 ausgegeben wird.

```
# Beispieldatei buildlist
def buildlist(n, start, end, fn):
    if n<=1:
      return []  # leeres Ergebnis
    delta = (end - start) / (n - 1)
    return [ fn(start + i*delta) for i in range(n)]

# Anwendung
lst1 = buildlist(5, 0.0, 4.0, math.sqrt)
print(lst1)
# Ausgabe [0.0, 1.0, 1.41, 1.73, 2.0]

lst2 = buildlist(11, 0.0, 2.0, lambda x: x)
print(lst2)
# Ausgabe [0.0, 0.2, 0.4, 0.6, 0.8, 1.0, ..., 1.8, 2.0]
```

Über den praktischen Nutzen dieser Spielereien kann man geteilter Meinung sein. Vor allem mathematisch ausgebildete Programmierer werden Freude an ihnen haben. Viele mathematische Konzepte lassen sich in Python einfacher realisieren als in anderen Programmiersprachen. Es ist kein Zufall, dass Guido van Rossum, der Erfinder der Programmiersprache Python, selbst Mathematik studiert hat. Einen guten Einführungsartikel in die funktionale Programmierung finden Sie z. B. hier:

https://maryrosecook.com/blog/post/a-practical-introduction-to-functional-programming

10.7 Generatoren

Als *Generator* gilt in Python eine Funktion, die mehrteilige Ergebnisse erst bei Bedarf liefert. In der Fachsprache nennt man solche Funktionen auch *lazy*. Sie sind insofern *faul*, als sie nicht vorausschauend möglichst viel Arbeit vorweg erledigen, sondern immer abwarten, bis die Daten tatsächlich benötigt werden.

Während eine klassische Funktion beispielsweise eine Ergebnisliste mit 100 Elementen zuerst vollständig erzeugt und dann komplett zurückgibt, liefert ein Generator immer nur so viele Elemente, wie gerade verarbeitet werden können. Das hat zwei Vorteile:

- Zum einen spart der Generator Speicherplatz, weil eine (vielleicht riesige) Liste nicht vollständig im Speicher gehalten werden muss, sondern Element für Element verarbeitet werden kann.
- Zum anderen kann ein Generator Zeit sparen – nämlich dann, wenn nach der Verarbeitung der ersten 100 Ergebnisse klar wird, dass die weiteren 9900 Ergebnisse ohnehin nicht mehr benötigt werden.

Die Programmierung eines Generators ist in Python denkbar einfach. Anstatt das gesamte Ergebnis mit `return` zurückzugeben, liefern Sie nur ein Teilergebnis mit `yield` zurück. `yield` beendet die Ausführung des Funktionscodes nur vorübergehend. Beim Abruf eines weiteren Elements wird der Code fortgesetzt. Wenn Sie die Ausführung eines Generators endgültig beenden wollen, verwenden Sie innerhalb der Funktion wie bisher `return`.

Beispiel: Fibonacci-Zahlen

Das Konzept eines Generators wird mit einem Beispiel gleich besser verständlich. Ihr Ziel ist es, eine vordefinierte Anzahl von Fibonacci-Zahlen zu erzeugen. Bei dieser Zahlenserie lauten die beiden ersten Werte 0 und 1. Alle weiteren Zahlen ergeben sich jeweils aus der Summe der beiden vorigen Zahlen. Damit ergibt sich diese Serie:

0, 1, 1, 2, 3, 5, 8, 13 …

Hintergründe zu diesen Zahlen können Sie in der Wikipedia nachlesen:

https://de.wikipedia.org/wiki/Fibonacci-Folge

`fiblst` zeigt eine gewöhnliche Implementierung einer Funktion, die die ersten `n` Fibonacci-Zahlen liefert:

```
# Beispieldatei fibonacci.py
# die ersten n Fibonacci-Zahlen als Liste erzeugen
# (Idee: https://stackoverflow.com/questions/494594)
def fiblst(n):
    a, b = 0, 1
    result = []
    for _ in range(n):
        result += [a]
        a, b = b, a+b
    return result

print(fiblst(10))
# Ausgabe [0, 1, 1, 2, 3, 5, 8, 13, 21, 34]
```


Kurz eine Erklärung zum Algorithmus: `a` und `b` sind Variablen, die die letzten zwei Zahlen der Fibonacci-Folge enthalten. Sie werden zu Beginn mit `0` und `1` initialisiert, also mit den Startwerten der Folge. Bei jedem Schleifendurchgang wird `a` zur Ergebnisliste hinzugefügt. Dann wird in `a` der aktuelle Wert von `b` gespeichert, in `b` die Summe aus `a` und `b`.

Mit wenig Aufwand können Sie den Code als Generator formulieren. Dabei geben Sie einfach jedes Zwischenergebnis mit `yield` zurück und ersparen sich die Zusammensetzung einer Ergebnisliste:

```
# die nächste Fibonacci-Zahl mit Generator erzeugen
def fibgen(n):
    a, b = 0, 1
    for _ in range(n):
        yield a
        a, b = b, a+b
```

```
while fib < 1000:
    print(fib)
    fib = next(gen, None)
    if fib == None:
        print('Generator erschöpft')
        break
```

In manchen Fällen können Sie Generatoren in Form sogenannter *Generator Expressions* in einer Kurzschreibweise formulieren. Ein Beispiel dafür finden Sie in Abschnitt 9.3, »for-Schleife«.

Vordefinierte Generatoren

Das Modul `itertools` enthält eine Sammlung oft benötigter Generatorfunktionen. Einen Überblick über diese Generatoren und eine Menge Anwendungsbeispiele finden Sie hier:

https://docs.python.org/3/library/itertools.html

10.8 Wiederholungsfragen und Übungen

- **W1:** Die in Python vordefinierten Funktionen `min` und `max` ermitteln das kleinste bzw. größte Element einer Liste. Programmieren Sie die Funktion `minmax`, die die beiden entsprechenden Elemente als Tupel zurückgibt – natürlich, ohne auf `min` und `max` zurückzugreifen.
- **W2:** Ein Palindrom ist ein Text, der von vorn und hinten gelesen den gleichen Inhalt hat – z. B. »Lagerregal« oder »Trug Tim eine so helle Hose nie mit Gurt?«. Leer- und Satzzeichen werden dabei ignoriert. Weitere Beispiele finden Sie hier:

  https://de.wikipedia.org/wiki/Palindrom

  Schreiben Sie eine Funktion, die testet, ob eine Zeichenkette ein Palindrom ist. Tipp: Verwenden Sie die Funktion `str.isalpha`, um zu testen, ob ein Zeichen ein Buchstabe ist.

- **W3:** Schreiben Sie eine Funktion, die die Qualität von Passwörtern nach einem einfachen Punktesystem bewertet. Es gelten dabei die folgenden Regeln:
  - Passwort mit 7 oder weniger Zeichen: immer 0 Punkte
  - ab 8 Zeichen: 1 Punkt
  - enthält sowohl Groß- als auch Kleinbuchstaben: +1 Punkt
  - enthält mehr als sechs unterschiedliche Zeichen: +1 Punkt (Die Regel soll Passwörter wie »11111111« verhindern.)
  - enthält zumindest eine Ziffer: +1 Punkt
  - enthält zumindest ein Sonderzeichen: +1 Punkt

  Beispiele:
  - `'abc'`: 0 Punkte
  - `'abcdefghij'`: 2 Punkte
  - `'ab1122$$!!'`: 3 Punkte
  - `'abcd1234$!'`: 4 Punkte
- **W4:** Die Python-Funktion `sum(a, b, c)` berechnet die Summe aller übergebenen Parameter. Schreiben Sie eine äquivalente Funktion `prod`, die alle Parameter multipliziert.
- **W5:** Schreiben Sie eine Funktion, die eine Zeichenkette nach allen Vorkommen einer anderen Zeichenkette durchsucht und die Startpositionen als Liste zurückgibt. Beispiel:

  ```
  print(findAll('abcefgabcxyzabcd', 'abc'))
  # Ausgabe: [0, 6, 12]
  ```
- **W6 (schwierig):** Schreiben Sie eine rekursive Funktion, die den größten gemeinsamen Teiler (den ggT) von zwei Zahlen berechnet. Dabei handelt es sich um die größte Zahl, durch den beide Zahlen ohne Rest dividiert werden können.

  Ihre Funktion soll den euklidischen Algorithmus implementieren. Dieser besagt:
  - Dividiere die größere Zahl durch die kleinere.
  - Wenn der Rest 0 ist: Die kleinere Zahl ist der gesuchte ggT.

- Sonst: Wiederhole den Vorgang, wobei als neuer Ausgangspunkt die vormals kleinere Zahl und der Rest dienen.

Beispiel:

- 80 / 65 = 1, Rest 15. Weiter mit 65 und 15.
- 65 / 15 = 4, Rest 5. Weiter mit 15 und 5.
- 15 / 5 = 3, Rest 0. Der ggT von 80 und 65 ist daher 5.

Link zur Wikipedia:

https://de.wikipedia.org/wiki/Euklidischer_Algorithmus

Kapitel 11

Umgang mit Fehlern (Exceptions)

Eine vergessene Klammer, eine fehlerhafte Einrückung, eine Klammer zu viel oder zu wenig – auf derartige Fehler reagiert Python bei der Ausführung des Scripts mit Fehlermeldungen. Derartige Syntaxfehler sind in der Regel leicht zu beheben. Hilfreich ist es auf jeden Fall, nicht zu viel Code auf einmal zu verfassen und das Programm regelmäßig zu testen.

In diesem Kapitel geht es freilich um ganz andere Probleme: Wie reagiert Python, wenn bei der Ausführung eines Programms ein Fehler auftritt? Wenn Sie also eine Division durch null durchführen, mit `l[5]` auf das fünfte Element einer Liste mit nur vier Elementen zuzugreifen versuchen oder wenn Sie eine Datei mit `open(name, 'w')` öffnen möchten, für die Ihr Programm keine Leseberechtigung hat.

Bei solchen sogenannten *Laufzeitfehlern*, die erst auftreten, wenn das Programm bereits läuft, löst Python eine *Exception* aus. Das Programm befindet sich in einem Ausnahmezustand, es läuft nicht mehr richtig. Die Exception informiert Sie über das Problem.

Laufzeitfehler sind auch bei korrekter Programmierung nicht immer vermeidbar: Sie haben keinen Einfluss darauf, ob der Anwender Ihres Scripts den USB-Stick plötzlich entfernt oder das Netzwerkkabel löst. Deswegen gibt Ihnen Python (wie fast alle anderen Programmiersprachen) die Möglichkeit, Ihren Code mit `try/except` abzusichern. Damit können Sie Ihr Programm selbst dann fortsetzen, wenn eine Exception auftritt. Verzichten Sie dagegen auf die Absicherung, dann endet Ihr Script mit einer unschönen Fehlermeldung.

Umgekehrt kann es bei der Programmierung eigener Funktionen, Methoden oder Klassen auch zweckmäßig sein, eigene Fehler auszulösen: Sie weisen damit andere Programmierer darauf hin bzw. erinnern sich selbst daran, wie die Funktion korrekt zu nutzen ist.

11.1 Fehlerabsicherung mit »try« und »except«

Die Syntax für try und except ist einfach. Das folgende Listing zeigt gleich alle Syntaxvarianten:

```
try:
    # fehleranfälliger Code
except aError:
    # Reaktion auf einen bestimmten Fehler
except bError as err:
    # Reaktion auf noch einen Fehler; die
    # Variable err enthält Informationen zum Fehler.
except (cError, dError):
    # Reaktion auf die aufgezählten Fehler
except (eError, fError) as err:
    # Reaktion auf die aufgezählten Fehler; die
    # Variable err enthält Informationen zum Fehler.
except:
    # Reaktion auf alle anderen Fehler
else:
    # Wird ausgeführt, wenn kein Fehler aufgetreten ist.
finally:
    # Wird immer ausgeführt, egal, ob ein Fehler
    # aufgetreten ist oder nicht.
```


Im Anschluss an try und den abzusichernden Code muss zumindest ein except- oder finally-Block folgen. Alle anderen Teile der try-Konstruktion sind optional. Tritt ein Fehler auf, sucht Python die erste auf den Fehler zutreffende except-Anweisung. except ohne einen Fehlernamen gilt dabei als Defaultanweisung, die auf jede Art von Fehler zutrifft.

Sofern es einen zutreffenden except-Block gibt, wird der dort angegebene Code ausgeführt. Anschließend gilt der Fehler als erledigt. Das Programm wird im Anschluss an die try-Konstruktion fortgesetzt.

Der Code im else-Block wird im Anschluss an den try-Code ausgeführt, sofern dort kein Fehler aufgetreten ist. In der Praxis ist ein else-Block selten sinnvoll. Die einzige Ausnahme: Mit hier platziertem Code können Sie unkompliziert feststellen, ob der try-Code fehlerfrei ausgeführt wurde.

Code im `finally`-Block wird *immer* ausgeführt, entweder im Anschluss an den fehlerfreien `try`-Code oder nach einem Fehler im Anschluss an den entsprechenden `except`-Code. Python berücksichtigt den `finally`-Block sogar dann, wenn Sie den `try`-Code vorzeitig mit `return` oder `exit` abbrechen. `finally` wird oft verwendet, um Aufräumarbeiten durchzuführen, die auf jeden Fall erforderlich sind, beispielsweise um offene Dateien zu schließen oder um Datenbank- oder Netzwerkverbindungen zu beenden.

»with«/»as«

Wenn es Ihnen nicht um die Fehlerabsicherung, sondern nur um das automatische Freigeben blockierter Ressourcen geht, bilden Sie eine `with`/`as`-Konstruktion. Diese Schlüsselwörter sowie ein Anwendungsbeispiel erläutere ich in Kapitel 15, »Dateien lesen und schreiben«.

Beispiel

Im folgenden Beispiel ist der Code zum Auslesen einer Datei abgesichert. Der Umgang mit Dateien ist eigentlich erst Thema von Kapitel 15, »Dateien lesen und schreiben«, lässt sich auch ohne Vorwissen gut nachvollziehen.

Sollte ein Fehler auftreten, wird eine kurze Fehlermeldung ausgegeben. Interessant ist vor allem der `finally`-Code: Hier wird getestet, ob `f` eine lokale Variable ist (Funktion `locals`) und ob sie nicht leer ist: In diesem Fall wird die Datei geschlossen. Alternativ können Sie auch mit `with`/`as` arbeiten (siehe den vorigen Kasten).

```
# Beispieldatei readfile.py
try:
    # Datei readme.txt öffnen
    f = open('readme.txt')
    # alle Zeilen der Datei lesen und ausgeben
    for line in f:
        print(line, end='')
except:
    print('Es ist ein Fehler aufgetreten.')
```

```
finally:
    if 'f' in locals() and f:
        f.close()
```

Wenn Sie die `except`-Anweisung in der Form `except xxxError as var` formulieren, enthält `var` ein Objekt einer Klasse, die von der `BaseException`-Klasse abgeleitet ist. Tabelle 11.1 zählt einige vordefinierte Fehler auf. Details zu vielen weiteren Fehlern können Sie hier nachlesen:

https://docs.python.org/3/library/exceptions.html

Fehler	Bedeutung
`EOFError`	Dateiende erreicht (*end of file*)
`FileNotFoundError`	Datei existiert nicht.
`IndexError`	Zugriff auf nicht vorhandenes Element (Liste, Zeichenkette)
`KeyboardInterrupt`	Benutzer hat [Strg]+[C] gedrückt
`KeyError`	Zugriff auf nicht vorhandenes Element (Dictionary)
`NameError`	Zugriff auf nicht vorhandene Variable oder Methode
`PermissionError`	unzureichende Rechte für Dateizugriff
`RecursionError`	Überschreitung der maximalen Rekursionstiefe
`TypeError`	falscher Datentyp (z. B. Zeichenkette statt Zahl)
`UnicodeError`	fehlerhafte Codierung einer Zeichenkette
`ValueError`	Parameter außerhalb des zulässigen Datenbereichs
`ZeroDivisionError`	Division durch null

Tabelle 11.1 Ausgewählte vordefinierte Fehler (Exceptions)

Mehr Beispiele

Besonders wichtig ist die Fehlerabsicherung immer dann, wenn Sie auf Dateien oder Verzeichnisse zugreifen. Deswegen finden Sie etliche Beispiele für die Anwendung von `try` und `except` in Kapitel 15, »Dateien lesen und schreiben«.

Catch-all-Absicherung

Normalerweise ist es empfehlenswert, die Fehlerabsicherung konkret auf die zu erwartenden Fehler abzustimmen. Wenn Sie hingegen jeden Fehler abfangen, gleichzeitig aber Informationen über den Fehler erhalten möchten, formulieren Sie den `except`-Block wie folgt:

```
except BaseException as err:
    print('Es ist ein Fehler aufgetreten:', err)
```

Da sämtliche Fehlerzustände von der `BaseException` abgeleitet sind, trifft der obige `except`-Block auf alle Fehler zu. Wird das obige Beispielprogramm ausgeführt und existiert im aktuellen Verzeichnis keine Datei mit dem Namen `readme.txt`, dann erhalten Sie diese Fehlermeldung:

```
Es ist ein Fehler aufgetreten: [Errno 2] No such file
or directory: 'readme.txt'
```

Auswertung von Exception-Objekten

Bei der Auswertung von `Exception`-Objekten ist in der Regel nur deren Variable `args` von Interesse. Sie liefert ein Tupel mit allen Parametern, die beim Auslösen des Fehlers übergeben wurden. Wenn ein `Exception`-Objekt in eine Zeichenkette umgewandelt wird – wahlweise explizit durch `str(e)` oder implizit in der `print`-Funktion –, dann wird der Inhalt von `args` automatisch in eine Zeichenkette umgewandelt.

```
try:
    n=1/0
except ZeroDivisionError as e:
    print(e)  # Ausgabe: 'division by zero'
```

Nichts tun mit »pass«

Mitunter kommt es vor, dass Sie einen bestimmten Fehler erwarten, darauf aber nicht reagieren möchten. Mit `except xxx:` fangen Sie den Fehler ab. Aber wie formulieren Sie Ihr Programm, damit es in diesem Fall nichts tut, also nicht einmal eine Fehlermeldung anzeigt?

Irgendeinen Code *müssen* Sie nach `except xxx:` angeben, sonst ist das Programm syntaktisch nicht korrekt. Für solche Fälle sieht Python die Anweisung `pass` vor. Die folgenden Zeilen zeigen eine mögliche Anwendung in einer Endlosschleife, die durch [Strg]+[C] unterbrochen werden kann. Sie erwarten also einen `KeyboardInterrupt` (siehe Abschnitt 11.3, »Programmunterbrechungen abfangen«) und wollen in diesem Fall Ihr Programm ordentlich beenden.

```
try:
    while 1:
        do_something()
except KeyboardInterrupt:
    pass          # keine Fehlermeldungen anzeigen
finally:
    xxx.close()  # Aufräumarbeiten
```

11

Fehler in verschachteltem Code

Bei Code, der durch Funktionen oder Klassen strukturiert ist, wird der Umgang mit Fehlern noch spannender: Beim Auftreten eines Fehlers stellt Python zunächst fest, ob der Code direkt durch `try` abgesichert ist. Ist das nicht der Fall, wird die aktuelle Funktion oder Methode verlassen.

Jetzt kommt es darauf an, ob der Code an der Stelle durch `try` abgesichert wurde, an der der Funktions- oder Methodenaufruf stattfand. Bei verschachtelten Funktions- und Methodenaufrufen hangelt sich Python gewissermaßen bis zur untersten Ausführebene Ihres Programms hinunter. Nur wenn die Fehlerabsicherung auch dort fehlt, wird das Programm mit einer Fehlermeldung abgebrochen.

Für die Fehlersuche ist es oft wichtig, festzustellen, wie eine Exception zustande kommt. Dabei helfen die Funktionen des `traceback`-Moduls.

`print_exc()` gibt an, welche Funktionen und Methoden in welcher Reihenfolge aufgerufen wurden, als der letzte Fehler auftrat.

Im folgenden Beispiel wird in der `try`-Konstruktion `f1` aufgerufen. `f1` ruft wiederum `f2` auf, und dort tritt eine Division durch 0 auf. Da weder `f2` noch `f1` gegen Fehler abgesichert sind, kommt die `try`-Konstruktion auf der untersten Ebene zur Anwendung. Dort wird der Fehler festgestellt.

```
# Beispielprogramm nested.py
import traceback
def f2(x):
    return 2/(x-1)


def f1(x):
    ergebnis = f2(x) + 7
    return ergebnis


try:
    n=f1(1)
    print(n)
except ZeroDivisionError as e:
    traceback.print_exc()
```

Das Programm zeigt die folgende Fehlermeldung an:

```
Traceback (most recent call last):
  File "./nested.py", line 11, in <module>
    n=f1(1)
  File "./nested.py", line 7, in f1
    ergebnis = f2(x) + 7
  File "./nested.py", line 4, in f2
    return 2/(x-1)
ZeroDivisionError: division by zero
None
```

11.2 Selbst Exceptions auslösen (»raise«)

In selbst programmierten Funktionen und Methoden ist es mitunter zweckmäßig, selbst eine Exception auszulösen. Auf diese Weise können Sie den Anwender Ihrer Funktionen oder Klassen darüber informieren, dass ein Fehler aufgetreten ist. Sofern Sie für die Fehlerweitergabe mit den in Python vordefinierten Ausnahmen Ihr Auslangen finden, ist der Codeaufwand minimal. Sie übergeben einfach ein entsprechendes `Exception`- oder `Error`-Objekt an `raise`:

```
def f(x, y):
    if x < 0 or y < 0:
        raise ValueError('Verwenden Sie positive Parameter!')
    return x*y
```


Eigene Error-Klassen

Wenn Sie mit den vordefinierten Fehlerklassen nicht zufrieden sind, müssen Sie sich die Mühe machen und selbst eine entsprechende Klasse definieren. Dazu werfen Sie zuerst einen Blick in das folgende Kapitel und dort speziell in Abschnitt 12.7, »Vererbung«. Mit diesem Grundlagenwissen ausgestattet, können Sie den Ausführungen im Python-Handbuch problemlos folgen:

https://docs.python.org/3/tutorial/errors.html#user-defined-exceptions

11.3 Programmunterbrechungen abfangen

Python-Programme, die im Terminal ausgeführt werden, können jederzeit durch [Strg]+[C] abgebrochen werden. Es gibt zwei Möglichkeiten, dies zu verhindern oder beim Drücken dieser Tastenkombination zumindest einen geordneten Rückzug einzuleiten.

Absicherung mit »try«/»except«

Die eine Variante nutzt die try/except-Konstruktion, die ich bereits weiter vorn in diesem Kapitel vorgestellt habe. Der Programmabbruch durch [Strg]+[C] gilt nämlich ebenfalls als KeyboardInterrupt-Exception und kann somit abgefangen werden:

```
# Beispieldatei strgc-try.py
try:
    # Endlosschleife
    cnt = 0
    while 1:
        cnt += 1
        print(cnt)
except KeyboardInterrupt:
    print('Strg+C wurde gedrückt, Programmende')
```

Absicherung mit »signal«

Die andere Variante verwendet das signal-Modul, um gezielt auf das SIGINT-Signal zu reagieren, das hinter den Kulissen versendet wird, wenn ein Anwender [Strg]+[C] drückt. Im folgenden Beispiel wird die Funktion abbruch definiert. Diese Funktion *muss* zwei Parameter enthalten, auch wenn diese hier gar nicht benutzt werden. In der Funktion bewirkt der Aufruf der Funktion exit aus dem sys-Modul das sofortige Programmende.

signal.signal legt nun fest, dass die abbruch-Funktion aufgerufen wird, sobald das Programm ein SIGINT-Signal erhält.

```
# Beispieldatei strgc-signal.py
import signal, sys

# Abbruchfunktion
def abbruch(signal, frame):
    # Aufräumarbeiten
    print('Strg+C wurde gedrückt, Programmende')
    sys.exit(0)
```

```
# Signal-Handler einrichten
signal.signal(signal.SIGINT, abbruch)

# Endlosschleife
cnt = 0
while 1:
    cnt += 1
    print(cnt)
```

Vorsicht bei der Wahl des Dateinamens!

Wenn Sie nicht die Beispieldateien zu diesem Buch verwenden und den Code stattdessen selbst eingeben, wäre es vielleicht naheliegend, das obige Programm in einer Datei mit dem Namen `signal.py` zu speichern. Tun Sie das nicht!

Das Problem ist nämlich, dass `import` zuerst im aktuellen Verzeichnis nach dem Modul `signal` sucht. Findet es dort die Datei `signal.py`, dann wird das richtige `signal`-Modul, das ganz woanders gespeichert ist, nicht mehr geladen. In der Folge kommt es zum Fehler *module 'signal' has no attribute 'SIGINT'*.

Diese Warnung gilt natürlich ganz generell: Benennen Sie Ihre Python-Dateien nicht wie Module, die Sie verwenden.

11

Probleme beim Programmabbruch

In der Theorie ist es also ganz einfach, auf Strg+C zu reagieren. In der Praxis funktionieren die beiden obigen Codebeispiele aber oft unzuverlässig oder gar nicht – abhängig davon, welcher Code gerade ausgeführt wird, wenn der Benutzer Strg+C drückt.

Handelt es sich dabei nämlich um eine Systemfunktion, auf die Python zurückgreift, kann Python nicht selbst auf Strg+C reagieren. Das betrifft unter anderem die meisten I/O-Funktionen, also `print`-Ausgaben am Bildschirm und das Lesen und Schreiben von Dateien, sowie `time.sleep()`. Hintergrundinformationen können Sie hier nachlesen:

https://stackoverflow.com/questions/4606942

Probleme kann aber auch die Verwendung von `signal` verursachen. Oft kommt es dabei zu einer hässlichen Fehlermeldung:

```
Traceback (most recent call last):
  File "C:\Users\kofler\strgc-signal.py", line 17,
  in <module> print(cnt)
  File "C:\Users\kofler\strgc-signal.py", line 7,
  in abbruch print('Strg+C wurde gedrückt, Programmende')
RuntimeError: reentrant call inside <_io.BufferedWriter
  name='<stdout>'>
```

Die Ursache dieser Fehlermeldung ist, dass `print` auf eine Systemfunktion des Betriebssystems zurückgreift, die nicht unterbrochen werden darf:

https://bugs.python.org/issue24283

11.4 Wiederholungsfragen und Übungen

- **W1:** Wie sichern Sie Codepassagen ab, in denen Fehler auftreten können?
- **W2:** Wie lösen Sie selbst Fehler aus? Unter welchen Umständen ist das zweckmäßig?
- **W3:** Die Funktion `shrink` soll eine Zeichenkette auf `n` Zeichen kürzen. Für `n<15` liefert `shrink` einfach die ersten `n` Zeichen. Für größere `n` sollen die ersten `n-10` und die letzten 5 Zeichen unverändert erhalten bleiben. Dazwischen fügt die Funktion `' ... '` ein. Drei Beispiele illustrieren die Funktionsweise:

  ```
  print(shrink('abcdefghijklmnopqrstuvwxyz', 8))
  print(shrink('abcdefghijklmnopqrstuvwxyz', 17))
  print(shrink('abcdefghijklmnopqrstuvwxyz', 22))
  ```

```
# Ausgabe abcdefgh
#         abcdefg ... vwxyz
#         abcdefghijkl ... vwxyz
```

Schreiben Sie den Code für eine geeignete Funktion, und sichern Sie die Funktion bestmöglich gegen die Übergabe ungültiger oder falscher Parameter ab.

Kapitel 12
Objektorientierte Programmierung

Python unterstützt wie nahezu jede Programmiersprache die Grundkonzepte objektorientierter Programmierung. Im Gegensatz zu Java, C#, C++ oder Swift überlässt Ihnen Python aber die Wahl, ob Sie Ihren eigenen Code objektorientiert aufbauen oder nicht. Gerade für kleinere Projekte ist die Gliederung des Codes in ein paar Funktionen vollkommen ausreichend.

Bei größeren Projekten ist es aber auf jeden Fall sinnvoll, den Code objektorientiert zu konzipieren. Wenn Sie schon Erfahrung mit anderen Sprachen haben, wird Python Sie vielleicht enttäuschen: Etliche fortgeschrittene OO-Features fehlen, z. B. private Klassenvariablen, Schnittstellen (Protokolle) oder Generics.

Für den Einstieg wird dieser Nachteil zum Vorteil: Wie so oft ist Python stark zielorientiert. Der Overhead durch objektorientierte Sprachmerkmale ist klein, es bedarf wenig Zeit, um die Grundfunktionen zu erlernen.

Dieses Kapitel gibt zuerst einen Crashkurs darin, was objektorientiertes Programmieren überhaupt bedeutet. Dort werden Sie sehen, dass Sie eigentlich schon seit dem zweiten Kapitel objektorientiert programmieren. Allerdings war der Zugang bisher passiv, das heißt, Sie haben Objekte und Methoden angewendet, aber nicht Ihren eigenen Code objektorientiert entwickelt.

Genau darum geht es in den weiteren Abschnitten dieses Kapitels. Anhand von einfachen Beispielen lernen Sie nach und nach die wichtigsten objektorientierten Sprachelemente von Python kennen – und zugleich die fallweise verwirrenden Fachbegriffe.

12.1 Crashkurs

Die bisherigen Beispielprogramme waren selten länger als 15 Zeilen. Das lag daran, dass die Programme bestimmte Arbeitstechniken demonstrieren sollten, aber keine »echte« Aufgabe erfüllen mussten.

Sobald Sie ernsthaft programmieren, werden Ihre Programme immer länger werden. Je mehr Code es gibt, desto wichtiger ist es, ihn in logische Einheiten zu bündeln – und zwar aus mehreren Gründen: um einzelne Codeabschnitte für sich testen zu können, um Codeblöcke später wieder in anderen Programmen wiederverwenden zu können, um Redundanz zu vermeiden.

Funktionen helfen, Teilaufgaben zu lösen

Anfänglich werden Sie zur Strukturierung des Codes Funktionen verwenden (siehe Kapitel 10, »Funktionen«). Funktionen sind abgeschlossene Codeeinheiten, die eine Aufgabe übernehmen und die sich gegenseitig aufrufen können. Mit diesem Prinzip lassen sich umfangreiche und schwierige Aufgabenstellungen in übersichtliche Teile zerlegen.

Klassen bringen Daten und Methoden zusammen

Die Schlüsselidee objektorientierter Programmiersprachen ist es, Daten (also *Variablen*) und den dazugehörigen Code (*Methoden*) zu Einheiten zu kapseln, die man *Klassen* nennt. Bei größeren Klassen ist es zudem sinnvoll, den Code jeder Klasse in einer eigenen Datei zu speichern.

Stellen Sie sich vor, Sie möchten ein Spiel wie Pac-Man programmieren: Da ergäbe es Sinn, eigene Klassen für die Spielfigur, die Monster, für das Labyrinth und vielleicht auch für die zu fressenden Punkte zu entwickeln.

Eine ganz simple Klasse für die Spielfigur könnte z. B. zwei Datenfelder vorsehen, in denen gespeichert wird, an welcher Position im Labyrinth sich die Figur gerade befindet. Außerdem könnte es Methoden geben, die versuchen, den Spieler um ein Feld nach links, rechts, oben oder unten zu bewegen. Diese Methoden geben `True` oder `False` zurück, je nachdem, ob die Bewegung möglich ist oder nicht. Der Code für die Klasse sieht dann z. B. so aus:

```
class Player():
    # Konstruktor, initialisiert x und y mit Startposition
    def __init__(self, x, y):
        self.x = x
        self.y = y

    # Methoden zur Bewegung der Spielfigur
    def moveleft(self):
        if self.x > 0: # plus Test, dass die Figur nicht
                       # gegen eine Wand fährt
            self.x -= 1
            # Code, um Player auf dem Bildschirm neu
            # zu zeichnen
            return True
        else:
            return False

    def moveright(self): # analoger Code wie oben ...
    def moveup(self):    # ...
    def movedown(self):  # ...
```

Keine Angst: Die Bedeutung von `__init__` und `self` erkläre ich Ihnen in den weiteren Abschnitten dieses Kapitels noch. Aber davon abgesehen sollte der obige Code eigentlich auf Anhieb verständlich sein.

Objekte sind konkrete Ausformungen von Klassen

Wie können Sie diese Klasse nun nutzen? Jetzt kommen Objekte ins Spiel. *Objekte* sind von einer Klasse abgeleitete Daten bzw. Exemplare. (Der Fachbegriff lautet *Instanzen*.) Sie erzeugen also an einer anderen Stelle im Code ein neues Objekt und können anschließend die Methoden der Klasse darauf anwenden.

Bleiben wir bei der obigen `Player`-Klasse: Zu Beginn des Spiels erzeugen Sie einen neuen Pac-Man und speichern dieses Objekt in der Variablen `pacman`. Die Spielfigur soll z. B. im Labyrinth an der X-Koordinate 4 und an der Y-Koordinate 8 starten. Im weiteren Verlauf soll sie dann zuerst zweimal nach links und dann einmal nach oben fahren. Danach wollen Sie wissen, welche X-Koordinate die Spielfigur zum Schluss hat. Der erforderliche Code sähe in etwa so aus:

```
# Anwendung der Player-Klasse
pacman = Player(4, 8)
ok = pacman.moveleft()
ok = pacman.moveleft()
ok = pacman.moveup()
print('Aktuelle Position: %d %d' % (pacman.x, pacman.y))
# Ausgabe: Aktuelle Position: 2 9
```

Genau genommen müsste natürlich nach jedem `moveXxx`-Aufruf der Rückgabewert in der Variablen `ok` ausgewertet werden.

Begriffe (Nomenklatur)

Natürlich ist dieses Beispiel stark vereinfacht, aber es reicht aus, um die wichtigsten Grundbegriffe der objektorientierten Programmierung zu illustrieren:

- **Klassen:** Eine Klasse ist eine Art Datentyp. Klassen dienen in der Regel dazu, Daten eines bestimmten Typs zu verarbeiten oder Aufgaben für eine bestimmte Aufgabenstellung zu erledigen.
- **Vordefinierte Klassen:** Python stellt Ihnen viele fertige Klassen zur Auswahl, z. B. `str` zur Speicherung und Verarbeitung von Zeichenketten oder `Fraction` zum Rechnen mit Bruchzahlen.

  Üblicherweise beginnen Klassennamen mit einem Großbuchstaben. Aus Gründen der Kompatibilität mit älteren Python-Versionen verstoßen aber viele elementare Klassen wie `str`, `list` oder `dictionary` gegen diese Regel.

- **Eigene Klassen:** Mit `class Klassenname: code ...` können Sie neue Klassen selbst definieren.
- **Objekte erzeugen:** Klassen stellen nur die Infrastruktur, quasi den Bauplan zur Verfügung. Sobald Sie konkrete Daten speichern wollen, müssen Sie von der entsprechenden Klasse neue Objekte erzeugen. Andere Begriffe für *Objekte* sind *Exemplare* oder *Instanzen*. Neue Objekte erzeugen Sie mit `Klassenname(...)` und speichern sie dann in Variablen.
- **Klasse versus Objekt:** Eine Klasse beschreibt, welche Daten später einmal in Objekten dieser Klasse gespeichert werden können. Die Klasse definiert auch die Methoden zur Verarbeitung dieser Daten, gibt also vor, was Sie mit den Daten tun können. Aber erst, wenn Sie ein Objekt einer Klasse erzeugt haben, können Sie konkrete Daten speichern und verarbeiten. Dabei gilt: Eine Klasse kann die Basis für viele Objekte sein. Ein Objekt muss aber immer von einer ganz bestimmten Klasse abstammen.
- **Methoden:** Klassen stellen Methoden zur Verfügung. Methoden erledigen vorgegebene Aufgaben und bearbeiten dabei zumeist die Daten eines Objekts. Beispielsweise ermittelt die Methode `index` der `str`-Klasse die Position eines Suchmusters innerhalb der Zeichenkette.

  Die meisten Methoden können nur verwendet werden, wenn es ein entsprechendes Objekt gibt. Sie werden in der Form `objvar.methodenname()` aufgerufen. `moveLeft` und `moveRight` sind Beispiele für solche Methoden. Die runden Klammern sind zwingend vorgeschrieben, unabhängig davon, ob die Methode Parameter erwartet oder nicht.

  Wie andere Sprachen unterstützt Python auch *statische* Methoden, die ohne ein Objekt verwendet werden können. Solche Methoden spielen in Python aber eine untergeordnete Rolle. Beliebter sind Funktionen, die auf Modulebene definiert werden (siehe Abschnitt 13.4, »Eigene Module entwickeln«).
- **Klassen- und Instanzvariablen:** Es gibt zwei Arten, Variablen in Klassen zu verwenden:
  - Klassenvariablen gehören zur Klasse an sich. Sie werden zwischen der Klasse und all ihren Instanzen geteilt.

- Instanzvariablen werden im Konstruktor mit `self.varname = ...` initialisiert. Instanzvariablen gehören zu einem konkreten Objekt. Im Einführungsbeispiel sind `self.x` und `self.y` Instanzvariablen.

- **Namensraum:** Intern verwendet Python für jede Klasse sowie für jedes davon abgeleitete Objekt einen eigenen Namensraum. Das ist gewissermaßen ein Container der Klasse bzw. des Objekts, um alle dazugehörigen Daten zu speichern und um Namenskonflikte zu vermeiden.

  Um zum Einführungsbeispiel zurückzukehren: Wenn Sie von der `Player`-Klasse zwei Objekte erzeugen und diese in den Variablen `pacman` und `monster` speichern, dann gibt es zwei Namensräume, um die Instanzvariablen `x` und `y` der beiden Objekte getrennt voneinander zu speichern.

12.2 »Hello, Class!«

12

Am leichtesten sind die Konzepte der objektorientierten Programmierung anhand eines Beispiels zu verstehen. Ziel des Beispiels ist es, Rechtecke zu verwalten. Vorerst geht es uns darum, gerade so viel Code für eine `Rectangle`-Klasse zu schreiben, damit daraus Rechteckobjekte erzeugt und deren Umfang und Flächeninhalt errechnet werden können. In weiteren Abschnitten des Kapitels kommen dann Codeerweiterungen dazu, damit Rechtecke verglichen und sortiert werden können und um ungültige Werte (z. B. negative Längen oder Breiten) auszuschließen.

Konstruktor

Klassen beginnen mit `class Name` – in diesem Fall also mit `class Rectangle`. Die erste Frage, die Sie sich bei der Entwicklung einer neuen Klasse stellen müssen, lautet: »Welche Daten sollen in den davon abgeleiteten Objekten gespeichert werden?« Bei einem Rechteck sind das Länge und Breite.

Beim Erzeugen eines neuen Objekts werden üblicherweise dessen Daten initialisiert. (In Python können, im Gegensatz zu anderen Sprachen, aber auch später weitere Instanzvariablen initialisiert und so dem Objekt hinzugefügt werden.)

Die Initialisierung ist Aufgabe des *Konstruktors*. Ein Konstruktor sieht aus wie eine Funktion, hat aber immer den Namen `__init__`. Namen, die vorn und hinten mit zwei Unterstrichen ergänzt sind, weisen immer auf Python-interne Spezialfunktionen hin – in diesem Fall eben auf den Konstruktor.

Eine Python-spezifische Besonderheit des Konstruktors und aller Instanzmethoden besteht darin, dass der erste Parameter immer `self` heißt. `self` bezieht sich auf das konkrete Objekt (die Instanz), das im Konstruktor initialisiert bzw. in den Methoden bearbeitet werden soll. Im folgenden Code sind `self.w` und `self.h` die Instanzvariablen.

```
# Beispieldatei rectangle1.py
class Rectangle():
    # Konstruktor, initialisiert w und h mit Startposition
    def __init__(self, width, height):
        self.w = width
        self.h = height
```

Methoden

Die `Rectangle`-Klasse soll nun um zwei Methoden ergänzt werden: `area` berechnet den Flächeninhalt, `perimeter` den Umfang des Rechtecks. Als einziger Parameter wird `self` übergeben. Länge und Breite können wir dann den Instanzvariablen `self.w` und `self.h` entnehmen.

```
# Fortsetzung Beispieldatei rectangle1.py
    def area(self):
        return self.w * self.h

    def perimeter(self):
        return 2 * (self.w + self.h)
```

Genau genommen handelt es sich bei `area` und `perimeter` um Instanzmethoden, weil sie mit `self` Daten eines Objekts (einer Instanz) bearbeiten.

Vom `self`-Parameter einmal abgesehen ist die Syntax von Methoden exakt dieselbe wie die von Funktionen (siehe Kapitel 10, »Funktionen«).

Klassen- und Methodennamen

Klassennamen sollten immer mit einem großen Anfangsbuchstaben beginnen und idealerweise von einem Substantiv abgeleitet sein. Python erzwingt diese in fast allen Programmiersprachen übliche Konvention aber nicht (d. h., es ist kein Syntaxfehler, wenn Sie Klassen klein benennen).

Methoden- und Variablennamen beginnen dagegen immer mit einem Kleinbuchstaben. Soweit möglich, sollten Methoden von Verben abgeleitet werden (`print`, `find`, `get` usw.). Die Methodennamen `area` und `perimeter` sind insofern keine guten Beispiele – aber die Namen `getArea` und `getPerimeter` würden den Code hier auch nicht besser lesbar machen.

Verwendung der Klasse (»Hello, Object!«)

Die Klasse ist somit fertig. Jetzt geht es darum, sie auszuprobieren. Dazu erzeugen Sie zunächst zwei Objekte und speichern sie in den Variablen `r1` und `r2`. In einer Schleife über eine Liste mit diesen beiden Variablen können Sie für beide Rechtecke Breite und Höhe sowie Flächeninhalt und Umfang auswerten:

```
# Fortsetzung Beispieldatei rectangle1.py
r1 = Rectangle(12, 7.4)
r2 = Rectangle(8, 5)

for r in [r1, r2]:
    print('Breite: ', r.w)
    print('Höhe:   ', r.h)
    print('Fläche: ', r.area())
    print('Umfang: ', r.perimeter())
```

Die Funktion des Codes sollte auf Anhieb verständlich sein, dennoch sind einige Erklärungen erforderlich: Wenn Sie mit `Rectangle(8, 5)` ein neues Rechteckobjekt erzeugen, ruft Python automatisch den Konstruktor (also `__init__`) auf. Die Instanzvariablen `w` und `h` werden in einem sogenannten *Namensraum* gespeichert, der der Instanz zugeordnet ist. Um die Verwaltung des Namensraums kümmert sich Python. Der Zugriff auf den Namensraum erfolgt innerhalb des Klassencodes über das Schlüsselwort `self`, außerhalb über die Variable, die das Objekt enthält (im Beispiel `r1` und `r2`).

In der `for`-Schleife durchläuft die Variable `r` alle in der Liste aufgezählten Objekte. Die Instanzvariablen und Methoden sind daher über die Variable `r` zugänglich.

Nochmals zurück zu `self`: Es wird Sie vielleicht irritieren, dass der Konstruktor und die beiden Methoden im Klassencode jeweils `self` als ersten Parameter haben. Beim Zugriff auf die Instanzvariablen bzw. beim Aufruf der Methoden scheint dieser Parameter aber zu verschwinden. Das liegt daran, dass Python intern das vorangestellte Objekt als Parameter übergibt. In Python ist anstelle von

```
r1.area()
```

auch die gleichwertige Syntax

```
Rectangle.area(r1)
```

zulässig. In diesem Fall gibt `Rectangle` an, dass Sie die `area`-Methode dieser Klasse aufrufen wollen. Das eigentliche Objekt wird nun als Parameter übergeben. In der Praxis wird diese Schreibweise allerdings so gut wie nie genutzt, `r1.area()` ist eleganter und von anderen Programmiersprachen vertrauter.

Konventionen

Es ist in Python und vielen anderen Programmiersprachen üblich, dass Klassennamen mit einem Großbuchstaben beginnen, Variablen- und Methodennamen mit einem Kleinbuchstaben.

Ein direkter Aufruf von fibgen liefert ein unausgewertetes Generatorobjekt zurück. Damit Sie die erzeugten Fibonacci-Zahlen tatsächlich sehen, müssen Sie die Auswertung erzwingen – z. B. indem Sie mit list eine Liste erzeugen:

```
# Verwendung des Generators
print(fibgen(10))
# Ausgabe <generator object fibgen at 0x109569af0>

print(list(fibgen(10)))
# Ausgabe [0, 1, 1, 2, 3, 5, 8, 13, 21, 34]
```

Wenn Sie einen Generator selbst Element für Element auswerten möchten, verwenden Sie dazu die Funktion next. Im folgenden Code wird zuerst ein Generator für die ersten 100 Fibonacci-Zahlen erzeugt. In der Folge wird der Generator mit next so oft ausgewertet, bis die erste Fibonacci-Zahl größer als 1000 ist:

```
# Fibonacci-Zahlen < 1000 ausgeben
gen = fibgen(100)
fib = next(gen)

while fib < 1000:
    print(fib)
    fib = next(gen)
```

Dabei ist zu beachten, dass next einen Fehler liefert, wenn der Generator fertig ist. Wenn Sie den Code also mit gen = fibgen(10) begonnen hätten, würde der Generator nur die ersten zehn Fibonacci-Zahlen liefern. Da diese alle kleiner als 1000 sind, käme es danach zu einem weiteren Aufruf von next und in der Folge zum Fehler StopIteration. (Der Generator kann keine Werte mehr liefern.) Diesen Fehler können Sie vermeiden, indem Sie als zweiten Parameter von next einen Defaultwert angeben:

```
gen = fibgen(10)
fib = next(gen)
```

12.3 Klassen- und Instanzvariablen

Python unterscheidet zwischen zwei Arten von Variablen, die innerhalb von Klassen verwendet werden können:

- **Instanzvariablen:** Alle Variablen, denen `self` vorangestellt wird, sind Instanzvariablen. Sie werden also einer bestimmten Instanz (einem konkreten Objekt) zugeordnet. Im vorigen Beispiel waren `w` und `h` solche Instanzvariablen. Werden mehrere Rechteckobjekte erzeugt, dann können `w` und `h` für jedes dieser Rechtecke unabhängig geändert und gespeichert werden. Von außen (also von Code, der sich außerhalb der Klasse befindet) erfolgt der Zugriff auf Instanzvariablen in der Form `obj.varname`.
- **Klassenvariablen:** Variablen, die auf Klassenebene definiert werden, gehören zur Klasse, nicht zu einzelnen Objekten. Egal, wie viele Objekte es zu einer Klasse gibt – der Wert der Klassenvariablen gilt für alle Objekte gemeinsam. Von außen erfolgt der Zugriff auf Klassenvariablen in der Form `Klassenname.varname`.

12

Zusätzlich gibt es wie bei Funktionen lokale Variablen: Wenn also eine Variable ohne vorangestelltes `self` in einer Methode verwendet wird, dann beschränken sich die Gültigkeit und Lebensdauer dieser Variablen auf die Methode.

```
# Beispieldatei instance-vs-class-var.py
class MyClass():
    magicNumber = 42   # Klassenvariable
    # Konstruktor, initialisiert x und y mit Startposition
    def __init__(self, somedata, otherdata):
        somevar = 123            # lokale Variable
        self.data = somedata     # Instanzvariablen
        self.other = otherdata

obj1 = MyClass(3, 4)
print('Instanzvariablen von Objekt 1:',
       obj1.data, obj1.other)  # Ausgabe: 3 4
obj2 = MyClass(7, 8)
print('Instanzvariablen von Objekt 2:',
```

```
      obj2.data, obj2.other) # Ausgabe 7 8
print('Klassenvariable der Klasse "MyClass":',
      MyClass.magicNumber)   # Ausgabe 42
```

Wie immer gilt: Verwenden Sie für Ihre Klassen, Methoden und Variablen aussagekräftige Namen und eine konsistente Schreibweise! Tipps dazu finden Sie hier:

https://peps.python.org/pep-0008

Namensräume

Namensräume haben zwei Aufgaben: Einerseits stellen sie sicher, dass es keine Konflikte zwischen gleichnamigen Variablen innerhalb und außerhalb einer Klasse bzw. eines Objekts gibt. Andererseits dient der Namensraum als eine Art Container, also als ein Speicherort.

In aktuellen Python-Versionen sind Namensräume mit Dictionaries realisiert; das ist aber ein Implementierungsdetail, das sich in zukünftigen Python-Versionen ändern kann. Die Funktion `vars` bietet die Möglichkeit, in den Namensraum eines Objekts oder einer Klasse gleichsam hineinzusehen.

Die Ausgabe der beiden folgenden `print`-Anweisungen gilt im Anschluss an das obige Codebeispiel. Auf die Wiedergabe diverser interner Datenstrukturen im Namensraum habe ich aus Gründen der Übersichtlichkeit verzichtet.

```
print(vars(obj1))
print(vars(obj2))
print(vars(MyClass))
# Ausgabe:
# {'data': 3, 'other': 4}
# {'data': 7, 'other': 8}
# {'__module__': '__main__', 'magicNumber': 42,
#  '__init__': <function MyClass.__init__ at 0x10437a0d0>,
#  '__dict__': <attribute '__dict__' of 'MyClass' objects>,
#  ...}
```

Im Zusammenhang mit Python-Namensräumen sind einige Details bemerkenswert:

- Der Inhalt von Namensräumen ist vollkommen dynamisch: Sie können sowohl eine Klasse als auch eine spezifische Objektinstanz jederzeit um Variablen oder Methoden erweitern. Beispielsweise führt `obj2.moredata = 9` dazu, dass die neue Instanzvariable `moredata` im Namensraums von `obj2` geschaffen wird.
- Wenn ein neues Objekt erzeugt wird (`obj=MeineKlasse()`), dann ist der Namensraum der Objektinstanz anfänglich leer! Erst Zuweisungen von `self.name=...` in der Init-Funktion bzw. im restlichen Klassencode oder von `obj.name=...` außerhalb der Klasse erzeugen ein neues Element (ein neues Attribut) im Namensraum.
- Wenn Sie `obj.xy` auslesen und Python das Attribut im Namensraum des Objekts nicht findet, durchsucht es anschließend den Namensraum der Klasse. Sollten Sie Vererbung verwenden, werden anschließend auch alle Namensräume der Basisklassen durchsucht. Erst wenn das Attribut in keinem dieser Namensräume gefunden wird, kommt es zu einem Fehler (*object has no attribute 'xxx'*). 12

Was sind Attribute?

Als Attribut gilt in Python jeder Name, der einem Punkt folgt, also `obj.attributname` oder `self.methodenname()`. Insofern gilt *Attribut* als Sammelbegriff für Variablen und Methoden von Klassen bzw. Objekten.

Nochmals Instanz- versus Klassenvariable

Ein diffiziler Sonderfall in Python ist, dass der Zugriff auf `obj.varname` sowie die Veränderung von `obj.varname` auch dann erlaubt sind, wenn `varname` der Name einer Klassenvariablen ist. Bei den meisten anderen Programmiersprachen ist das ein Syntaxfehler. Python verhält sich dewegen anders, weil der Zugriff auf Variablen durch *Namensräume* erfolgt:

- Wenn Sie `obj.varname` auswerten, sucht Python zuerst nach der Variablen `varname` im Namensraum des Objekts. Findet der Interpreter dort nichts, sucht er im Namensraum der Klasse weiter. Gibt es dort eine entsprechende Klassenvariable, liefert `obj.varname` ihren Wert – ohne jede Warnung oder Fehlermeldung.

- Eine Zuweisung in der Form `obj.varname=xxx` *erzeugt* die neue Instanzvariable `varname`. Sollte es eine gleichnamige Klassenvariable geben, hat die Instanzvariable Vorrang. Die Klassenvariable steht weiterhin zur Verfügung, aber nur in der korrekten Schreibweise `Klassenname.varname`.

Der folgende Code zeigt die verwirrenden Konsequenzen, die sich ergeben, wenn absichtlich oder aufgrund eines Denkfehlers eine Instanzvariable erzeugt wird. Das Listing ist eine weitere Fortsetzung der Beispieldatei `instance-vs-class-var.py`:

```
obj2.magicNumber = 43        # erzeugt neue Instanzvariable
print(obj2.magicNumber)      # 43
print(MyClass.magicNumber) # weiterhin 42
```

Private Instanzvariablen

In Python fehlt ein relativ elementares Konzept, das in fast allen anderen Programmiersprachen selbstverständlich ist: Es gibt keine privaten Attribute und somit weder private Methoden noch private Instanzvariablen. Es ist unmöglich, Variablen oder Methoden zu definieren, die nur dem Code innerhalb der Klasse zugänglich sind, die aber vor einem Zugriff von außen geschützt sind. Diese Einschränkung wird durch zwei Konventionen umgangen:

- Attribute (Variablen/Methoden), deren Namen mit einem Unterstrich `_` beginnen, gelten als privat. Wer auch immer eine Klasse nutzt, die derartige Variablen enthält, sollte auf diese Variablen nicht von außen zugreifen. (*Innen* bedeutet in diesem Kontext »Code innerhalb der Klasse«, also im eingerückten Codeblock nach `class Name():`. *Außen* bedeutet »Code, der ein Objekt nutzt«, z. B. `obj.xxx=...`)
- Ein wenig wirkungsvoller ist es, Attributsnamen zwei Unterstriche voranzustellen. Python führt dann ein sogenanntes *Name Mangling* durch und ersetzt `__varname` durch `_klassenname__varname`. Die Variable ist somit besser vor irrtümlichen Zugriffen geschützt.

Wie es mit Konventionen so ist – man kann sich daran halten oder eben auch nicht. Die folgenden Zeilen zeigen, wie leicht sich eigentlich private Variablen auslesen lassen – allen Schutzmaßnahmen zum Trotz:

```
class MyClass():
    def __init__(self):
        self._privat = 1
        self.__nochPrivater = 2


obj = MyClass()
print(obj._privat)                   # Ausgabe 1
print(obj._MyClass__nochPrivater) # Ausgabe 2
```

Ad-hoc-Objekte

In einigen Programmiersprachen besteht die Möglichkeit, ohne die Definition einer Klasse Ad-hoc-Objekte zusammenzusetzen. Das hilft dabei, mehrere zusammengehörende Daten mit minimalem Aufwand zu verketten – z. B. als Rückgabeparameter einer Funktion. In Python können Sie das mit wenig Aufwand ebenfalls tun. Sie müssen lediglich als Ausgangspunkt eine komplett leere Klasse deklarieren:


```
class Adhoc():
    pass
```

Danach erzeugen Sie ein Objekt und weisen ihm Eigenschaften zu. Weil Python wie beschrieben Namensräume zur Verwaltung der Daten verwendet, funktioniert das wunderbar:

```
adhoc = Adhoc()
adhoc.x = 17
adhoc.y = 12
adhoc.z = 'abc'
print(adhoc.y)    # Ausgabe 12
```

Ad-hoc-Objekte sind zwar möglich, aber in Python ungebräuchlich. Üblicher ist es, zur unkomplizierten Sammlung zusammengehörender Daten Dictionaries zu verwenden.

12.4 Methoden

Grundsätzlich haben Sie Methoden in Abschnitt 12.2, »Hello, Class!«, ja schon kennengelernt: Sie werden ähnlich wie Funktionen definiert – aber eben in einer Klasse. Dieser Abschnitt geht auf weitere Details ein und stellt zwei Methodenvarianten vor: statische Methoden sowie Getter-/Setter-Methoden.

Statische Methoden versus Instanzmethoden

`area` und `perimeter` aus dem Einführungsbeispiel »Hello, Class!« sind *Instanzmethoden*. Sie können nur aufgerufen werden, wenn zuvor ein `Rectangle`-Objekt erzeugt wurde:

```
r1.area()             # korrekt
Rectangle.area(r1)    # korrekt
Rectangle.area()      # falsch, Parameter fehlt
```

Sie können aber auch sogenannte *statische* Methoden schreiben, die ohne Objekte funktionieren. In der Klasse werden solche Methoden ohne `self` formuliert. Um klarzustellen, dass die Methode statisch ist, sollten Sie der Methodendefinition den Dekorator `@staticmethod` voranstellen – dann kann es beim Aufruf der Methode keine Missverständnisse geben.

Dekoratoren

Dekoratoren werden mit `@` eingeleitet und dienen als Zusatzattribute für Funktionen, Methoden oder Klassen. Sie können die Intention von Code verdeutlichen und Informationen an den Python-Interpreter bzw. -Compiler weitergeben. Interna sowie eine Anleitung, wie Sie selbst Dekoratoren programmieren und anwenden können, finden Sie hier:

https://en.wikipedia.org/wiki/Python_syntax_and_semantics#Decorators
https://www.thecodeship.com/patterns/guide-to-python-function-decorators

Die folgenden Zeilen ergänzen die Rectangle-Klasse um drei statische Methoden:

```
# Beispieldatei Rectangle3.py
class Rectangle():
    def __init__(...):     ... # wie in Rectangle1.py
    def area(self):        ... # wie bisher
    def perimeter(self):   ... # wie bisher

    # Beispiele für statische Methoden
    @staticmethod
    def sarea(width, height):
        return width * height

    @staticmethod
    def sperimeter(width, height):
        return 2 * (width + height)

    @staticmethod
    def createquad(length):
        return Rectangle(length, length)
```


Die Anwendung dieser Methoden sieht so aus:

```
print('Fläche: ', Rectangle.sarea(10, 5))      # 50
print('Umfang: ', Rectangle.sperimeter(10, 5)) # 30
r3 = Rectangle.createquad(7)
print(r3.area())                               # 49
```

sarea und sperimeter zeigen, dass viele Problemstellungen sowohl mit Instanzmethoden als auch mit statischen Methoden lösbar sind. Eleganter sind hier aber sicherlich die Instanzvarianten area und perimeter.

Praxisnäher ist die Methode createquad. Sie bietet eine zweite Möglichkeit, Rectangle-Objekte zu erzeugen. Ihr Einsatz bietet sich an, wenn Sie quadratische Objekte benötigen.

Vermeiden Sie statische Methoden

Statische Methoden sind in Python der Ausnahmefall, nicht die Regel. Wenn Sie eine Sammlung von Funktionen entwickeln möchten, die ohne Objekt genutzt werden können, ist es zweckmäßiger, diese als gewöhnliche Funktionen in ein Modul zu verpacken, als sie als Instanzmethoden in einer Klasse zu platzieren.

Methoden innerhalb einer Klasse aufrufen

Wie Sie eine Methode außerhalb einer Klasse aufrufen, wissen Sie nun:

```
obj.instanzmethode(parameter)
Klasse.statischemethode(parameter)
```

Wie aber rufen Sie Methoden innerhalb einer Klasse auf? Eigentlich ändert sich nichts, allerdings müssen Sie nun das Objekt durch `self` ersetzen. Betrachten wir nochmals die `Rectangle`-Klasse, in der es die beiden Instanzmethoden `area` und `perimeter` gibt. Sie wollen nun eine neue Methode `ap` programmieren, die ein Dictionary zurückgibt, das sowohl den Flächeninhalt als auch den Umfang enthält:

```
# Beispieldatei rectangle3.py
class Rectangle():
    # Konstruktor, initialisiert x und y mit Startposition
    def __init__(self, width, height):  # wie bisher ...

    def area(self):                     # wie bisher ...

    def perimeter(self):                # wie bisher ...

    # interner Methodenaufruf (korrekt)
    def ap(self):
        return { 'area': self.area(),
                 'perimeter': self.perimeter() }
```

Entscheidend ist, dass Sie den Methoden beim Aufruf jeweils `self` als Objekt voranstellen, also `result=self.area()`. Falsch wäre hingegen `result=area(self)`!

Analog müssen Sie bei statischen Methoden auch innerhalb der Klasse den Klassennamen voranstellen:

```
class Rectangle():
    ...
    @staticmethod
    def sarea(width, height):           # wie bisher ...
        return width * height

    @staticmethod
    def sperimeter(width, height):      # wie bisher ...
        return 2 * (width + height)

    @staticmethod
    def sap(w, h):
        return { 'area': Rectangle.sarea(w, h),
                 'perimeter': Rectangle.sperimeter(w, h) }
```

Nicht zulässig ist es, hier einfach `Rectangle` wegzulassen!

Getter- und Setter-Methoden (Eigenschaften)

Ein Ziel der objektorientierten Programmierung ist die *Kapselung*: Damit wollen Sie erreichen, dass private Instanzvariablen nur von »innen« verändert werden können, also durch von Ihnen kontrollierten Code der Klasse. Wie bereits erwähnt, unterstützt Python private Instanzmethoden nur sehr halbherzig: Sie stellen dem Namen _ oder __ voran und hoffen, dass die Anwender Ihrer Klasse auf direkte Variablenzugriffe verzichten. Damit ist der erste Schritt zur Kapselung getan.

Der zweite Schritt besteht nur darin, den Zugriff auf derart private Methoden durch Methoden zu ermöglichen. Üblicherweise beginnen diese Methoden mit `get` und `set`; dementsprechend spricht man oft von *Getter-* und *Setter-Methoden*. In Python sieht die Vorgehensweise ein wenig

12

anders aus: Beide Methoden heißen gleich (in der Regel so wie die entsprechende Variable). Allerdings kennzeichnen Sie die Lesemethoden mit @property, die Schreibmethode mit @varname.setter. Beachten Sie, dass die @property-Methode zuerst definiert werden muss.

Möglicherweise haben die beiden ein wenig theoretischen Absätze Sie ratlos gemacht. Keine Angst, mit einem Beispiel wird sofort alles klar! Stellen Sie sich vor, Sie wollten die Rectangle-Klasse dahingehend verbessern, dass es unmöglich ist, w und h mit negativen Werten zu initialisieren oder diesen Instanzvariablen später ungültige Werte zuzuweisen.

Die Lösung besteht darin, w und h in privaten Instanzvariablen zu speichern, also in self.__w und in self.__h. Bei der Initialisierung kontrollieren Sie, ob die übergebenen Parameter korrekt sind. Ist das nicht der Fall, lösen Sie einen Fehler aus (siehe Kapitel 11, »Umgang mit Fehlern (Exceptions)«).

```
# Beispieldatei rectangle4.py
class Rectangle():
    # Konstruktor, initialisiert x und y mit Startposition
    def __init__(self, width, height):
        # Kontrolle, ob sinnvolle Werte
        if width<=0 or height<=0:
            raise ValueError('Ungültige Parameter!')

        self.__w = width   # private Instanzvariablen
        self.__h = height
```

Damit Länge und Breite weiterhin von außen gelesen und verändert werden können, benötigen wir nun die entsprechenden Setter- und Getter-Methoden. Die Python-Syntax schreibt vor, dass Sie die Getter-Methode mit dem Dekorator @property kennzeichnen. Der Setter-Methode müssen Sie @varname.setter voranstellen.

```
    # Fortsetzung des Rectangle-Codes
    # Getter für die Länge
    @property
    def w(self):
        return self.__w
```

```
    # Setter für die Länge
    @w.setter
    def w(self, width):
        if width>0:
            self.__w = width
        else:
            raise ValueError('Die Länge muss >0 sein.')

    # Getter und Setter für Höhe
    @property
    def h(self):
        return self.__h

    @h.setter
    def h(self, height):
        if height>0:
            self.__h = height
        else:
            raise ValueError('Die Höhe muss >0 sein.')
```


Wenn nun außerhalb der Klasse `obj.w` ausgewertet wird, dann führt Python die `w`-Getter-Methode aus. Versucht jemand, mit `obj.w = xxx` einen neuen Wert einzustellen, führt Python die `w`-Setter-Methode aus.

Zwar ist der Code um einiges umständlicher geworden, dafür haben Sie die volle Kontrolle über die Daten in den Objekten Ihrer Klasse. Ein Rechteckobjekt mit negativer Länge oder Breite ist jetzt unmöglich.

```
r = Rectangle(12, 7.4)
print(r.w)              # 12, führt @property w() aus
r.w = 25                # führt @w.setter w() aus

r2 = Rectangle(-7, 5)  # löst einen Fehler aus
r.w = -11               # löst ebenfalls einen Fehler aus
```

12.5 Operator Overloading

So wie die verschiedenen Versionen der `Rectangle`-Klasse präsentiert wurden, können Sie zwar testen, ob zwei Variablen auf das gleiche Objekt zeigen. Es ist aber unmöglich, die Daten zweier Rechtecke zu vergleichen, um so festzustellen, ob zwei Rechtecke gleich groß sind:

```
# Beispieldatei rectangle5.py
r1 = Rectangle(12, 8)
r2 = r1
r3 = Rectangle(12, 8)

# dieser Test funktioniert für jede Art von Objekt
if r1 is r2:
  print('r1 und r2 zeigen auf das gleiche',
        'Rechteck-Objekt')

# dieser Test liefert immer False, ganz egal, ob die
# Maße der Rechtecke übereinstimmen oder nicht
if r1 == r3:
  print('r1 und r3 sind gleich groß')
```

Der Operator `==` funktioniert also für Rechtecke nicht – ebenso wenig wie andere Operatoren (`>`, `+`, `*` etc.). Diesen Mangel können Sie beheben, indem Sie den Code, der zur Ausführung dieser Operatoren notwendig ist, selbst programmieren. In Python gibt es dafür vordefinierte Methodennamen, die Sie implementieren können (siehe Tabelle 12.1).

Dieser Vorgang wird in anderen Programmiersprachen *Operator Overloading* genannt. In diesem Buch bleibe ich bei diesem universell eingeführten Begriff, obwohl die Python-Dokumentation in diesem Zusammenhang nur recht vage von *special method names* spricht. Der bereits bekannte Konstruktor `__init__` gehört auch zu diesen Methoden.

Es fehlt in diesem Buch der Platz, um auf alle derartigen Methoden einzugehen. Ich konzentriere mich in diesem Abschnitt daher auf einige ausgewählte Methoden, die besonders wichtig sind. Eine Menge weiterer Methoden sind hier dokumentiert:

https://docs.python.org/3/reference/datamodel.html#special-method-names

Methodenname	Bedeutung
`__add__()`	Addition +
`__eq__()`	Gleichheitstest ==
`__hash__()`	Berechnung eines Hash-Codes
`__le__()`	Vergleich <= (*less equal*)
`__lt__()`	Vergleich < (*less then*)
`__mul__()`	Multiplikation *
`__repr__()`	Darstellung als Zeichenkette
`__str__()`	Darstellung als Zeichenkette (für `print`)
`__sub__()`	Subtraktion -

Tabelle 12.1 Wichtige vordefinierte Methodennamen für Operator Overloading

Gleichheitstest (»eq«-Methode)

Damit Python die Gleichheit zweier Objekte überprüfen kann, müssen Sie die Methode `__eq__` implementieren. Das ist nicht weiter schwierig: Sie müssen einfach alle Eigenschaften der Instanz (`self`) mit allen Eigenschaften einer zweiten Objektvariablen (hier `other`) vergleichen. Das gelingt am einfachsten mit Tupeln:

```
# Beispieldatei rectangle5.py
class Rectangle():
  # __init__(), area() und perimeter() wie
  # in Rectangle1.py
  # Ergänzung: Gleichheitstest
  def __eq__(self, other):
        return (self.w, self.h) == (other.w, other.h)
```

Der Test r1 == r3, der vorhin nicht funktioniert hat, liefert jetzt erwartungsgemäß True und führt zur gewünschten Ausgabe.

Umwandlung in Zeichenkette (»str« und »repr«)

Die Ausgabe eines Objekts einer eigenen Klasse durch print sieht trist aus. Anstelle der Rechteckdaten steht am Bildschirm Rectangle object at 0x1234 (wobei 1234 die Adresse im Speicher ist, an der das Objekt gespeichert wird). Abhilfe schafft die Implementierung der __str__-Methode. Diese Methode ist dafür vorgesehen, das Objekt in einer für Menschen gut lesbaren Form darzustellen.

```
# Beispieldatei rectangle5.py
class Rectangle():
  # Ergänzung: Zeichenkette für print erzeugen
  def __str__(self):
        return 'Rechteck(%.2f, %.2f)' % (self.w, self.h)


# Anwendung
r1 = Rectangle(12, 8)
print(r1)
# Ausgabe: Rechteck(12.00, 8.00)
```

Mit __str__ verwandt ist die __repr__-Methode: Auch sie soll das Objekt in eine Zeichenkette umwandeln. Ziel der __repr__-Methode ist eine möglichst standardkonforme und vollständige Darstellung der Daten, z.B. als Hilfsmittel für die Fehlersuche. repr wird auch verwendet, wenn Sie eine Aufzählung von Elementen ausgeben, also wenn Sie z.B. print(lst) ausführen und lst Rechteckobjekte enthält.

```
class Rectangle():
    # Ergänzung: Zeichenkette für das Debugging erzeugen
    def __repr__(self):
        return 'Rectangle: w=%f, h=%f' % (self.w, self.h)
```

Größenvergleich (»lt« und »le«)

Wenn Sie Objekte Ihrer Klasse ordnen möchten, müssen Sie ein Vergleichskriterium definieren und auf dieser Basis die Methoden `__le__` und `__lt__` implementieren. Eine Implementierung von `__ne__`, `__gt__` und `__ge__` für `!=`, `>` und `>=` ist zum Glück nicht nötig. Python verwendet einfach die passenden Methoden `__eq__`, `__lt__` und `__le__` und invertiert das Ergebnis.

Im folgenden Beispielcode wird als Vergleichskriterium der Flächeninhalt verwendet. Das ist natürlich eine willkürliche Entscheidung. Je nachdem, wie die reale Anwendung der Klasse ist, wären vielleicht `max(w, h)` oder der Umfang bessere Kriterien.

```
class Rectangle():
    # Ergänzung: Größenvergleich
    def __lt__(self, other):
        return self.area() < other.area()
    def __le__(self, other):
        return self.area() <= other.area()

# Anwendung
print( Rectangle(4, 3) > Rectangle(5, 2) )  # True

lst = [Rectangle(3, 1), Rectangle(1, 2), Rectangle(2, 2)]
print(sorted(lst))
# Ausgabe [Rectangle: w=1, h=2, Rectangle: w=3, h=1,
#          Rectangle: w=2, h=2]
```

Losgelöst vom Defaultsortierverhalten können Sie natürlich weiterhin an `sorted` mit `key` eine eigene Funktion für den Sortierschlüssel übergeben. Im folgenden Beispiel werden die Rechtecke nach ihrer Länge sortiert.

```
print(sorted(lst, key=lambda r: r.w))
# Ausgabe [Rectangle: w=1, h=2, Rectangle: w=2, h=2,
#          Rectangle: w=3, h=1]
```

Hash-Funktion

Aufgabe der Methode `__hash__` ist es, eine ganze Zahl zu liefern, die die Inhalte (Daten) des Objekts möglichst gut in reproduzierbaren Werten abbildet. Details und Hintergründe können Sie in der Wikipedia nachlesen:

https://de.wikipedia.org/wiki/Hashfunktion

Objekte mit gleichen Daten müssen also immer zum selben Hash-Ergebnis führen. Umgekehrt sollte es möglichst unwahrscheinlich sein, dass zwei Objekte mit unterschiedlichen Daten das gleiche Hash-Ergebnis liefern. (Ganz ausschließen lassen sich derartige »Kollisionen« aber nicht.)

Wenn Sie Objekte Ihrer Klasse in Sets speichern oder als Schlüssel in Dictionaries verwenden wollen, dann müssen Sie eine Hash-Funktion implementieren. Am einfachsten übergeben Sie dazu alle Instanzvariablen als Tupel an die von Python zur Verfügung gestellte `hash`-Funktion:

```
class Rectangle():
    # Ergänzung: Hash-Funktion
    def __hash__(self):
        return hash((self.w, self.h))

# Anwendung
r1 = Rectangle(..); r2 = ...
set = {r1, r2, r3}
```

12.6 Datenklassen

Seit Python 3.7 können Sie Klassen mit dem Dekorator `@dataclass` ausstatten. Der Vorteil: Sie ersparen sich die Programmierung der `init`-, `repr`- und `eq`-Hash-Methoden und eventuell auch der Hash-Methode.

Damit Sie den `dataclass`-Dekorator verwenden können, müssen Sie das `dataclasses`-Modul importieren und für alle Instanzvariablen Ihrer Klasse den vorgesehenen Datentyp angeben. Eine einfache Implementierung der `Rectangle`-Klasse verkürzt sich damit auf wenige Zeilen:

```
# Beispieldatei rectangle7a.py
from dataclasses import dataclass

@dataclass()
class Rectangle():
    w: float  # Type Annotation ist für @dataclass()
    h: float  # erforderlich

    # Instanzmethoden
    def area(self):
        return self.w * self.h
    def perimeter(self):
        return 2 * (self.w + self.h)

# Anwendung
r1 = Rectangle(12, 7.4)
r2 = Rectangle(8, 5)
print(r1 == r2)                # False
print(r2 == Rectangle(8, 5))  # True
print(r1)      # Ausgabe Rectangle(w=12, h=7.4)
r1.w = 13      # Veränderungen sind erlaubt
```


Unveränderliche Datenklassen

Wenn Sie an den dataclass-Dekorator den Parameter frozen=True übergeben, bekommen Sie auch die Hash-Funktion »geschenkt«. Allerdings sind die Eigenschaften der Klasse (hier also w und h) dann unveränderlich. Einmal erzeugte Objekte dieser Klasse sind damit *immutable* (siehe auch Abschnitt 14.2, »Interna der Variablenverwaltung«).

```
# Beispieldatei rectangle7b.py
from dataclasses import dataclass

@dataclass(frozen=True)
class Rectangle():
    # Code der Klasse wie in rectangle7a.py
```

```
# Anwendung
r1 = Rectangle(12, 7.4)
r2 = Rectangle(8, 5)
set = {r1, r2}    # erlaubt, weil es Hash-Funktion gibt
r1.w = 13         # Fehler, darf nur gelesen werden
```

An `@dataclass` können diverse Parameter übergeben werden. Diese Parameter sowie weitere Anwendungsmöglichkeiten sind hier dokumentiert:

https://www.python.org/dev/peps/pep-0557

12.7 Vererbung

Zu den faszinierendsten Konzepten der objektorientierten Programmierung zählt die Vererbung. Damit können Sie neue Klassen von vorhandenen Klassen ableiten und dabei alle Eigenschaften und Funktionen übernehmen. Sie müssen sich damit nur um die Details Ihrer neuen Klasse kümmern, die von der zugrundeliegenden Klasse (von der *Basisklasse*) abweichen.

Die Syntax für Vererbung ist einfach: Bei der Definition der Klasse geben Sie nach dem neuen Klassennamen in Klammern an, von welcher Basisklasse Sie »erben« möchten. Im Code der neuen Klasse können Sie mit `super()` auf eine Instanz der Basisklasse und somit direkt auf deren Variablen und Methoden zugreifen. `super()` ist nur erforderlich, wenn aufgrund gleichlautender Namen in der neuen Klasse und in der Basisklasse unklar ist, welches Attribut Sie meinen.

Das folgende Listing zeigt die Syntax zur Vererbung. Als Basisklasse gilt `A`. Diese Klasse verfügt über die beiden Instanzvariablen `x` und `y` und über die beiden Methoden `m1` und `m2`.

Die Klasse `B` ist von `A` abgeleitet, übernimmt von dieser also beide Instanzvariablen und Methoden. Der Konstruktor von `B` ruft mit `super()` den Konstruktor von `A` auf und initialisiert so `x` und `y`. Um die neue Instanzvariable `z` kümmert sich der `B`-Konstruktor selbst.

Die Methode `m1` belässt `B` unverändert. `m2` wird neu implementiert, wobei mit `super()` die gleichnamige Methode der Basisklasse aufgerufen wird. Außerdem kommt die Methode `m3` hinzu. Die Klasse `B` verfügt somit über drei Instanzvariablen (`x`, `y` und `z`) sowie über drei Instanzmethoden (`m1` bis `m3`).

```
# Beispieldatei inheritance.py
class A():
    def __init__(self, x, y):
        self.x = x
        self.y = y

    def m1(self):
        return self.x + self.y

    def m2(self):
        return self.x * self.y

class B(A):
    def __init__(self, x, y, z):
        super().__init__(x, y)
        self.z = z

    def m2(self):
        return super().m2() * self.z

    def m3(self):
        return self.x + self.y * self.z

# Anwendung der beiden Klassen
a = A(1, 2)
print(a.x, a.y)                  # Ausgabe 1 2
print(a.m1(), a.m2())            # Ausgabe 3 2

b = B(1, 2, 3)
print(b.x, b.y, b.z)             # Ausgabe 1 2 3
print(b.m1(), b.m2(), b.m3())    # Ausgabe 3 6 7
```

Klassenzuordnung und -hierarchie feststellen

Die Funktion isinstance überprüft, ob ein Objekt eine Instanz einer bestimmten Klasse ist. Bei vererbten Klassen trifft dies auch für alle Basisklassen zu. b ist also sowohl eine Instanz der Klasse A als auch eine Instanz der Klasse B!

```
# Fortsetzung der Beispieldatei inheritance.py
print(isinstance(a, A))        # True
print(isinstance(a, B))        # False
print(isinstance(b, A))        # True!
print(isinstance(b, B))        # True
```

Mit der Funktion getmro aus dem inspect-Modul können Sie die ganze Klassenhierarchie feststellen. Die Ausgabe zeigt außerdem, dass *jede* eigene Klasse von der in Python vordefinierten Basisklasse object abgeleitet ist.

```
import inspect
print(inspect.getmro(B))
# Ausgabe (<class '__main__.B'>,
#          <class '__main__.A'>,
#          <class 'object'>)
```

12.8 Vererbungsbeispiel: Schachfiguren

Ziel dieses Beispiels ist es, Klassen für verschiedene Schachfiguren zu programmieren. Die Methode findMoves soll ausgehend von der aktuellen Position eines Objekts alle möglichen Züge ermitteln können.

Die folgenden Zeilen zeigen die Anwendung der Klassen Knight (Pferd/-Springer) und Bishop (Läufer):

```
# Beispieldatei chess.py
figures = [Knight('e5'), Bishop('b3'), Knight('h8')]
for f in figures:
    print(f, f.findMoves())
```

```
# Ausgabe:
# Knight@e5 ['f7', 'g6', 'd7', 'c6', 'f3', 'g4', 'd3',
#            'c4']
# Bishop@b3 ['a2', 'a4', 'c4', 'c2', 'd5', 'd1', 'e6',
#            'f7', 'g8']
# Knight@h8 ['g6', 'f7']
```

Bei der Entwicklung des Codes beginnen wir mit der Basisklasse `Figure`, die Funktionen zur Verfügung stellt, die für *jede* Schachfigur wichtig sind. Dazu zählt der Konstruktor, der aus der als Zeichenkette übergebenen Position (z. B. `'e5'`) die Instanzvariablen `col` und `row` errechnet, die Methode `__str__`, die die aktuelle Position als Zeichenkette zurückgibt, und die statische Methode `position`, die die in numerischen Parametern übergebene Position in eine Zeichenkette umwandelt, sofern es sich um eine gültige Position handelt.

Bei diesem Beispiel habe ich im Code konsequent die Typen aller Instanzvariablen, Parameter und Methodenergebnisse angegeben, also den Datentyp mit einem Doppelpunkt nachgestellt (z. B. `col: int`). Die Hintergründe dieser optionalen Typdeklaration erläutere ich in Abschnitt 14.5, »Type Annotation«,.

```
# Beispieldatei chess.py
class Figure(): # Klasse für allgemeine Schachfigur
    col: int    # Position der Figur (Spalte/Reihe)
    row: int    # als Wert von 0 bis 7

    # Konstruktor
    def __init__(self, pos: str):
        if len(pos) != 2:
            raise ValueError('Ungültige Position')
        c = pos[0].lower() # column, z. B. 'c'
        r = pos[1]         # row,    z. B. '3'
        if (not c in 'abcdefgh') or (not r in '12345678'):
            raise ValueError('Ungültige Position')
        self.col = 'abcdefgh'.find(c)
        self.row = '12345678'.find(r)
```

```
    # Position in Schachnotation zurückgeben
    def __str__(self):
        return Figure.position(self.col, self.row)

    # testen, ob gültige Position; liefert
    # Schachnotation (z.\,B.\ 'e3') oder leere Zeichenkette
    @staticmethod
    def position(col: int, row: int) -> str:
        if row<0 or row>7 or col<0 or col>7:
          return ''
        return 'abcdefgh'[col] + '12345678'[row]
```

Klasse für Pferd/Springer

Ein Pferd bzw. Springer in einem Schachspiel darf sich immer zwei Felder in die eine Richtung bewegen, ein Feld um 90° in eine andere Richtung. Wenn ein Springer im Zentrum des Schachbretts steht, gibt es acht Ziele. Steht der Springer dagegen in der Ecke, reduziert sich die Anzahl auf zwei Positionen.

Die Klasse `Knight` (Pferd/Springer) ist von `Figure` abgeleitet. Sie greift auf den Konstruktor der Basisklasse zurück und modifiziert die `__str__`-Methode ein wenig. Interessant ist vor allem die neue Methode `findMoves`, die ausgehend von der aktuellen Position alle möglichen Ziele ermittelt (siehe Abbildung 12.1). Wenn es weniger als acht Zielfelder gibt, liefert `Figure.position()` für ungültige Positionen leere Zeichenketten, die aufgrund der Abfrage `if newpos` ignoriert werden.

```
# Fortsetzung Beispieldatei chess.py
from typing import List
class Knight(Figure):
    def __init__(self, pos: str):
        super().__init__(pos)

    def __str__(self):
        return 'Knight@' +
                Figure.position(self.col, self.row)
```

```
    # Positionen aller möglichen Züge ermitteln
    def findMoves(self) -> List[str]:
        offsets = [(1,2),  (2,1),  (-1,2),  (-2,1),
                   (1,-2), (2,-1), (-1,-2), (-2,-1)]
        positions = []
        for (coff,roff) in offsets:
            # statische Methode Figure.position aufrufen
            newpos = Figure.position(self.col + coff,
                                     self.row + roff)
            if newpos: # ungültige Zielfelder ignorieren
                positions += [newpos]
        return positions
```

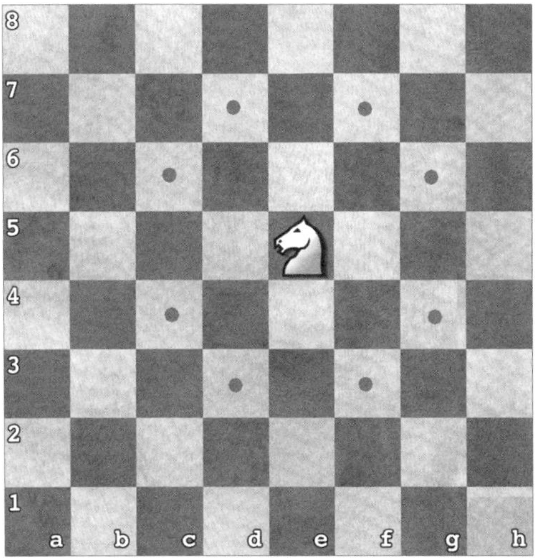

Abbildung 12.1 Mögliche Ziele eines Springers, der auf dem Feld e5 steht

Klasse für Läufer

Ganz analog sieht die Klasse `Bishop` für einen Läufer aus. Eine kurze Wiederholung der Schachregeln: Ein Läufer darf sich auf den Diagonalen seines Felds bewegen. Alle möglichen Positionen können wir damit mit einer

Schleife von –7 bis +7 ermitteln, wobei wir die Schleifenvariable als Offset zur aktuellen Position verwenden. Der Offset 0 muss dabei mit `continue` übersprungen werden.

Durch die Schleife entsteht natürlich eine Menge ungültiger Positionen außerhalb des Spielbretts, die von `Figure.position` aber ignoriert werden (leere Zeichenkette als Rückgabe).

```
# Klasse für Läufer
class Bishop(Figure):
    def __init__(self, pos: str):
        super().__init__(pos)

    def __str__(self):
        return 'Bishop@' +
               Figure.position(self.col, self.row)

    def findMoves(self) -> List[str]:
        positions = []
        for i in range(-7, 8):
            if i==0:
                continue

            # Diagonale von links unten nach rechts oben
            newpos = Figure.position(self.col + i,
                                     self.row + i)
            if newpos:
                positions += [newpos]
            # Diagonale von rechts unten nach links oben
            newpos = Figure.position(self.col + i,
                                     self.row - i)
            if newpos:
                positions += [newpos]
        return positions
```

Mehrfachvererbung

Vererbung kann über mehrere Stufen gehen: Sie können also die Klasse `Fahrzeug` definieren, davon `Kraftfahrzeug` ableiten, davon `LKW` usw. Auf diese Weise können Sie Hierarchien von Klassen aufbauen, die zunehmend verfeinert werden.

Python kann aber auch von mehreren unterschiedlichen Klassen gleichzeitig erben (*Multiple Inheritance*). Beispielsweise gibt es die Basisklassen `Fahrzeug` und `Antrieb` sowie von `Antrieb` abgeleitet die Klassen `Benzin`, `Diesel`, `Elektro` und `Hybrid` (siehe Abbildung 12.2).

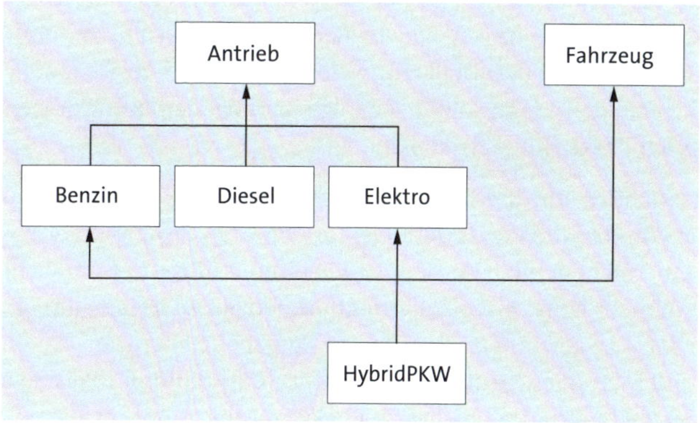

Abbildung 12.2 Beispiel für Mehrfachvererbung

Die Klasse für einen Hybrid-PKW könnten Sie in Python so definieren:

```
def class HybridPKW(Fahrzeug, Benzin, Elektro):
    ...
```

Problematisch bei der Mehrfachvererbung ist, dass es in mehreren Basisklassen gleichnamige Methoden geben kann. Welche davon soll die neue Klasse verwenden? Die Technik *Methode Resolution Order* (MRO) entscheidet dann, welcher Methode der Vorzug gegeben wird.

In Python kamen im Laufe der Zeit unterschiedliche MRO-Algorithmen zum Einsatz. Wie diese und die aktuelle Implementierung funktionieren, können Sie z. B. hier nachlesen:

https://python-history.blogspot.com/2010/06/method-resolution-order.html
https://www.programiz.com/python-programming/multiple-inheritance

12.9 Wiederholungsaufgaben und Übungen

Soweit es nur die Syntax betrifft, ist Objektorientierung in Python relativ leicht zu erfassen. Natürlich sind manche Begriffe anfänglich ungewohnt, aber wenn Sie das Kapitel eventuell ein zweites Mal lesen und sich auf die Beispiele konzentrieren, dann sollten die folgenden Wiederholungsfragen keine unüberwindbare Hürde darstellen.

Ganz anders sieht es mit der Programmierung eigener Klassen aus: Zu erwarten, Sie könnten die Praxis der objektorientierten Programmierung quasi über ein Wochenende erlernen, ist leider eine Illusion. Es braucht Monate, wenn nicht Jahre, um objektorientiert denken zu lernen, um ein Verständnis dafür zu gewinnen, wie sich eine Aufgabenstellung am besten in Klassen und Methoden strukturieren lässt. Das Studium der Beispiele aus diesem Kapitel reicht dazu nicht aus. Es gibt unzählige Bücher, die sich (unabhängig von Python) ausschließlich mit den Konzepten der objektorientierten Programmierung beschäftigen und typische Entwurfsmuster (*Design Patterns*) erläutern.

Davon losgelöst stellt sich die Frage, ob Python die ideale Sprache ist, um objektorientiertes Programmieren zu lernen: Der OO-Ansatz von Python ist in vielerlei Hinsicht unorthodox (z. B. die Verwendung von jederzeit erweiterbaren »Namensräumen«), die Syntax viel weniger exakt als in anderen Sprachen (z. B. C++, C#, Java, Swift). Wer OO schon von einer anderen Sprache beherrscht, kann die Konzepte relativ unkompliziert auch auf Python anwenden. Umgekehrt gilt dies aber nur mit Einschränkungen. In anderen Sprachen gibt es viel mehr Sonderfälle, Varianten und deutlich strengere Syntaxregeln.

- **W1:** Erklären Sie den Unterschied zwischen Klasse und Objekt.
- **W2:** Worin besteht der Unterschied zwischen Instanzmethoden und statischen Methoden? Wie werden sie aufgerufen?
- **W3:** Wozu dient der Konstruktor? Wie lautet sein interner Name, wie wird er aufgerufen?
- **W4:** Die folgende Klasse sei gegeben:

```
class MyClass():
def __init__(self, a, b):
    self.a = a
    self.b = b
```

Welche Ausgaben liefern die beiden folgenden `print`-Funktionen?

```
obj = MyClass(3, 4)
print(MyClass.a)
print(obj.a)
```

Ist der folgende Code zulässig?

```
obj.c = 7
print(obj.c)
```

- **W5:** Entwerfen Sie den Code für eine Bankkontoklasse, die sich wie folgt nutzen lässt:

```
k1 = Konto('Michael', 200, 0)
k2 = Konto('Maria')
k3 = Konto('Peter', 1000, 500)
k1.einzahlen(100)
if k2.abheben(100):
    print('Geld von Konto 2 abgehoben')
if k3.abheben(1200):
    print('Geld von Konto 3 abgehoben')
for k in [k1, k2, k3]:
    print(k)
```

Das Programm soll zu einer Ausgabe wie in diesem Listing führen:

```
Zu wenig Geld auf dem Konto.
Geld von Konto 3 abgehoben
Konto von Michael:
  Guthaben: 300
  Überziehungsrahmen: 0

Konto von Maria:
  Guthaben: 0
  Überziehungsrahmen: 0

Konto von Peter:
  Guthaben: -200
  Überziehungsrahmen: 500
```

- **W6:** Schreiben Sie ein Programm zur Speicherung von Musikalben. Die Klasse `Album` speichert den Titel, den Interpreten und die Tracks (Liste mit `Track`-Objekten) eines Albums. Die Methode `getTotalTime` soll die Gesamtlänge des Albums berechnen. Die Methode `printInfo` soll alle Informationen des Albums in geordneter Form anzeigen.

  Die Klasse `Track` speichert den Track-Titel, den MP3-Dateinamen und die Länge des Tracks. Verfassen Sie außerdem Testcode, der eine Ausgabe in der folgenden Form liefert (hier nur für die ersten drei Tracks des berühmten Pink-Floyd-Albums):

  ```
  Album:  The Dark Side of the Moon
  Von:    Pink Floyd
  Länge:  0:14:36
  Track 1: Speak to Me / Breathe [00:03:57]
  Track 2: On the Run [00:03:34]
  Track 3: Time [00:07:05]
  ```

  Verwenden Sie bei der Programmierung Datenklassen!

- **W7**: Ergänzen Sie das Beispielprogramm `chess.py` (siehe Abschnitt 12.7, »Vererbung«) um zwei neue Klassen für Turm (`Rook`) und Dame (`Queen`).

Kapitel 13

Module

Sie haben es ja schon bemerkt: Module sind in Python allgegenwärtig. Fast jedes längere Programm importiert die eine oder andere Zusatzfunktion aus einem Modul; »echte« Anwendungen beginnen oft mit einem Dutzend von Importanweisungen.

Für Python hat der modulare Ansatz zwei große Vorteile: Zum einen ist die Sprache nach über 30 Jahren (die erste Python-Version erschien 1991) noch kompakt, handlich und rasch zu erlernen. Zum anderen machen öffentlich zugängliche Erweiterungsmodule im Internet die Sprache zum Universalwerkzeug für alle denkbaren Aufgaben – von der Datenbankprogrammierung bis hin zur künstlichen Intelligenz.

In diesem Kapitel gehe ich nochmals auf die verschiedenen Formen zum Import von ganzen Modulen bzw. Klassen oder Funktionen aus einem Modul ein. (Eine Zusammenfassung der vier wichtigsten Importvarianten gab es ja schon in Abschnitt 1.4, »Elementare Syntaxregeln«.) 13

In den weiteren Abschnitten lernen Sie dann, wie Sie mit dem Kommando `pip` bzw. `pip3` Module installieren, die aktuell nicht auf Ihrem Computer zur Verfügung stehen. Außerdem zeige ich Ihnen, wie Sie selbst Module zusammenstellen können.

13.1 Module nutzen (»import«)

Das klassische Importkommando lautet einfach `import modulname`. Damit sucht Python die Datei `modulname` in allen dafür vorgesehenen Verzeichnissen und lädt sie. Die darin enthaltenen Funktionen oder Klassen sind anschließend in der Form `modulname.funktionsname` zugänglich. Mit `import modA, modB, modC` können Sie auch mehrere Module mit einer einzigen Anweisung importieren.

Sämtliche Importanweisungen werden zumeist gleich an den Beginn des Scripts gestellt. Damit ist auf einen Blick erkenntlich, welche Module zur Ausführung des Scripts erforderlich sind.

Es ist zulässig, `import` auch später durchzuführen – `import` muss aber auf jeden Fall vor der ersten Nutzung einer Funktion aus dem Modul aufgerufen werden. `import`-Anweisungen in Funktionen sind möglich. Das Modul wird damit aber in den lokalen Namensraum der Funktion importiert und steht nur dort zur Verfügung.

Viele Module sind selbst von anderen Modulen abhängig. Sie müssen sich darüber keine Gedanken machen – Python stellt sicher, dass kein Modul doppelt importiert wird.

»import as«

Die Variante `import modulname as kuerzel` ermöglicht es, lange Modulnamen im Code zu verkürzen. Beispielsweise beginnen viele Matplotlib-Scripts (siehe Abschnitt 20.5, »Matplotlib«) mit `import matplotlib.pyplot as plt`. Das minimiert in der Folge den Tippaufwand:

```
# herkömmlicher Import
import matplotlib.pyplot
...
matplotlib.pyplot.plot(data)

# import-as-Variante
import matplotlib.pyplot as plt
...
plt.plot(data)
```

Module und Packages

Genau genommen ist hier `pyplot` der Modulname und `matplotlib` ein Package-Name. Packages ermöglichen es, mehrere Moduldateien in einem Verzeichnis zu speichern – siehe Abschnitt 13.4, »Eigene Module entwickeln«.

»from import«

Eine weitere Import-Syntaxvariante lautet `from modulname import funcname`. Abermals wird damit das angegebene Modul gelesen, sein Name aber *nicht* in den Namensraum integriert. Stattdessen wird nur die im Modul enthaltene Funktion oder Klasse im aktuellen Namensraum eingefügt. Das bedeutet, dass sich die Nutzung der Funktion von `modulname.funcname` auf `funcname` verkürzt. Das führt zu kompakterem Code, verschleiert aber bei einem längeren Listing, welche Funktion aus welchem Modul stammt. Die beiden folgenden Minilistings verdeutlichen den Unterschied:

```
# 'gewöhnlicher' Import
import string
import random

def randomstr2(n):
    return ''.join( \
      random.choices(string.ascii_lowercase, k=n))

# from-import-Variante
from string import ascii_lowercase
from random import choices

def randomstr2(n):
    return ''.join(choices(ascii_lowercase, k=n))
```

Beachten Sie beim obigen Beispiel aber, dass andere in `string` definierte Attribute, z. B. `ascii_uppercase`, nicht zur Verfügung stehen, auch nicht in der Schreibweise `string.ascii_uppercase`. Die Anweisung `from modul import xy` ist also keine erweiterte Version von `import modul`!

Mit `from import` können Sie auch mehrere Funktionen bzw. Klassen auf einmal in den Namensraum übernehmen, z. B. `from datetime import date, datetime, timedelta`.

Erlaubt, aber nicht empfohlen ist schließlich `from modulname import *`: Damit werden alle im Modul enthaltenen Attribute (also Funktionen, Klassen und Variablen) in den aktuellen Namensraum übernommen. Auf den ersten Blick sieht das bequem aus. Tatsächlich wissen Sie aber oft nicht, welche Attribute das Modul verwendet. Das macht nicht nur die Nutzung der Attribute intransparent (welches Attribut stammt von welchem Modul?), sondern erhöht auch die Gefahr von Kollisionen (z. B. wenn mehrere Module das Attribut xy verwenden) oder von irrtümlichen Veränderungen (xy=123).

13.2 Modul-Interna

Solange es Ihnen nur um die Anwendung von Modulen geht, können Sie diesen Abschnitt mit gutem Gewissen überspringen. Aber wenn Sie einen Blick hinter die Kulissen des Modulsystems von Python werfen möchten, finden Sie hier einige hilfreiche Informationen.

Welche Module stehen zur Verfügung?

Standardmäßig sind mit Python eine Menge Module installiert. Einen Überblick gibt das Kommando help('module'), das im Python-Interpreter ausgeführt werden muss. Die Resultate variieren je nach Python-Version und -Plattform etwas. Das folgende, aus Platzgründen gekürzte Listing ist unter macOS entstanden, wo standardmäßig etwas mehr als 300 Module zur Verfügung stehen:

```
>>> help('modules')

__future__     _testclinic          functools      resource
__hello__      _testimportmultiple gc             rlcompleter
__phello__     _testinternalcapi    genericpath    runpy
...
_testbuffer    fractions            readline       zlib
_testcapi      ftplib               reprlib        zoneinfo
```

help('modulname') zeigt eine kurze Beschreibung des Moduls an:

```
>>> help('glob')
NAME
    glob - Filename globbing utility.
```

```
MODULE REFERENCE
    https://docs.python.org/3.12/library/glob
FUNCTIONS
    escape(pathname)
       Escape all special characters.
    glob(pathname, *, recursive=False)
       Return a list of paths matching a pathname pattern.
       ...
```

Wo befinden sich Moduldateien?

Grundsätzlich sind Moduldateien letztlich Python-Dateien. Gewöhnliche Module finden Sie hier:

```
Ubuntu:  /usr/lib/python3.12/
macOS:   /Library/Frameworks/Python.framework/
           Versions/3.10/lib/python3.12/
Windows: C:\Users\<name>\AppData\Local\Programs\
           Python312\Lib\
```

Moduldateien können aber auch an anderen Orten installiert sein. Python berücksichtigt bei der Suche alle Pfade aus `sys.path`. Einige Module sind aus Effizienzgründen in C geschrieben und direkt in den Python-Interpreter eingebettet. Dazu zählen z. B. `math.py` oder `sys.py`. Eine Liste all dieser Module liefert `sys.built_in_module_names`.

Welche Module sind geladen?

Die Variable `modules` des `sys`-Moduls enthält ein Dictionary mit allen geladenen Modulen. Dazu zählen auch solche Module, die zusammen mit dem Python-Interpreter kompiliert wurden und daher immer zur Verfügung stehen:

```
import sys
print(sys.modules)
# Ausgabe {'sys': <module 'sys' (built-in)>,
#      'builtins': <module 'builtins' (built-in)>, ...
```

13

13.3 Module installieren (»pip«)

Unter Python stehen mehrere Hundert Module standardmäßig zur Auswahl. Diese Module können ohne weitere Vorbereitungsarbeiten mit `import` aktiviert werden.

Das ist aber nur der Anfang! Auf der Plattform *https://pypi.org* (*Python Package Index*) stehen außerdem Dateien von über 500.000 Projekten zum Download zur Verfügung. (Eine Modulreferenz liefert die eher unübersichtliche Seite *https://pypi.org/simple*.)

Zur Installation dieser Pakete sieht Python das Kommando `pip` (Windows) bzw. `pip3` (Linux und macOS) vor. Überzeugen Sie sich von der Existenz dieses Kommandos in einem Terminalfenster! Die folgende Ausgabe ist unter macOS entstanden:

```
pip3 --version
  pip 24.0 from /Library/Frameworks/.../pip
```

Wenn Sie mit Linux arbeiten, müssen Sie `pip3` gegebenenfalls zuerst installieren. Unter Ubuntu gelingt das mit dem folgenden Kommando:

```
sudo apt update
sudo apt install python3-pip
```

Warnung

Bevor Sie `pip install <paketname>` ausführen, lesen Sie bitte den gesamten Abschnitt! `pip` ist zwar ein ungemein praktisches Kommando, aber es ist mit Problemen und Einschränkungen verbunden. Am besten ist es, das Kommando nur in Python Environments einzusetzen. (Details dazu folgen gleich.) Unter Linux sollten Sie – soweit möglich – Distributionspakete statt `pip`-Pakete installieren.

Pakete installieren und verwalten

Tabelle 13.1 fasst die wichtigsten `pip`-Kommandos zusammen. Je nach Plattform ist diesen Kommandos `pip` oder `pip3` voranzustellen.

Kommando	Funktion
`install <name>`	Installiert das Paket.
`install --user <name>`	Installiert das Paket nur für den aktuellen Benutzer.
`install --upgrade <name>`	Aktualisiert das Paket.
`list`	Zeigt alle installierten Pakete an.
`list --outdated`	Zeigt veraltete Pakete an.
`search <suchbegriff>`	Sucht nach Paketen.
`show <name>`	Zeigt Informationen zum Paket an.
`show --files <name>`	Listet die Dateien des Pakets auf.
`uninstall <name>`	Entfernt ein Paket.

Tabelle 13.1 Wichtige »pip«-Kommandos

Unter macOS und Linux wird `pip` immer ohne vorangestelltes `sudo` ausgeführt. Damit installieren Sie die Pakete lokal in Ihr Benutzerverzeichnis. Die folgenden Beispielkommandos habe ich unter Windows ausgeführt:

```
pip install requests
  Collecting requests
  Downloading requests-2.31.0-py3-none-any.whl (62 kB)
  ...
  Successfully installed certifi-2024.2.2 idna-3.6
    charset-normalizer-3.3.2 requests-2.31.0 urllib3-2.2.1

pip show dropbox
  Name: requests
  Version: 2.31.0
  Summary: Python HTTP for Humans.
  Home-page: https://requests.readthedocs.io
  Location: C:\Users\ms\AppData\Local\Programs\Python\
              Python312\Lib\site-packages
  ...
```

Hier wurde das Paket `requests` (siehe auch Abschnitt 16.2, »REST-APIs nutzen«) installiert – zusammen mit einigen weiteren Paketen, die von `requests` vorausgesetzt werden.

Wie die mit `pip[3]` installierten Pakete zu nutzen sind, hängt vom jeweiligen Paket ab. In den meisten Fällen werden ganz einfach Moduldateien installiert, die Sie dann wie gewöhnliche Python-Module mit `import modulname` verwenden können.

pip-Probleme unter Windows

Unter Windows kann es Ihnen passieren, dass Sie im Terminal erfolgreich ein Paket installieren und Ihr Python-Script Ihnen dennoch eine Fehlermeldung liefert, dass es das Modul nicht findet. Schuld ist fast immer die (zumeist nicht beabsichtigte) parallele Installation mehrerer Python-Versionen. Je nach Konfiguration und je nach Einstellung der `PATH`-Variablen kann es passieren, dass im Terminal eine andere Python-Version aktiv ist als die, die Ihr Editor oder Ihre Entwicklungsumgebung zum Ausführen Ihres Codes verwendet.

Abhilfe: Deinstallieren Sie *alle* Python-Versionen auf Ihrem Rechner. Installieren Sie dann – exakt, wie in Abschnitt 1.1, »Python installieren« beschrieben! – einmalig die gerade aktuelle Python-Version. Lehnen Sie in der Zukunft alle Angebote, eine weitere Python-Version zu installieren, ab.

pip-Probleme unter Linux

Bei den meisten aktuellen Linux-Distributionen führt `pip install <paket>` zur folgenden Fehlermeldung:

```
pip3 install matplotlib

  error: externally-managed-environment
  This environment is externally managed.
  To install Python packages system-wide, try apt install
  python3-xyz, where xyz is the package you are trying to
  install.
```

pip lehnt die Installation ab, weil sie zu Konflikten mit den distributionseigenen Paketen führen kann. Stattdessen sollen Sie das entsprechende Paket Ihrer Distribution installieren. Das gelingt meist so:

```
sudo apt update                        # Debian, Ubuntu
sudo apt install python3-<name>
sudo dnf install python3-<name>        # Fedora, Red Hat
```

Pech haben Sie, wenn es für das gewünschte Modul kein passendes Distributionspaket gibt. Dann haben Sie zwei Optionen: Entweder Sie führen `pip --break-system-packages` aus, oder Sie richten eine virtuelle Umgebung ein (siehe den folgenden Abschnitt »pip in virtuellen Umgebungen«).

Die Option `--break-system-packages` ist nicht ganz so schlimm, wie ihr Name glauben macht. Wenn Sie gerade Python lernen und für eine Übung zwei, drei zusätzliche Pakete brauchen, die Sie sonst nirgendwo finden, ist das von `pip` ausgehende Risiko gering. Für große Python-Projekte, die später auch auf anderen Rechnern laufen sollen, sind virtuelle Umgebungen aber absolut empfehlenswert.

pip in virtuellen Umgebungen

Eine »virtuelle Umgebung« im Python-Kontext ist einfach ein spezielles Verzeichnis, in dem sich alle für ein bestimmtes Projekt befindlichen Dateien befinden – auch Module und Pakete. Das Einrichten einer virtuellen Umgebung ist nicht schwierig. Unter macOS, Windows und Fedora sind bereits alle Voraussetzungen gegeben, nur unter Debian und Ubuntu müssen Sie zuerst das `venv`-Modul installieren:

```
sudo apt update                # nur unter Debian/Ubuntu
sudo apt install python3-venv
```

Nun richten Sie das Projektverzeichnis ein. Unter Windows verwenden Sie wie üblich `python` statt `python3`.

```
python3 -m venv my-project/
```

Mit dem Script `activate` aktivieren Sie die virtuelle Umgebung:

```
cd my-project
source bin/activate        # macOS, Linux
.\Scripts\Activate.ps1     # Windows
```

In dieser Umgebung funktioniert `pip` ohne Zusatzoptionen:

```
(my-project)$ pip3 install requests
```

Allerdings müssen Sie jetzt auch Ihr Script in dieser Umgebung ausführen:

```
(my-project)$ ./my-script.py
```

GitHub-Projekte lokal nutzen

Auf Plattformen wie GitHub gibt es unzählige Open-Source-Projekte, viele davon in Python. Es ist unmöglich, hier eine universelle Anleitung zu formulieren, wie Sie derart präsentierten Code lokal in Betrieb nehmen. Aber relativ oft führen die folgenden Kommandos zum Ziel, wobei Sie anstelle von `xxx` den Projektnamen angeben.

```
git clone https://<repo-adresse>/xxx.git
cd xxx
python3 -m venv .
source bin/activate
pip install -r requirements.txt
```

`git clone` lädt den Code in ein lokales Verzeichnis. Mit `cd` wechseln Sie in dieses Verzeichnis und richten dann dort ein Virtual Environment ein. Nachdem Sie dieses aktiviert haben, laden Sie mit `pip install` alle in `requirements.txt` aufgezählten Module herunter.

`requirements.txt` enthält einfach eine Auflistung von Modulnamen, oft in Kombination mit einer bestimmten Versionsnummer (`requests==2.31.0`). Falls `requirements.txt` total veraltete Versionsnummern enthält, kann es bei der Installation zu Fehlern kommen. Manchmal hilft es, die dort genannten Versionsnummern zu entfernen. `pip install` lädt dann die gerade aktuellen Versionen der Module.

Leseempfehlung

Hierbei lasse ich es bewenden; virtuelle Umgebungen sind wichtig für fortgeschrittene Python-Projekte, gehen für diesen Grundkurs aber zu weit. Wenn Sie sich für mehr Details interessieren oder Kommandos kennenlernen möchten, die bei der Verwaltung virtueller Umgebungen und der dort eingesetzten Module helfen, lesen Sie hier weiter:

https://docs.python.org/3/library/venv.html
https://pipenv.pypa.io
https://virtualenv.pypa.io
https://pip.pypa.io/en/stable/reference/requirements-file-format
https://kofler.info/hilfe-pip-funktioniert-nicht-mehr

13.4 Eigene Module entwickeln

Es ist denkbar einfach, eigene Module zu entwickeln: Sie speichern die Funktionen oder Klassen in einer Datei `meinmodulname.py` – fertig! Da die Datei später importiert und nicht unmittelbar ausgeführt wird, können Sie sowohl auf die Shebang-Zeile (`#!...`) als auch auf `chmod +x` verzichten. 13

Das folgende Beispiel besteht aus zwei Dateien, die sich im selben Verzeichnis befinden müssen. `mymodule.py` ist quasi ein Hello-World-Modul:

```
# Beispieldatei mymodule.py
def myfunc():
    print('Hello, Module!')
```

`usemodule.py` zeigt die Anwendung des Moduls:

```
# Beispieldatei usemodule.py
import mymodule
mymodule.myfunc()  # Ausgabe 'Hello, Module!'
```

Variablen über mehrere Module teilen

In Modulen initialisierte Variablen sind nur innerhalb des Moduls zugänglich. Ebenso sind in der Hauptdatei (hier `usemodule.py`) initialisierte Variablen nur dort zugänglich.

Die empfohlene Vorgehensweise, Variablen aus mehreren Dateien heraus gemeinsam zu nutzen, sieht so aus: Sie definieren alle gemeinsamen Variablen in einem eigenen Modul, z. B. in `shared.py`. Dieses Modul importieren Sie sowohl in der Hauptdatei als auch in allen anderen Modulen. Der Zugriff auf die gemeinsame Variable erfolgt dann in der Form `shared.varname`.

Das folgende Beispiel besteht aus den drei Dateien `useshared.py`, `shared.py` und `othermodule`:

```
# Beispieldatei shared.py (Modul)
myvar = 42

# Beispieldatei othermodule.py (Modul)
import shared
def f():
    shared.myvar += 1

# Beispieldatei useshared.py (Hauptprogramm)
import shared
import othermodule
print(shared.myvar)  # Ausgabe 42
othermodule.f()
print(shared.myvar)  # 43
```

Die »name«-Variable

In Python enthält die Systemvariable `__name__` den Namen (*Scope*) des gerade ausgeführten Codes. Dabei gelten folgende Regeln:

- Wenn Code aus der Datei ausgeführt wird, mit der das Programm gestartet wurde, enthält die Variable die Zeichenkette `'__main__'`.

- Wird dagegen gerade ein Modul eingelesen, dann enthält die Variable den Dateinamen der Moduldatei (gegebenenfalls abzüglich der Kennung .py).

Dieser Mechanismus wird oft in Moduldateien genutzt, um Code zu formulieren, der nur dann ausgeführt wird, wenn die Datei direkt ausgeführt und nicht als Modul importiert wird:

```
if __name__ == '__main__':
    print("Please use this file as a module.")
```

Auf diese Weise können Sie in einem Modul auch Test- oder Debugging-Code unterbringen, der nur dann wirksam wird, wenn die Moduldatei direkt ausgeführt wird.

Packages

Wenn die Aufgaben eines Moduls zu umfangreich sind, als dass der Code in einer Datei untergebracht werden kann, dann können Sie mehrere Moduldateien in einem Verzeichnis anordnen. Das gesamte Verzeichnis wird dann *Package* genannt. Die einzige Voraussetzung besteht darin, dass das Verzeichnis die leere Datei `__init__.py` enthält. Der Zugriff auf die Module erfolgt dann in der Schreibweise `packagename.modulname`. Die Python-Dokumentation empfiehlt, für Paket- und Modulnamen kurze Wörter und ausschließlich Kleinbuchstaben zu verwenden.

»Paket« versus »Package«

In diesem Kapitel gibt es zwei unterschiedliche Arten von Paketen, die Sie nicht durcheinanderbringen sollten:

- Bei der einen Paketvariante handelt es sich um im Internet verfügbare, in Paketdateien verpackte Module, die mit `pip` installiert werden können (siehe Abschnitt 13.3, »Module installieren (pip)«).
- Bei den hier beschriebenen Paketen handelt es sich dagegen um Verzeichnisse mit mehreren Moduldateien, für die ich zur besseren Unterscheidbarkeit den englischen Begriff *Package* verwende.

Abermals wird die Vorgehensweise am einfachsten anhand eines Beispiels verständlich. Dieses besteht aus vier Dateien und einem Verzeichnis:

```
usepackage.py            (Python-Programm)
mypackage/               (Package-Verzeichnis)
  __init__.py            (leere Datei)
  mymodule1.py           (Modul 1)
  mymodule2.py           (Modul 2)
```

Die beiden Moduldateien sehen so aus:

```
# Beispieldatei mypackage/mymodule1.py
def func():
    print('Funktion 1')

# Beispieldatei mypackage/mymodule2.py
class MyClass():
    def __init__(self, a, b):
        self.a = a
        self.b = b

    def m1(self):
        return self.a + self.b
```

Damit Sie die Module des Pakets nutzen können, gehen Sie wie folgt vor:

```
# Beispieldatei usepackage.py
from mypackage import mymodule1, mymodule2
mymodule1.func()
obj = mymodule2.MyClass(2, 3)
print(obj.m1())  # Ausgabe 5
```

Bei meinen Tests hat das Beispiel auch ohne die leere Datei `__init__.py` funktioniert. Die Python-Dokumentation verlangt aber die Existenz dieser Datei. Die Datei kann auch Code für packageweite Initialisierungsarbeiten enthalten. Weitere Details zur Gestaltung eigener Module und Packages finden Sie hier:

https://docs.python.org/3/tutorial/modules.html

»pycache«-Verzeichnis

Sobald Sie beginnen, Projekte über mehrere Dateien aufzuteilen, erscheinen im Projektverzeichnis plötzlich Verzeichnisse mit dem Namen `__pycache__.py`. Python speichert dort kompilierte Versionen von Python-Dateien.

Der Hintergrund besteht darin, dass Python zwar eigentlich eine interpretierte Sprache ist, dass aber in Wirklichkeit jedes Programm unmittelbar vor der Ausführung in eine schneller verarbeitbare Version umgewandelt (*kompiliert*) wird. Bei Projekten mit mehreren Dateien werden solche kompilierten Dateien aus Effizienzgründen zwischengespeichert (siehe auch Abschnitt 14.7, »Python-Compiler«).

13.5 Wiederholungsfragen und Übungen

- **W1:** Das Modul `mymodule` enthält die Funktionen `f1` bis `f3`. Zeigen Sie mindestens zwei unterschiedliche Wege, diese Funktionen in Ihrem Code zu nutzen.
- **W2:** Das Paket `arrow` ist eine großartige Community-Alternative zum offiziellen `datetime`-Paket. Installieren Sie das Paket mit `pip` bzw. `pip3`, und verfassen Sie ein winziges Testprogramm, das die Funktion `utcnow` aufruft.
- **W3:** Sie arbeiten an einem größeren Python-Projekt. Sie wollen Ihre bislang einzige Datei zerlegen. Wie gehen Sie vor?

Kapitel 14
Interna

Dieses Kapitel erläutert, wie Sie Ihren Code losgelöst von einem Python-kompatiblen Editor oder einer Entwicklungsumgebung als eigenständiges Script ausführen. Außerdem gehe ich hier auf einige Interna von Python ein und stelle Spezialfunktionen vor, die bisher zu kurz gekommen sind:

- Ausführung von Scripts ohne Editor/Entwicklungsumgebung
- Interna der Variablenverwaltung (*mutable* versus *immutable*)
- Garbage Collection
- Shared References
- Type Annotations
- Namensräume (`global()` versus `local()` versus `vars()`)
- Python-Compiler
- Systemfunktionen (`argv`, `exit`, `sleep`)

14.1 Python-Scripts ausführen

Bis jetzt bin ich davon ausgegangen, dass Sie Ihre Programme mit Thonny, VSCode oder einem anderen Python-freundlichen Editor entwickeln und testen. Um Ihren Code zu starten, klicken Sie einfach auf den RUN-Button.

In diesem Abschnitt geht es darum, ein Python-Programm, das in diesem Kontext häufig als *Script* bezeichnet wird, losgelöst vom Editor oder von der Entwicklungsumgebung zu starten. In den folgenden Beispielen lautet der Dateiname immer `HelloWorld.py`. Anstelle dieses Namens müssen Sie natürlich den tatsächlichen Dateinamen Ihres Programms angeben.

Was ist ein Script?

Was ist nun ein Script, und worin besteht der Unterschied zu einem Programm? Ein Script ist eine Sonderform eines Programms, bei der der Quellcode direkt von einem Interpreter ausgeführt wird. Bei Python-Scripts ist `python` (Windows) bzw. `python3` (macOS/Linux) dieser Interpreter. Jedes Python-Programm kann somit als Script betrachtet werden. Deswegen verwende ich die Begriffe *Script* und *Programm* synonym.

Beachten Sie, dass Python sich in dieser Hinsicht von vielen anderen Programmiersprachen unterscheidet: Egal, ob Sie in C, C++, C#, Java oder Swift programmieren – in allen Fällen müssen Sie den Programmcode kompilieren, bevor Sie ihn ausführen können. Dieser Extraschritt entfällt also in Python. C- oder Java-Programme sind daher keine Scripts!

Es spielt für das Erlernen von Python zwar keine große Rolle, aber der Korrektheit wegen will ich Ihnen nicht verschweigen, dass auch Python-Programme kompiliert werden. Sie merken vom Kompilieren jedoch nichts, weil dieser Vorgang durch den sogenannten *Just-in-time-Compiler* automatisch erfolgt. Der resultierende Byte-Code von Einzeldateien wird nur im RAM abgelegt, aber nicht gespeichert.

Nur bei größeren Python-Projekten, die aus mehreren Modulen bestehen, werden Byte-Code-Dateien im Unterverzeichnis `__pycache__` gespeichert, um ein wiederholtes Kompilieren zu vermeiden. Ein paar Hintergründe zu diesem Thema habe ich in Abschnitt 14.7, »Python-Compiler«, zusammengefasst. Momentan sind diese Interna aber nicht relevant. 14

Scripts ausführen

Es gibt ein universelles Verfahren, Scripts auszuführen: Dazu übergeben Sie in `cmd.exe` oder in einem Terminal den Dateinamen des Scripts an den Python-Interpreter. Die einzige Voraussetzung besteht darin, dass die Umgebungsvariable `PATH` das Verzeichnis enthält, in dem sich das Kommando `python` (Windows) bzw. `python3` befindet. Bei einer korrekten Python-Installation ist das der Fall.

```
cd verzeichnis-mit-code
python HelloWorld.py          (Windows)
python3 HelloWorld.py         (macOS, Linux)
```

Im Folgenden zeige ich Ihnen, wie Sie den Script-Start ein wenig vereinfachen können, damit Sie nicht jedes Mal `python` bzw. `python3` voranstellen müssen. Die optimale Vorgehensweise variiert allerdings je nach Betriebssystem.

Scripts unter Windows ausführen

In `cmd.exe` unter Windows reicht es aus, im Codeverzeichnis einfach den Dateinamen anzugeben. Entscheidend ist dabei nur, dass der Dateiname mit `.py` endet, damit Windows erkennt, dass es sich um ein Python-Script handelt.

```
cd verzeichnis-mit-code
HelloWorld.py
  Hello, World!
```

Komplizierter ist es, ein Programm in der PowerShell auszuführen. Zum einen müssen Sie wie unter Linux und macOS (siehe unten) den Pfad des Verzeichnisses angeben, in dem sich das Script befindet. Wenn es sich dabei um das aktuelle Verzeichnis handelt, kürzen Sie das Verzeichnis durch einen Punkt ab, also `.\HelloWorld.py`. (Die PowerShell akzeptiert auch die Unix-typische Schreibweise `./HelloWorld.py` mit einem Slash anstelle des Backslashes.)

```
cd verzeichnis-mit-code
.\HelloWorld.py
```

Das Ergebnis des Programms werden Sie aber nie sehen. Die PowerShell startet nämlich Python in einem eigenen Fenster, führt den Hello-World-Code dort aus und schließt das Fenster sofort wieder. Sie sehen das Fenster nur kurz am Bildschirm aufblitzen.

Es gibt zwei Möglichkeiten, dieses Problem zu umgehen. Die bessere besteht darin, dass Sie Python explizit in der PowerShell starten und den Dateinamen Ihres Scripts übergeben, also:

```
python HelloWorld.py
```

Eine zweite Variante besteht darin, am Ende Ihres Scripts eine weitere Python-Anweisung einzubauen:

```
input('Drücken Sie Return')
```

Jetzt können Sie das Script in der Form `.\HelloWorld.py` starten. Das neue Fenster wird erst geschlossen, wenn Sie [↵] drücken. Der Nachteil dieses Verfahrens besteht aber darin, dass die `input`-Anweisung nur funktioniert, wenn das Programmende regulär erreicht wird. Tritt dagegen ein Fehler auf (z. B. weil Sie einen Tippfehler gemacht haben), dann wird das Fenster wie vorhin sofort geschlossen. Damit fehlt Ihnen jede Rückmeldung, warum der Fehler aufgetreten ist.

Scripts unter Linux und macOS ausführen

Unter Linux und macOS ist die Vorgehensweise ein wenig komplizierter. Zum einen muss die erste Zeile der Python-Datei exakt so aussehen:

```
#!/usr/bin/env python3
```

Die Bedeutung dieser Zeile (des »Shebangs«) erkläre ich Ihnen gleich.

Zum anderen müssen Sie die Datei einmalig als »ausführbar« kennzeichnen. Dazu öffnen Sie ein Terminalfenster und wechseln ebenfalls mit `cd` in das Verzeichnis mit der Hello-World-Datei. Dort führen Sie `chmod +x <dateiname.py>` aus:

```
chmod +x HelloWorld.py
```

Zum Ausführen des Scripts müssen Sie seinen Namen ./ voranstellen. Das ist ein unter Linux und macOS üblicher Sicherheitsmechanismus: Normalerweise dürfen nur solche Programme unmittelbar ausgeführt werden, die sich in einem Verzeichnis befinden, das in der Umgebungsvariablen `PATH` enthalten ist. Eigene Verzeichnisse zählen nicht dazu. Deswegen müssen Sie mit ./ explizit angeben, dass Sie ein Script aus dem gerade aktuellen Verzeichnis ausführen wollen.

```
./HelloWorld.py
  Hello, World!
```

Windows versus Linux/macOS

Keine Angst, es folgt nun keine weitere Diskussion darüber, welches nun das beste Betriebssystem ist! Es ist aber wichtig, dass Sie verstehen, wie sich die Ausführung von Python-Scripts unter Windows und unter Linux oder macOS unterscheidet. Diese Unterschiede sind durchaus elementar!

Unter Windows ist die Dateikennung von Python-Scripts von entscheidender Bedeutung. Sie müssen Ihren Codedateien also unbedingt einen Namen geben, der mit `.py` endet. So gekennzeichnete Dateien werden dann automatisch durch den Python-Interpreter ausgeführt. Das gilt übrigens auch, wenn Sie ein Python-Script im Explorer per Doppelklick starten. Die Programmausführung erfolgt in einem Eingabeaufforderungsfenster. Allerdings wird dieses Fenster sofort wieder geschlossen, sobald das Script fertig ist. Beim Hello-World-Beispiel geht das so schnell, dass das Fenster nur ganz kurz aufflackert, bevor es wieder verschwindet. Deswegen ist es in der Regel keine gute Idee, Python-Scripts aus dem Explorer heraus zu starten.

Unter Linux und macOS ist die Dateikennung dagegen egal. `.py` schadet als Kennzeichnung eines Python-Scripts nicht, ist aber keineswegs erforderlich. Dafür sind drei andere Dinge entscheidend:

- **chmod:** Die Script-Datei muss ausführbar sein. Unter Linux und macOS unterscheidet das Dateisystem zwischen »gewöhnlichen« Dateien und solchen, die ausführbar sind. Um aus einer gewöhnlichen Datei eine ausführbare zu machen, führen Sie in einem Terminal `chmod +x <dateiname>` aus.
- **Shebang:** Die erste Zeile des Scripts muss in Form eines speziellen Kommentars den genauen Ort des Interpreters angeben. (Es gibt nämlich neben Python auch andere interpretierte Sprachen, z. B. Perl, Tcl oder `bash`.) Dieser Spezialkommentar, der mit den Zeichen `#!` beginnt, wird *Shebang* genannt.

  Dummerweise variiert der Ort, wohin der Python-Interpreter installiert wird, je nach Betriebssystem bzw. Distribution. Für Ihr System können Sie diesen Ort mit `which python3` feststellen. Unter macOS lautet der Ort z. B. `/usr/local/bin/python3` oder womöglich `/Library/Frameworks/Python.framework/Versions/3.10/bin/python3`. Unter Linux ist `/usr/bin/python3` üblich.

Bei ganz modernen Distributionen funktioniert auch einfach /usr/bin/python ohne 3 im Kommandonamen. Davon rate ich aber ab: Bei älteren Distributionen wird so Python 2 gestartet.

Das führt zu der Frage: Wie kann der Shebang formuliert werden, damit er auf jeder Linux-Distribution *und* unter macOS funktioniert? Dazu greift man auf das Kommando env zurück, für das glücklicherweise plattformübergreifend der Pfad /usr/bin/env gilt. Es sucht nach dem nachfolgend genannten Kommando und führt es aus. Damit ergibt sich also die Shebang-Zeile #!/usr/bin/env python3, die für alle Unix-ähnlichen Systeme funktioniert.

- **Pfad:** Unter macOS und Linux können normalerweise nur Kommandos bzw. Programme ausgeführt werden, die sich in einem in PATH genannten Verzeichnis befinden. PATH ist eine sogenannte *Umgebungsvariable*. Ihren Inhalt können Sie sich im Terminal wie folgt ansehen:

```
echo $PATH
  /usr/local/sbin:/usr/local/bin:/usr/sbin:/usr/bin:\
  /sbin:/bin:/usr/games:/usr/local/games
```

  Entscheidend ist, dass Ihr gerade aktuelles Arbeitsverzeichnis normalerweise *nicht* zu den PATH-Verzeichnissen gehört. Deswegen müssen Sie beim Ausführen eines Python-Scripts seinen genauen Speicherort angeben, beispielsweise in der Form /home/kofler/ein-script.py. Die oft verwendete Kurzschreibweise ./ein-script.py bezieht sich auf das gerade aktuelle Verzeichnis.

14

Falls Sie ganz genau aufgepasst haben, dann ist Ihnen jetzt vielleicht klar, dass die Kennung .py oder die Shebang-Zeile je nach Betriebssystem redundant sind. Die Kennung ist für Windows entscheidend; dort könnten Sie auf die Shebang-Zeile verzichten. Andererseits ist Linux und macOS die Kennung egal; hier darf der Dateiname auch einfach ein-script lauten. Dafür sind die Shebang-Zeile und das Attribut »ausführbar« unverzichtbar.

Oft soll ein Python-Script aber plattformübergreifend funktionieren. In solchen Fällen verwenden Sie alle beschriebenen Merkmale kombiniert, also die Kennung *.py, das Execute-Attribut *und* die Shebang-Zeile. Genau das ist natürlich auch bei den Beispieldateien zu diesem Buch der Fall.

14.2 Interna der Variablenverwaltung

Alle Daten gelten in Python als »Objekte« – einfache Zahlen, Zeichenketten, Listen, Tupel, Sets, Dateien und Funktionen (!) ebenso wie Instanzen von Klassen. Wenn Sie schon klassische objektorientierte Programmiersprachen wie Java, C# oder C++ kennen, müssen Sie in diesem Punkt umdenken. Python verzichtet auf die in vielen Sprachen übliche Unterscheidung zwischen elementaren Datentypen (z. B. Integer, Double, Boolean) und Klassen.

Dafür unterscheidet Python zwischen Variablen und Daten. Variablen sind eigentlich nur Namen, die auf Objekte verweisen, vergleichbar mit Zeigern in C oder mit Links in HTML. Wenn Variablen auf der linken Seite einer Zuweisung vorkommen (`x=...`), wird ein Verweis auf das Objekt gespeichert, das aus dem rechten Ausdruck resultiert. Wenn Variablen hingegen in Ausdrücken vorkommen, ersetzt Python den Namen durch das Objekt, auf das die Variable zeigt.

Aufgrund dieser Trennung von Variablen und Daten ist es unmöglich, den Datentyp einer *Variablen* festzustellen! Sie können nur den Typ der Daten ermitteln, auf die die Variable zeigt. Die Variable selbst hat keinen Typ! Den Typ von Objekten finden Sie mit `type` heraus. Probieren Sie die folgenden Beispiele im Python-Interpreter interaktiv aus:

```
x=3; type(x)
  <class 'int'>
x=3.1; type(x)
  <class 'float'>
x={1, 2, 3}; type(x)
  <class 'set'>
```

Wenn Sie den Datentyp einer Variablen oder eines Parameters im Programmcode überprüfen möchten, ist die Methode `isinstance` besser geeignet als `type`:

```
s = 'abc'
isinstance(s, str)  # True
isinstance(s, int)  # False
```

Mutable oder immutable

Was passiert bei b=a, also bei der Zuweisung einer Variablen an eine andere? Die Frage ist nicht so trivial, wie es den Anschein hat. Beginnen wir mit einem Beispiel mit ganzen Zahlen. Im folgenden Code wird zuerst in a der Wert 3 gespeichert. Bei der Zuweisung b=a wird a durch 3 ersetzt. Also wird auch in b die Zahl 3 gespeichert.

Um es exakter zu formulieren: a und b sind nun zwei Variablen, die beide auf ein Objekt mit der ganzen Zahl 3 verweisen. Durch a=4 wird a ein neuer Wert zugewiesen. Auf b hat dies keinen Einfluss. a und b sind unabhängig voneinander, a enthält nun den Wert 4, b den Wert 3. (Wiederum empfehle ich Ihnen, diese Beispiele im Python-Interpreter auszuprobieren!)

```
a=3            # a zeigt auf die Zahl 3
b=a            # b zeigt auch auf die Zahl 3
a=4            # a zeigt jetzt auf 4,
               # b bleibt unverändert
print(a, b)    # Ausgabe 4, 3
```


Der Code für das zweite Beispiel sieht ganz ähnlich aus. Allerdings werden hier in a und b keine einfachen Zahlen gespeichert, sondern Listen. Nach der Zuweisung b=a verweisen beide Variablen auf dieselbe Liste. Durch a[0]=4 wird ein Element der Liste geändert. Wie der print-Aufruf beweist, gilt diese Änderung sowohl für a als auch für b. a und b sind also nicht wie im vorigen Beispiel unabhängig voneinander!

```
a=[1, 2, 3]
b=a            # b verweist auf dieselbe Liste wie a
a[0] = 4       # ändert das erste Listenelement
print(a, b)    # Ausgabe [4, 2, 3] [4, 2, 3]
```

Warum verhält sich Python bei zwei scheinbar ganz ähnlichen Programmen so unterschiedlich? Der Grund besteht darin, dass Python zwischen veränderlichen und unveränderlichen Datentypen unterscheidet – in der Fachsprache zwischen *mutable* und *immutable types* (siehe Tabelle 14.1).

Zahlen, Zeichenketten und Tupel sind *immutable*, d. h., eine Änderung ist unmöglich. Stattdessen wird jedes Mal, wenn ein Ausdruck neue Daten ergibt, auch ein neues Objekt erzeugt.

Wenn Sie also zuerst `x=10` und dann `x=x+1` ausführen, dann erzeugt Python zuerst ein Objekt mit der Zahl 10; `x` verweist auf dieses Objekt. Die Berechnung `x+1` liefert dann die Zahl 11. Für diese Zahl wird ein weiteres Objekt im Speicher angelegt. Die Variable `x` wird nun so geändert, dass sie auf das neue Objekt 11 zeigt.

Datentyp	Funktion	immutable
`int`	ganze Zahlen	ja
`float`	Fließkommazahlen	ja
`complex`	komplexe Zahlen	ja
`bool`	boolesche Werte	ja
`str`	Zeichenketten	ja
`tupel`	Tupel	ja
`list`	Listen	nein
`set`	Sets	nein
`dict`	Dictionaries	nein
`bytearray`	Byte-Arrays	nein
`io.TextIOWrapper`	Dateien	nein
...	sonstige Klassen	nein

Tabelle 14.1 Manche Datentypen sind »immutable« (unveränderlich).

Dasselbe ist vorhin im ersten Codebeispiel dieses Abschnitts in der Zeile `a=4` passiert: Python hat ein neues Objekt für die Zahl 4 erzeugt. `a` verweist nun auf dieses Objekt. Das hat aber keinen Einfluss auf `b`; `b` verweist weiterhin auf das Objekt für die Zahl 3.

Viele andere Datentypen und insbesondere Listen sind hingegen *mutable*. Daher ist es möglich, die Elemente einer Liste zu verändern, *ohne* gleich ein neues Objekt zu erzeugen. Die Zuweisung a[0] ändert somit nicht die Liste als Ganzes, sondern nur ein Element der Liste. Im zweiten Beispiel verweisen a und b daher weiterhin auf dasselbe Objekt, dessen *Inhalt* sich geändert hat.

Veränderliche Daten kopieren

Wie gehen Sie vor, wenn Sie z. B. von einer Liste eine unabhängige Kopie benötigen, sodass zwei anfänglich gleichartige Listen über zwei Variablen unabhängig voneinander verändert werden können?

Um eine unabhängige Kopie von veränderlichen Daten (*mutable types*) zu erstellen, importieren Sie das copy-Modul und wenden dann die Funktionen copy oder deepcopy an:

```
import copy
a=[1, 2, 3]
b=copy.copy(a)  # b verweist auf eine unabhängige Kopie
                # von a.
a[0] = 4        # Ändert das erste Listenelement von a,
                # b bleibt unverändert.
print(a, b)     # Ausgabe [4, 2, 3] [1, 2, 3]
```

Die copy-Funktion erstellt eine Kopie des angegebenen Objekts. Im obigen Beispiel wird also für b ein neues Listenobjekt erzeugt, das dieselben Objekte wie a enthält.

deepcopy geht noch einen Schritt weiter: Es erstellt auch Kopien aller veränderlichen Objekte, auf die das Ausgangsobjekt verweist. Im obigen Beispiel ist deepcopy überflüssig, weil die Liste nur drei ganze Zahlen enthält, also unveränderliche Objekte. Wenn die Liste aber selbst wieder veränderliche Objekte enthält, dupliziert deepcopy den gesamten Objektbaum, was in der Praxis oft aufwendig ist.

Das folgende Beispiel verdeutlicht den Unterschied zwischen copy und deepcopy. Die Variable a enthält eine verschachtelte Liste. (Das ist eine

Liste innerhalb einer Liste – siehe auch Kapitel 8, »Listen, Tupel, Sets und Dictionaries«.) copy dupliziert zwar die Liste in ihrer ersten Ebene, das dritte Listenelement zeigt sowohl bei a als auch bei b auf ein weiteres Listenobjekt mit dem Inhalt [3, 4]. Jede Veränderung dieser Subliste gilt deswegen gleichermaßen für a und b, daran ändert auch copy nichts.

```
import copy
a=[1, 2, [3, 4]]
b=copy.copy(a)
a[2][0] = 7    # gilt trotz copy für a und b
print(a, b)
# Ausgabe [1, 2, [7, 4]] [1, 2, [7, 4]]
```

Das Objekt für d wird hingegen mit deepcopy aus c erzeugt. Hier wird auch das Listenobjekt [3, 4] dupliziert, sodass beide Listen (also c und d) als drittes Listenelement wieder zwei unabhängige Listen enthalten. Deswegen gilt nun die Veränderung c[2][0] wirklich nur für c, aber nicht für d.

```
c=[1, 2, [3, 4]]
d=copy.deepcopy(c)
c[2][0] = 7    # gilt wegen deepcopy nur für c
print(c, d)
# Ausgabe [1, 2, [7, 4]] [1, 2, [3, 4]]
```

14.3 Garbage Collection

Stellen Sie sich vor, Ihr Python-Programm geht wie folgt vor, um eine HTML-Datei zu erzeugen:

```
s = ''
for i in range(1, 101):
  s += '<p>Absatz ' + str(i) + '\n'
f = open('out.html', 'w')
f.write(s)
f.close()
```

In einer Schleife wird also Schritt für Schritt eine Zeichenkette zusammengesetzt, wobei jede Zeile mit `<p>` einen neuen HTML-Absatz einleitet. Jeder Absatz enthält den Text *Absatz nnn*. Mit `open` wird dann die Datei `out.html` erzeugt und der Text dort gespeichert.

Diese Vorgehensweise ist *nicht effizient* und daher nicht empfehlenswert! Problematisch ist vor allem die scheinbar harmlose Zeile `s += 'xxx'`. Was geschieht hier?

Python erweitert dabei 100-mal eine Zeichenkette. Zuerst zeigt `s` auf die Zeichenkette `<p>Absatz 1\n`, dann auf `<p>Absatz 1\n<p>Absatz 2\n`, dann auf `<p>Absatz 1\n<p>Absatz 2\n<p>Absatz 3\n` usw.

Nun habe ich bereits darauf hingewiesen, dass Zeichenketten unveränderlich (*immutable*) sind. Hinter den Kulissen muss Python also bei jeder `s += ...`-Anweisung eine *neue* Zeichenkette erzeugen. Was aber macht Python mit den alten Zeichenketten? Wenn Sie die `for`-Schleife mit `range(1, 10001)` bilden, beansprucht Python dann Speicherplatz für 10.000 Zeichenketten? Und was passiert, wenn der Arbeitsspeicher erschöpft ist?

Um diesen Fall zu vermeiden, entfernt Python nicht mehr benötigte Objekte aus dem Speicher. Das funktioniert in der Regel vollautomatisch. 14

Woran aber erkennt Python, dass es ein Objekt löschen darf? Ganz einfach: Python zählt mit, wie viele Variablen bzw. andere Objekte auf ein Objekt verweisen. Sobald dieser Zähler auf 0 sinkt, ist klar, dass nichts und niemand mehr das Objekt benötigt. Es kann gelöscht werden.

Probleme können allerdings zirkuläre Verweise verursachen, bei denen zumeist mehrere Objekte gegenseitig aufeinander verweisen – aber selbst mit diesem Sonderfall kommt Python meistens zurecht. Für das Entfernen solcher geschlossener Objektketten aus dem Speicher ist der sogenannte *Garbage Collector* verantwortlich. Technisch interessierte Leser finden hier Hintergrundinformationen:

https://docs.python.org/3/library/gc.html
https://stackoverflow.com/questions/10962393

14.4 Shared References

Bleiben wir bei der Variablen- und Objektverwaltung: In größeren Programmen gibt es oft an mehreren Stellen Variablen, die auf gleichartige Objekte verweisen. Beispielsweise gibt es im folgenden Beispiel die zwei Variablen a und b, die beide die Integerzahl 15 enthalten – oder, um es exakter auszudrücken, die beide auf ein Objekt mit der Zahl 15 verweisen.

Da liegt es eigentlich nahe, für beide Variablen dasselbe Objekt zu verwenden. Der Fachbegriff hierfür lautet *Shared References* – mehrere Variablen verweisen also auf ein Objekt, das sie sich gewissermaßen teilen.

```
a = 15          # a=15
b = 14          # mit einem kleinen Umweg
b += 1          # gilt nun auch b=15
print(a is b)   # True
```

Die Idee ist simpel, die Realisierung ist aber viel schwieriger, als es den Anschein hat. Damit das Konzept funktioniert, muss Python jedes Mal, wenn in einer Variablen ein Verweis auf ein neues Objekt gespeichert wird, testen, ob es schon ein gleiches Objekt im Speicher gibt. Dieser Test muss äußerst schnell erfolgen, andernfalls würde der eingesparte Speicherplatz mit zu hohen Performance-Einbußen erkauft.

Tatsächlich ist es oft schwer, vorherzusehen, wann Python diese Optimierung gelingt und wann nicht. Im folgenden Beispiel, bei dem in a und b zwei gleiche Zeichenketten gespeichert werden, versagt die Erkennung:

```
a = ' ' * 2
b = '  '
print(a is b)   # False
```

Ob die gemeinsame Nutzung gleichartiger Daten gelingt, ist stark implementierungsabhängig und kann sich sowohl je nach eingesetzter Python-Version als auch je nach Plattform ändern.

14.5 Type Annotation

Die Python-Syntax erlaubt es, den vorgesehenen Typ einer Variablen anzugeben, wahlweise mit oder ohne Initialisierung der Variablen:

```
msg: str = 'Wichtige Nachricht'
s: str      # s soll später eine Zeichenkette aufnehmen
i: int = 3  # i ist eine Integer-Variable
```

Python hindert Sie aber nicht daran, ein paar Zeilen weiter Zuweisungen durchzuführen, die im Widerspruch zum vorgesehenen Typ stehen:

```
i = 'abc'
s = 123
```

Die Datentypangabe b also die Möglichkeit, eine Intention syntaktisch auszudrücken. Die Information wird von Python aber wie ein Kommentar betrachtet.

Type Annotations haben nur Dokumentations-Charakter

Der Python-Interpreter ignoriert alle *Type Annotations*! Type Annotations machen Code besser lesbar und verdeutlichen die Intention des Programmierers oder der Programmiererin. Aber sie sind (im Gegensatz zu anderen Sprachen) in keiner Weise bindend!

14

Type Annotations für Aufzählungen

Wenn Sie Type Annotations für Listen, Sets, Tupel und Dictionaries verwenden möchten, müssen Sie das entsprechende Attribut aus dem `typing`-Modul importieren. Anschließend gilt die folgende Syntax:

```
from typing import List, Set, Dict, Tuple
lst:   List[int]
set:   Set[str]
dict:  Dict[str, int]
tuple: Tuple[int, ...]
```

Optional können Sie auch gleich eine Initialisierung durchführen, also beispielsweise `lst: List[int] = [1, 2, 3]`. Beachten Sie, dass der angegebene Typ mit einem Großbuchstaben beginnt, obwohl der Typ von Listen, Sets etc. intern kleingeschrieben wird. (`type(lst)` liefert weiterhin `<class 'list'>`.)

Type Annotations bei Funktionen

Auch bei Funktionen ist die optionale Angabe des vorgesehenen Datentyps für alle Parameter und für den Rückgabewert möglich (Syntax: `-> typ`). Derartige Type Annotations haben wiederum nur Dokumentations-Charakter. Sie sollen zeigen, wie die beabsichtigte Anwendung einer Funktion aussieht. Wie das folgende Beispiel beweist, kümmert sich der Python-Interpreter aber in keiner Weise um die Einhaltung der Typen:

```
def f(n: int) -> int:
   return 2 * n

print(f(3))      # 6 (vorgesehene Nutzung der Funktion)
print(f('abc')) # 'abcabc' (nicht vorgesehen, aber auch OK)
```

Type Annotations bei Klassen

Bei Type Annotations in Klassen geben Sie die Typen von Instanzvariablen am Ort von Klassenvariablen an. Das Rechteckbeispiel aus Kapitel 12, »Objektorientierte Programmierung«, sähe dann so aus:

```
# Beispieldatei kap12/rectangle2.py
# (wie rectangle1.py, aber mit Type Annotations)
class Rectangle():
    w: float     # Type Annotations für Instanzvariablen
    h: float     # werden hier angegeben

    # Konstruktor, initialisiert x und y mit Startposition
    def __init__(self, width: float, height: float):
        self.w = width
        self.h = height
```

```
    # Instanzmethoden
    def area(self) -> float:
        return self.w * self.h

    def perimeter(self) -> float:
        return 2 * (self.w + self.h)
```

Wenn Sie darauf hinweisen möchten, dass es sich bei einer Variablen um eine Klassenvariable handelt, verpacken Sie den Typ in `ClassVar`:

```
class MyClass():
    # shareddata soll als Klassenvariable verwendet
    # werden und eine Liste von Zeichenketten speichern
    shareddata: ClassVar[List[str]] = []
```

14.6 Namensräume erforschen

In Kapitel 12, »Objektorientierte Programmierung«, habe ich zum ersten Mal den Begriff *Namensraum* erwähnt: Python verwendet Namensräume (*name spaces*) quasi als internen Container, um zusammengehörende Variablen zu verwalten. Jedes Objekt erhält seinen Namensraum, um darin Instanzvariablen und andere Attribute zu speichern.

Das gleiche Konzept verwendet Python auch beim Aufruf von Funktionen zur Speicherung lokaler Variablen. Namensräume stellen unter anderem sicher, dass es zwischen gleichnamigen Variablen in unterschiedlichen Gültigkeitsebenen keine Konflikte gibt.

Damit Sie besser verstehen, welche Attribute wo gespeichert sind, stellt Python die drei Funktionen `globals`, `locals` und `vars` zur Verfügung:

- `globals()` liefert alle Attribute auf Modulebene.
- `locals()` liefert die Attribute im gerade aktuellen lokalen Namensraum, also z. B. für einen Funktionsaufruf oder für ein Objekt.
- `vars()` ohne Parameter hat dieselbe Funktion wie `locals()`.

- `vars(objekt)` liefert alle Attribute des angegebenen Objekts. `vars` greift dabei auf das vordefinierte Attribut `__dict__` zurück, das ein Dictionary mit allen Variablen des Objekts liefert. `vars(object)` und `objekt.__dict__` sind also gleichwertig.

Jede dieser Funktionen liefert zusätzlich zu den von Ihnen im Code initialisierten Variablen diverse interne Attribute, deren Namen zumeist mit einem oder zwei Unterstrichen beginnen. Im folgenden Listing habe ich die meisten internen Attribute aus Platzgründen weggelassen.

```
# Beispieldatei local-global.py
a = 3

def f():
    a = 4
    print('locals() in f:', locals())
    # Ausgabe f: {'a': 4}
    return a

class C():
    def __init__(self, a, b):
        self.a = a
        self.b = b

    def m(self):
        return self.a + self.b

result = f()
print('vars(f):', vars(f))
# Ausgabe: {}

obj = C(1, 2)
print("vars(obj):", vars(obj))
# Ausgabe: {'a': 1, 'b': 2}

print("globals():", globals())
```

```
# Ausgabe: {'__name__': '__main__', ...
#           'a': 3,
#           'f': <function f at 0x103b201e0>,
#           'C': <class '__main__.C'>,
#           'result': 4,
#           'obj': <__main__.C object at 0x103c25f28>}
```

14.7 Python-Compiler

Python gilt als interpretierte Sprache. Sie müssen eine Codedatei also nicht zuerst in ein Binärformat umwandeln, bevor Sie das Programm ausführen können. Vielmehr liest das Programm `python.exe` bzw. `python3` unter macOS/Linux Ihre Datei mit dem Quellcode und führt diesen sofort aus (»interpretiert ihn«).

In den ersten Versionen hat sich Python tatsächlich so verhalten. Aktuelle Versionen kompilieren Ihren Code aber durchaus. Sie merken davon nichts, weil dieser Vorgang durch den sogenannten *Just-in-time-Compiler* automatisch erfolgt und bei kurzen Scripts extrem schnell vor sich geht. Der resultierende Byte-Code wird nur im RAM abgelegt, aber nicht gespeichert.

14

Anders verfährt Python mit größeren Projekten, die aus mehreren Dateien (Modulen) bestehen: Der kompilierte Code wird dabei in Byte-Code-Dateien (Dateikennung `*.pyc`/`*.pyo`) im Unterverzeichnis `__pycache__.py` gespeichert. Das spart Zeit, weil beim nächsten Ausführen des Programms nur die Codedateien neu kompiliert werden müssen, die sich in der Zwischenzeit verändert haben.

Es sollte Sie also nicht irritieren, wenn in Ihrem Codeverzeichnis plötzlich ein Unterverzeichnis namens `__pycache__.py` auftaucht. Sie müssen sich um dieses Verzeichnis nicht kümmern! Es ist auch nicht notwendig, das Verzeichnis zusammen mit dem restlichen Code weiterzugeben. Wenn das Verzeichnis oder darin enthaltene Dateien fehlen, werden sie einfach neu erstellt.

Sie können die Speicherung des Byte-Codes verhindern, indem Sie Python mit der Option `-B` ausführen (also z. B. `python3 -B myscript.py`) oder indem Sie die Umgebungsvariable `PYTHONDONTWRITEBYTECODE=1` setzen.

14.8 Systemfunktionen

Dieser Abschnitt stellt einige systemnahe Funktionen und Variablen vor.

Programmparameter

Beim Start eines Python-Programms können Sie Parameter übergeben, z. B. in der folgenden Form:

```
./meinscript.py --option1 -o2 name1 name2
```

Zur Verarbeitung dieser Parameter lesen Sie die Variable `argv` des `sys`-Moduls aus. `argv` verweist auf eine Liste mit allen Argumenten, wobei das erste Element (also `argv[0]`) immer den Dateinamen enthält.

```
import sys
print(sys.argv)
# Ausgabe: ['./meinscript.py', '--option1', '-o2',
#           'name1', 'name2']
```

»argv«-Auswertung

In Abschnitt 9.5, »Beispiele für Schleifen«, habe ich Ihnen bereits gezeigt, wie Sie eine simple Schleife über alle Parameter bilden. Dabei habe ich auch auf die `glob`-Funktion aus dem gleichnamigen Modul hingewiesen, die Sie unter Windows brauchen, um Dateinamen mit Jokerzeichen (`*.txt`) richtig zu verarbeiten. Bei Programmen mit vielen Optionen und Subkommandos ist es zweckmäßiger, zur Auswertung das `argparse`-Modul oder das `Fire`-Paket von Google einzusetzen:

https://docs.python.org/3/library/argparse.html
https://github.com/google/python-fire

Andere Programme bzw. Kommandos aufrufen

Mit `subprocess.call` können Sie aus einem Python-Script heraus ein anderes Programm oder Kommando ausführen. Im einfachsten Fall übergeben Sie an `call` eine Liste mit dem Kommandonamen und den dazugehörenden Optionen:

```
import subprocess
returncode = subprocess.call(['ls', '-l'])
```

Hintergrundinformationen zum Aufruf anderer Kommandos sowie entsprechende Beispiele folgen in Kapitel 17, »Systemadministration«.

Warten (»sleep«)

Gerade am Raspberry Pi besteht oft die Notwendigkeit, im Programm auf ein bestimmtes Ereignis zu warten, z. B. auf das Drücken einer Taste. Auf keinen Fall sollten Sie hier einfach eine Schleife formulieren, die ununterbrochen den Zustand eines GPIO-Pins abfragt. Die Schleife würde vollkommen unnötig die gesamten CPU-Ressourcen des Raspberry Pi blockieren. Besser ist es in solchen Fällen, Ihr Programm mit `time.sleep(n)` für die angegebene Zeit in Sekunden in den Schlaf zu versetzen. `n` kann eine Fließkommazahl sein, sodass die Möglichkeit besteht, nur einige Sekundenbruchteile zu warten. Das folgende Mini-Script zeigt die Anwendung von `sleep`:

```
#!/usr/bin/python3
import time
for i in range(100):
    print(i)
    time.sleep(0.2)
```

Asynchrone Programmierung

Sie können mit Python auch nebenläufige Programme entwickeln, die in mehrere Teilprozessen (*Threads*) parallel Aufgaben erledigen. Python stellt dazu verschiedene Erweiterungen zur Verfügung:

- `asyncio` ist vor allem zur asynchronen Durchführung von I/O-Aufgaben gedacht.

  https://docs.python.org/3/library/asyncio.html

- `threading`, `multiprocessing`, `queue` und `subprocess` helfen dabei, Jobs bzw. Teilaufgaben parallel (also in mehreren Threads) abzuarbeiten und zu steuern:

  https://docs.python.org/3/library/concurrency.html

Die asynchrone Programmierung ist außerhalb der Reichweite dieses Grundkurses. Einige gute Einführungsbeispiele finden Sie außer auf den beiden obigen Seiten auch auf Stack Overflow:

https://stackoverflow.com/questions/2846653/how-to-use-threading-in-python

Programm beenden

Normalerweise endet ein Python-Programm mit der Ausführung der letzten Anweisung oder wenn ein nicht behandelter Fehler auftritt. Wenn Sie ein Programm vorzeitig beenden möchten, führen Sie `sys.exit()` aus. Mit `sys.exit(n)` können Sie dabei auch einen Rückgabecode zurückgeben (siehe Tabelle 14.2). Alternativ übergeben Sie an die `exit`-Methode eine Zeichenkette, die dann als Fehlermeldung angezeigt wird. Als Rückgabecode kommt in diesem Fall automatisch 1 zur Anwendung.

Rückgabecode	Bedeutung
0	okay, kein Fehler
1	allgemeiner Fehler
2	fehlerhafte Parameter (also in `argv`)
3–127	spezifische Rückgabecodes des Programms

Tabelle 14.2 Typische Fehlercodes

»exit« produziert eine Exception!

Beachten Sie, dass die `exit`-Methode intern eine `SystemExit`-Exception auslöst. Das Programmende kann daher durch `try/except` verhindert werden.

14.9 Wiederholungsfragen

- **W1:** Welche Voraussetzungen müssen erfüllt sein, damit Python-Programme unter Windows gestartet werden können?
- **W2:** Welche Voraussetzungen müssen erfüllt sein, damit Python-Programme unter Linux oder macOS gestartet werden können?
- **W3:** Welche Werte gibt das folgende Programm aus?

```
a = 'abcde'
b = a
a = a+'fg'
print(b)
```

- **W4:** Was gibt das folgende Programm aus?

```
wordlist1 = ['Python', 'ist', 'cool']
wordlist2 = wordlist1
wordlist1.insert(2, 'total')
print(wordlist1)
print(wordlist2)
```

TEIL II

Python anwenden

Kapitel 15

Dateien lesen und schreiben

In diesem Kapitel geht es darum, wie Sie in Python mit Dateien und Verzeichnissen arbeiten. Insbesondere gehe ich auf die folgenden Themen ein:

- Verzeichnisse ermitteln (aktuelles und temporäres Verzeichnis etc.)
- Verzeichnisse und Dateien erzeugen und löschen
- Verzeichnisse durchsuchen
- Textdateien lesen und schreiben
- Standardeingabe und Standardausgabe
- JSON- und XML-Dateien

15.1 Verzeichnisse

Bevor Sie Dateien bearbeiten können, benötigen Sie in der Regel ein Verzeichnis. Deswegen zeige ich Ihnen am Beginn dieses Kapitel Arbeitstechniken, mit denen Sie Verzeichnisse ermitteln, erzeugen und löschen. Leider sind die entsprechenden Funktionen über diverse Module verteilt.

Für viele Aufgabenstellungen gibt es unterschiedliche Lösungswege. Ich kann hier aus Platzgründen nicht auf alle Varianten eingehen. Soweit es sinnvoll ist, habe ich dem seit Python 3.4 verfügbarem `pathlib`-Modul den Vorzug gegeben. Es bietet eine moderne, objektorientierte Schnittstelle zum Umgang mit Dateien und Verzeichnissen.

Beachten Sie, dass die `Path`-Klasse aus dem `pathlib`-Modul Verzeichnisse und Dateien intern *nicht* als Zeichenketten darstellt, sondern als Objekte! Erst `str(pathobj)` macht daraus bei Bedarf eine Zeichenkette. Eine vollständige Referenz zum `pathlib`-Modul finden Sie hier:

https://docs.python.org/3/library/pathlib.html

Das aktuelle Verzeichnis

Nach dem Start gilt das Verzeichnis, in dem ein Python-Script gestartet wurde, als das aktuelle Verzeichnis. `Path.cwd()` erzeugt ein `Path`-Objekt für das aktuelle Verzeichnis. Die Funktion `absolute` wandelt es in einen absoluten Pfad um, `str` in eine Zeichenkette.

```
# Beispieldatei directory.py
from pathlib import Path
current = str(Path.cwd().absolute())
print('Aktuelles Verzeichnis:', current)
# Ausgabe macOS: /Users/kofler/python-code/kap14
#         Linux: /home/kofler/python-code/kap14
#       Windows: C:\Users\kofler\python-code\kap14
```

> **VSCode**
>
> Wenn Sie ein Script unter VSCode ausführen, gilt das im Editor aktive Verzeichnis (File • Open Folder) als aktuelles Verzeichnis, selbst dann, wenn sich das Python-Script relativ dazu in einem Unterverzeichnis befindet!

Das aktuelle Verzeichnis verändern Sie am einfachsten mit der `chdir`-Funktion aus dem `os`-Modul. An die Funktion übergeben Sie einen absoluten oder relativen Pfad als Zeichenkette.

```
import os
os.chdir('..')
```

`chdir` löst einen `OSError` aus, wenn der Verzeichniswechsel nicht möglich ist. Sichern Sie Ihren Code mit `try`/`except` ab!

Das Codeverzeichnis

Mitunter wollen Sie auch wissen, in welchem Verzeichnis die Codedatei gespeichert ist. (Dieses Verzeichnis kann vom aktuellen Verzeichnis abweichen, wenn das Script nicht in der Form `./scriptname.py` gestartet wurde.)

Um das Codeverzeichnis zu ermitteln, werten Sie das vordefinierte Attribut `__file__` aus. Es enthält den Dateinamen der aktuellen Script- oder Moduldatei relativ zum aktuellen Verzeichnis zum Zeitpunkt des Programmstarts. (Die hier beschriebene Vorgehensweise funktioniert nur, wenn Sie das aktuelle Verzeichnis vorher nicht verändern! Beachten Sie, dass `__file__` nur in einem Script zur Verfügung steht, nicht aber im Python-Interpreter.)

`Path` wandelt `__file__` in ein `Path`-Objekt um. `parent` liefert ein weiteres `Path`-Objekt mit dem Verzeichnis, in dem sich die Codedatei befindet. `absolute` macht daraus einen absoluten Pfad.

```
from pathlib import Path
srcpath = Path(__file__).parent.absolute()
print('Codeverzeichnis:', srcpath)
```

Heimatverzeichnis ermitteln

Unter macOS und Linux können Sie das Heimatverzeichnis unkompliziert mit `os.getenv('HOME')` ermitteln. Unter Windows ist die Umgebungsvariable `HOME` aber nicht definiert. Plattformübergreifend funktioniert die statische `home`-Methode der `Path`-Klasse:

```
home = Path.home()
print('Heimatverzeichnis:', home)
```

Temporäres Verzeichnis und temporäre Dateien

Die Funktion `gettempdir` aus dem `tempfile`-Modul ermittelt den Ort des temporären Verzeichnisses:

```
import tempfile
tmp = tempfile.gettempdir()
print('Temporäres Verzeichnis:', tmp)
```

Beachten Sie, dass `gettempdir` unter macOS nicht `/tmp` liefert, sondern einen Pfad wie `/var/folders/1l/m66hgj4s143b8932t5z8nc600000gn/T`.

Das tempfile-Modul stellt diverse weitere Funktionen zur Verfügung. Besonders praktisch sind TemporaryFile und NamedTemporaryFile: Die Funktionen erzeugen eine temporäre Datei, die mit close automatisch wieder gelöscht wird. Standardmäßig ist die Datei zur Speicherung binärer Daten vorgesehen. Wenn Sie Text speichern wollen, müssen Sie das im Parameter mode explizit angeben. Die Methoden write und close lernen Sie in Abschnitt 15.2, »Textdateien lesen und schreiben«, näher kennen.

```
f = tempfile.NamedTemporaryFile(mode='w+t')
print('Temporäre Datei:', f.name)
f.write('Lorem ipsum')
f.close()     # löscht die temporäre Datei
```

Der Unterschied zwischen den beiden Funktionen besteht darin, dass Sie bei TemporaryFile unter macOS und Linux keinen Dateinamen ermitteln können. Wenn das wichtig für Sie ist, müssen Sie NamedTemporaryFile einsetzen. Weitere Parameter der [Named]TemporaryFile-Funktionen sowie noch mehr tempfile-Funktionen sind hier dokumentiert:

https://docs.python.org/3/library/tempfile.html

Verzeichnis- und Dateinamen kombinieren und zerlegen

Wenn Sie ein Verzeichnis als Path-Objekt vorliegen haben und einen Dateinamen hinzufügen möchten, verwenden Sie am besten die joinpath-Methode. Das funktioniert sowohl unter macOS/Linux als auch unter Windows und vermeidet Ärger mit den unterschiedlichen Verzeichnistrennzeichen (also / versus \):

```
from pathlib import Path
home = Path.home()
fileInHome = home.joinpath('filename.txt')
print(fileInHome)  # unter macOS

  /Users/kofler/filename.txt
```

Wollen Sie umgekehrt einzelne Komponenten aus einem Path-Objekt extrahieren, stellt die Path-Klasse diverse Eigenschaften zur Auswahl (siehe Tabelle 15.1). p ist dabei ein Path-Objekt.

Häufig wollen Sie bei einem Dateinamen nur eine Endung durch eine andere ersetzen, also name.txt zu name.bak machen. Dabei hilft die Methode with_suffix. (Das folgende Beispiel bezieht sich auf die vorhin definierte Variable fileInHome.)

```
backup = fileInHome.with_suffix('.bak')
print(backup)
  /Users/kofler/filename.bak
```

Analog können Sie mit with_name den Dateinamen austauschen und dabei den Pfad erhalten:

```
other = fileInHome.with_name('newfile.text')
print(other)
  /Users/kofler/newfile.text
```

15

Eigenschaft	Bedeutung
p.drive	Laufwerk bzw. Netzwerk-Freigabe (Windows)
p.name	Dateiname ohne Verzeichnis (ohne / bzw. \)
p.parent	übergeordnetes Verzeichnis (ohne / bzw. \ am Ende)
p.stem	Dateiname ohne Verzeichnis und ohne letzte Kennung
p.suffix	die letzte Dateikennung (inklusive Punkt, z. B. '.py')
p.suffixes	alle Dateikennungen als Liste (z. B. ['.tar', '.gz'])

Tabelle 15.1 Teile eines Pfads extrahieren

Verzeichnisse erstellen, umbenennen und löschen

Die Path-Methode mkdir erzeugt ein neues Verzeichnis. Zwei optionale Parameter steuern die Funktionsweise: Mit exist_ok=True löst mkdir keinen

Fehler aus, wenn das Verzeichnis bereits existiert. Mit parents=True erzeugt mkdir auch eine ganze Kette von Verzeichnissen. Das Trennzeichen / ist dabei auch unter Windows zulässig.

```
try:
    subdir = Path('mydir/subdir')
    subdir.mkdir(exist_ok=True, parents=True)
except BaseException as err:
    print('Fehler:', err)
```

mkdir kann verschiedene Fehler auslösen und sollte daher wie im obigen Listing mit try/except abgesichert werden. rmdir löscht leere Verzeichnisse wieder.

```
Path('mydir/subdir').rmdir()
Path('mydir').rmdir()
```

Mit rename geben Sie einem Verzeichnis oder einer Datei einen neuen Namen:

```
oldpath.rename(newpath)
```

Verzeichnisse durchsuchen

Mit der Methode glob durchsuchen Sie ein Verzeichnis nach Dateien, die einem Muster entsprechen. glob liefert einen Generator, den Sie in einer Schleife oder mit list auswerten oder mit sort sortieren können. Die einzelnen Elemente sind wieder Path-Objekte.

```
# alle *.py-Dateien im aktuellen Verzeichnis
for p in Path.cwd().glob('*.py'):
    print(p)
```

Wenn Sie das Muster mit **/ einleiten (also z. B. glob('**/*.pdf')), werden rekursiv alle Verzeichnisse durchsucht. glob liefert die Dateinamen in keiner vorhersehbaren Reihenfolge. Wenn Sie die Namen in alphabetischer Reihenfolge abarbeiten möchten, bilden Sie die Schleife über sorted(glob(...)).

15.2 Textdateien lesen und schreiben

Bevor Sie eine Textdatei lesen oder schreiben können, müssen Sie die Datei mit `open` öffnen. Dabei übergeben Sie im ersten Parameter den Dateinamen und im zweiten den gewünschten Zugriffsmodus (siehe Tabelle 15.2). Beachten Sie, dass `open` standardmäßig binäre Dateien erwartet. Bei Textdateien dürfen Sie das zusätzliche Zeichen `'t'` nicht vergessen.

Modus	Bedeutung
`'r'`	Datei lesen (gilt standardmäßig)
`'w'`	Datei schreiben; existierende Dateien werden überschrieben!
`'a'`	an das Ende einer vorhandenen Datei schreiben (*append*)
`'r+'` / `w+`	Datei lesen und schreiben
`'b'`	Datei binär lesen/schreiben
`'t'`	Datei als Text lesen/schreiben (gilt standardmäßig)

Tabelle 15.2 Zugriffsmodi der »open«-Methode

15

`open` liefert ein `file`-Objekt, das Sie nun mit diversen Methoden bearbeiten können (siehe Tabelle 15.3). `file` zählt zu den elementaren Python-Datentypen. Sie brauchen also kein Modul zu importieren, um einfache Dateioperationen durchzuführen.

`close()` beendet den Zugriff auf die Datei und gibt sie wieder für andere Programme frei. In kurzen Scripts können Sie auf `close()` verzichten – zum Programmende werden in jedem Fall alle geöffneten Dateien geschlossen.

Mit `readline()` können Sie eine Datei zeilenweise einlesen. `readline()` liefert immer auch das Zeilenendezeichen jeder Zeile mit, also `\n` unter Linux und macOS bzw. `\r\n` unter Windows. Wenn das Ende der Datei erreicht ist, gibt `readline()` eine leere Zeichenkette zurück. Da leere Zeilen *innerhalb* der Datei zumindest aus `\n` bestehen, gibt es hier keine Doppeldeutigkeiten.

readlines() liest alle Zeilen der Datei und liefert eine Liste. Auch in diesem Fall enthält jedes Listenelement \n. Dieses Zeichen sowie ganz generell Whitespace am Beginn und Ende jeder Zeile entfernen Sie am einfachsten mit strip, hier in einem List-Comprehension-Ausdruck:

```
lst = f.readlines()
lst = [ line.strip() for line in lst ]
```

Alternativ funktioniert auch read in Kombination mit splitlines:

```
lst = f.read().splitlines()
```

Methode	Bedeutung
s = f.read()	Liest die gesamte Datei.
s = f.read(n)	Liest n Bytes und liefert sie als Zeichenkette.
s = f.readline()	Liest eine Zeile der Datei.
lst = f.readlines()	Liest alle Zeilen der Datei.
f.write(s)	Schreibt die Zeichenkette s in die Datei.
n = f.tell()	Gibt die aktuelle Lese-/Schreibposition an.
f.seek(n, offset)	Verändert die Lese-/Schreibposition.
f.close()	Schließt die Datei.

Tabelle 15.3 Wichtige Methoden für »file«-Objekte

»Hello, File!«

Das folgende Mini-Script zeigt, wie einfach es ist, mehrere Zeilen Text in einer Datei zu speichern und diesen Text später wieder auszulesen:

```
try:
    # in eine Textdatei schreiben
    f1 = open('testfile.txt', 'wt')
    f1.write('Lorem ipsum dolor sit amet, ...\n')
    f1.write('Unicode äöüß\n')
    f1.close()
```

```
    # Textdatei zeilenweise auslesen
    f2 = open('testfile.txt', 'rt')
    for line in f2:
        print(line, end='')
    f2.close()
except BaseException as err:
    print('Fehler:', err)
```

Auf ein paar Details möchte ich hinweisen:

- `write` fügt im Gegensatz zu `print` nicht automatisch ein Zeichen für das Zeilenende hinzu.
- Für Textdateien gilt standardmäßig die Codierung Unicode UTF-8 (auch unter Windows!).
- Anstatt die Datei Zeile für Zeile mit `readline` auszulesen, ist es viel einfacher, eine Schleife in der Form `for var in fileobj` zu erzeugen. Die Schleifenvariable `var` enthält dabei auch das Zeilenende-Zeichen `'\n'`. Deswegen wird bei `print` mit `end=''` ein weiterer Zeilenumbruch vermieden.
- Beim Lesen und Schreiben von Dateien können alle erdenklichen Fehler auftreten (fehlende Zugriffsrechte, voller Datenträger, nicht vorhandene Dateien etc.). Sichern Sie Ihren Code mit `try/except` ab!

15

Andere Textcodierung

Wenn Sie nicht UTF-8 als Textcodierung verwenden möchten, übergeben Sie an `open` den optionalen Parameter `encoding` mit der gewünschten Codierung, z. B. `encoding='latin-1'` oder `encoding='cp1252'` (Windows).

Dateien mit »with/as« automatisch schließen

Eine Grundregel für den Zugriff auf Dateien sowie für die Verwendung von Datenbank- und Netzwerkverbindungen besteht darin, die Datei bzw. die Verbindung so rasch wie möglich wieder zu schließen, um diese zumeist knappen Ressourcen nicht unnötig lange zu blockieren. Traditioneller

Code zur Lösung dieses Problems ist oft nach dem folgenden Muster aufgebaut:

```
try:
  f = open('dateiname')
  ...
finally:
  f.close()
```

In der obigen Form garantiert der finally-Block, dass die Datei auf jeden Fall wieder geschlossen wird – selbst wenn ein Fehler auftritt. Oft wird der Code auch noch mit except-Blöcken kombiniert, um eventuell auftretende Fehler abzufangen.

Eine alternative Vorgehensweise bietet with/as: Damit können Sie eine oder mehrere Ressourcen öffnen und sie im nachfolgenden Block nutzen. Am Ende des Blocks werden die Ressourcen automatisch geschlossen. Die allgemeine Syntax für with/as sieht so aus:

```
with ausdruck1 as var1, ausdruck2 as var2, ...:
  Code, der var1, var2 etc. nutzt
```

Die in var1, var2 etc. enthaltenen Objekte werden nach dem with-Block automatisch geschlossen. Das setzt voraus, dass die entsprechenden Klassen als sogenannte *Kontextmanager* konzipiert sind und hierfür die entsprechenden __enter__- und __exit__-Methoden zur Verfügung stellen. Diese Voraussetzung ist unter anderem für file-Objekte gegeben. Wenn Sie also eine Textdatei auslesen möchten und gleichzeitig garantieren wollen, dass die Datei auch im Falle eines Fehlers geschlossen wird, dann können Sie Ihren Code ganz kompakt so formulieren:

```
with open('readme.txt') as f:
  for line in f:
      print(line, end='')
```

»with«/»as« schützt nicht vor Exceptions!

`with/as` garantiert zwar, dass die in der Konstruktion genannten Ressourcen auch beim Auftreten eines Fehlers geschlossen werden, der Fehler tritt aber dennoch auf. `with/as` ersetzt nicht `try/except`!

Die hier nicht abgedruckte Beispieldatei `textfile-with-as.py` zeigt eine Variante zum vorigen Beispielprogramm, die `with/as` und `try/except` kombiniert.

15.3 Beispiel: Indexeinträge in Textdateien ändern

Vermutlich haben Sie es schon erraten: Dieses Buch habe ich nicht selbst geschrieben. Vielmehr habe ich ein kurzes Python-Script verfasst, das mir diese Arbeit abgenommen hat. :-)

Keine Angst, so großartig ist nicht einmal Python! Aber tatsächlich habe ich viele Textdateien dieses Buchs mit einem Python-Script verändert. Und zwar hat sich der Rheinwerk Verlag die Indexeinträge in der Form »for (Schlüsselwort)« oder »len (Funktion)« gewünscht. Zu diesem Zeitpunkt war ich mit einem Dutzend Kapiteln schon fertig – samt mehreren Hundert Indexeinträgen in der Art »for-Schlüsselwort« oder »len-Funktion«.

Die Kapitel dieses Buchs liegen in der Markdown-Syntax vor, allerdings mit Indexeinträgen in der LaTeX-typischen Form `\index{Eintrag}`. Das folgende Programm durchläuft alle Zeilen aller `*.md`-Dateien im lokalen Verzeichnis, erzeugt Backups (`*.bak`) und ändert im Original alle Indexeinträge, die der gewünschten Form nicht entsprechen.

Zudem erzeugt das Programm zu jedem Eintrag der Form »modulname-Modul« einen zusätzlichen Eintrag der Form »Modul!modulname«, sodass Sie im Indexverzeichnis eine praktische Referenz aller in diesem Buch behandelten Module finden.

Das Script besteht im Wesentlichen aus zwei Teilen. An die Funktion `transform` wird jede Zeile übergeben. Die Funktion testet, ob die Zeile einen `\index`-Eintrag enthält, und verändert diesen gegebenenfalls.

```
# Beispieldatei repair-index.py
from pathlib import Path
# eine Zeile auswerten, gegebenenfalls \index-Eintrag
# ändern und zurückgeben
def transform(s):
    # wenn kein Indexeintrag: unverändert zurückgeben
    if not s.startswith(r'\index{'):
        return s
    # \index{*-Funktion/Methode/Variable/...}
    keywords = {'Funktion', 'Methode', ..., 'Variable'}
    for word in keywords:
        if '-' + word + '}' in s:
            new = s.replace('-' + word, ' (' + word + ')')
            print(' - ', s, ' + ', new, end='', sep='')
            return new

    # Sonderfall \index{*-Modul}
    if '-Modul}' in s:
        pos = s.find('-Modul}')
        new1 = r'\index{Modul!' + s[7:pos] + '}\n'
        new2 = s.replace('-Modul', ' (Modul)')
        print(' - ', s, ' + ', new1, ' + ', new2,
              end='', sep='')
        return new1 + new2

    # sonstiger Indexeintrag: unverändert lassen
    return s
```

Der restliche Teil des Codes besteht aus zwei Schleifen: eine über alle `*.md`-Dateien, die andere über alle Zeilen in der gerade geöffneten Datei:

```
# Schleife über alle *.md-Dateien
for md in Path.cwd().glob('*.md'):
    print('\nBearbeite', md.name)
    # Backup erstellen
    bak = md.with_suffix('.bak')
    md.rename(bak)

    # Backup lesen, in neue *.md-Datei schreiben
    with open(bak, 'rt') as fin, \
         open(md, 'wt') as fout:
        # Datei zeilenweise verarbeiten
        for line in fin:
            fout.write(transform(line))
```

Während der Ausführung zeigt das Script an, welche Datei es gerade bearbeitet, welche Indexeinträge es entfernt (-) und welche es hinzufügt (+):

```
./repair-index.py
  Bearbeite net.md
  - \index{request-Modul}
  + \index{Modul!request}
  + \index{request (Modul)}
  - \index{urlopen-Methode}
  + \index{urlopen (Methode)}
  - \index{HTTPResponse-Klasse}
  + \index{HTTPResponse (Klasse)}
  ...
```


15.4 Standardeingabe und Standardausgabe

Die Variablen `stdin` und `stdout` des `sys`-Moduls enthalten `file`-Objekte, die Sie zum Einlesen von Daten aus der Standardeingabe bzw. zur Ausgabe von Daten an die Standardausgabe verwenden können. Dabei stehen Ihnen dieselben Funktionen zur Verfügung wie bei gewöhnlichen Dateien (siehe

Abschnitt 15.2, »Textdateien lesen und schreiben«). Fehler- und Logging-Meldungen senden Sie am besten an `stderr`.

Was ist die Standardeingabe/Standardausgabe?

Als »Standardeingabe« gelten in `cmd.exe` bzw. in einem Terminal alle dort durchgeführten Eingaben. Umgekehrt werden alle an die »Standardausgabe« geschriebenen Texte in `cmd.exe` bzw. im Terminal angezeigt.

Besonders wichtig ist das Konzept der Standardeingabe und -ausgabe, weil Ergebnisse bzw. Eingaben von Kommandos mit <, > und | umgeleitet bzw. weitergeleitet werden können. Das wird vor allem unter Linux und macOS oft dazu genutzt, mehrere Kommandos zu kombinieren.

Beispiel

Das folgende Script liest zeilenweise Text von der Standardeingabe. Wenn darin der als Parameter übergebene Suchbegriff in beliebiger Groß- und Kleinschreibung entdeckt wird, wird diese Zeile an die Standardausgabe geschrieben:

```
# Beispieldatei igrep.py
import sys
if len(sys.argv) != 2:
    print('Sie müssen genau ein Argument übergeben!')
    sys.exit(1)

pattern = sys.argv[1].lower()
for line in sys.stdin:
    if pattern in line.lower():
        sys.stdout.write(line)
```

Um das Script auszuprobieren, können Sie es z. B. so aufrufen:

```
./igrep.py network < syslog.txt
   Jul 17 12:50:56 u1804 NetworkManager[550]: ...
```

Damit wird die Textdatei `syslog.txt` nach dem Begriff `network` durchsucht. Alle Treffer werden an der Standardausgabe (also im Terminal) angezeigt. Sie können die Ergebnisse auch in eine zweite Datei umleiten:

```
./igrep.py network < syslog.txt > results.txt
```

15.5 JSON-Dateien verarbeiten

Die *JavaScript Object Notation* (JSON) zählt zu den beliebtesten Formaten zur Abbildung hierarchischer Datenstrukturen in Textform. Besonders attraktiv ist der Umstand, dass die JSON-Syntax nahezu deckungsgleich mit der Darstellung von Python-Listen und -Dictionaries ist.

Python unterstützt die Auswertung und Erzeugung von JSON-Zeichenketten durch Funktionen im `json`-Modul. Dabei spielt es keine Rolle, ob die JSON-Daten aus dem Internet heruntergeladen, aus einer Datei gelesen oder in eine Datei geschrieben werden.

»Hello, JSON!«

Ausgangspunkt für dieses Beispiel ist die folgende JSON-Datei `sample.json` mit einer Liste von Büchern:

15

```
[
    {
        "title": "Raspberry Pi",
        "isbn": "978-3836265195",
        "authors": [
            "Kofler",
            "Scherbeck",
            "Kühnast"
        ]
    },
    {
        "title": "Docker",
        "isbn": "978-3836261760",
```

```
        "authors": [
            "Öggl",
            "Kofler"
        ]
    }
]
```

Inklusive der `import`-Anweisung bedarf es gerade drei Zeilen Code, um diese Datei einzulesen:

```
# Beispieldatei hello-json.py
import json
with open('sample.json', 'r') as f:
    data = json.load(f)

print(data)
# [{'title': 'Raspberry Pi', 'isbn': '978-3836265195',
#   'authors': ['Kofler', 'Scherbeck', 'Kühnast']}, ...
```

Die Funktion `load` liest eine JSON-Datei und wandelt deren Inhalt in verschachtelte Listen und Dictionaries um, die sich in der Folge ganz unkompliziert in Python auswerten lassen:

```
for book in data:
    print('Titel:    ', book['title'])
    print('ISBN:     ', book['isbn'])
    print('Autoren: ', ', '.join(book['authors']))
    print()
```

Zur Funktion `load` gibt es auch die Variante `loads`, die die JSON-Daten als Zeichenkette erwartet.

JSON-Dokumente erzeugen

Die Umkehrfunktionen zu `load`/`loads` heißen `dump` (schreibt in eine Datei) bzw. `dumps` (liefert eine Zeichenkette). Über optionale Parameter können Sie die Formatierung steuern:

- `indent=n` gibt an, wie stark die Verschachtelungsebenen eingerückt werden sollen. Fehlt die Angabe, verzichtet `dump` auf unnötige Zeilenumbrüche und Einrückungen. Das macht die resultierende Zeichenkette kompakt, aber für das menschliche Auge schwer lesbar.
- `ensure_ascii=False` liefert das JSON-Dokument in Unicode. Standardmäßig werden dagegen alle Zeichen außerhalb des ASCII-Zeichensatzes in der Form `\unnnn` dargestellt. (Das betrifft auch die deutschen Buchstaben ä, ö, ü und ß.)

Die folgenden Zeilen zeigen die Anwendung der `dumps`-Funktion:

```
# Beispielprogramm hello-json.py
import json
lst1 = list(range(1, 5))
lst2 = list(range(10, 15))
dict = {'name': 'abc äöü', 'list1': lst1, 'list2': lst2}
print(json.dumps(dict))
# Ausgabe {"name": "abc \u00e4\u00f6\u00fc",
# "list1": [1, 2, 3, 4], "list2": [10, 11, 12, 13, 14]}

print(json.dumps(dict, indent=2, ensure_ascii=False))
# Ausgabe {
#           "name": "abc äöü",
#           "list1": [
#             1, ...
#           ],
#           "list2": [
#             10, ...
#           ]
#         }
```


JSON für Objekte eigener Klassen

So praktisch die Funktionen `load`, `loads`, `dump` und `dumps` sind – sie haben eine wesentliche Einschränkung: Sie funktionieren nur für wenige in Python vordefinierte Datentypen sowie für Listen und Dictionaries. Wenn

Sie eigene Klassen entwickelt haben und deren Objekte im JSON-Format speichern wollen, führt der Aufruf von `dump` zur Fehlermeldung *Object of type xy is not JSON serializable*.

Abhilfe schafft die Programmierung eines eigenen Encoders, der von der Klasse `JSONEncoder` abgeleitet ist. Entscheidend ist dabei die Funktion `default`: Sie muss für alle Instanzen eigener Objekte einen Rückgabewert liefern, der von `dump` bzw. `dumps` verarbeitet werden kann. Im `else`-Block für alle anderen Datentypen rufen Sie einfach den Standardencoder der Basisklasse auf.

Im folgenden Listing sind die beiden Klassen `Author` und `Book` definiert, um die Daten von Büchern zu speichern. `MyEncoder` erweitert den `JSONEncoder` dahingehend, dass er auch mit `Author`- und `Book`-Objekten zurechtkommt.

```
# Beispieldatei json-books.py
import json

class Author():
    def __init__(self, name):
        self.name = name

class Book():
    def __init__(self, title, isbn, authors):
        self.title = title
        self.isbn = isbn
        self.authors = authors

class MyEncoder(json.JSONEncoder):
    def default(self, obj):
        if isinstance(obj, Book):
            return {'title': obj.title, 'isbn': obj.isbn,
                    'authors': obj.authors}
        elif isinstance(obj, Author):
            return obj.name
        else:
            return json.JSONEncoder.default(self, obj)
```

Beim Aufruf von `dump` oder `dumps` müssen Sie nun den eigenen Encoder an den optionalen Parameter `cls` übergeben:

```
rapi = Book('Raspberry Pi', '978-3836265195',
            [Author('Kofler'), Author('Scherbeck'),
             Author('Kühnast')])
docker = Book('Docker', '978-3836261760',
              [Author('Öggl'), Author('Kofler')])
books = [rapi, docker]

# books in der Datei sample.json speichern
with open('sample.json', 'w') as f:
    json.dump(books, f, cls=MyEncoder,
              ensure_ascii=False, indent=4)
```

Wenn Sie das Programm ausführen, erzeugt es die Datei `sample.json`, deren Inhalt bereits am Beginn des Abschnitts abgedruckt wurde.

Eigener Decoder

Etwas schwieriger ist die Programmierung eines Decoders, der eine JSON-Datei einliest und dabei entsprechende Objekte erzeugt. Der erste Schritt besteht darin, dass Sie den Encoder nochmals überarbeiten und zusammen mit jedem Objekt auch dessen Datentyp speichern.

Diese Information können Sie dann bei der Programmierung einer eigenen Decoder-Methode (`hook`) in einer von `JSONDecoder` abgeleiteten Klasse auswerten. Entsprechenden Code finden Sie in der Beispieldatei `json-books-decoder.py`, die hier aus Platzgründen nicht abgedruckt ist.

15

15.6 XML-Dateien verarbeiten

Die *Extensible Markup Language* kommt im Internet häufig zum Informationsaustausch zum Einsatz. Seltener verwenden auch Konfigurationsdateien dieses zur manuellen Bearbeitung recht unhandliche Format.

Python stellt diverse Bibliotheken zum Auslesen und Erzeugen von XML-Dokumenten zur Wahl. Ich konzentriere mich hier auf die populäre Element-Tree-API aus dem Modul `xml.etree`.

Einen Vergleich der wichtigsten »offiziellen« XML-Module finden Sie hier:

https://docs.python.org/3/library/xml.html

Zu den wichtigsten externen Modulen, die mit `pip` bzw. `pip3` installiert werden müssen, zählen `BeautifulSoup`, `cElementTree`, `lxml` und `minidom`.

»Hello, XML!«

Als Ausgangspunkt zum Kennenlernen der Element-Tree-APIs dient die Datei `countries.xml`, die Sie von der folgenden Seite kostenlos herunterladen können:

https://madskristensen.net/blog/xml-country-list

Die Datei ist ganz einfach aufgebaut:

```
<!-- Beispieldatei countries.xml -->
<countries>
  <country code="AF" iso="4">Afghanistan</country>
  <country code="AL" iso="8">Albania</country>
  ...
</countries>
```

Wenn das XML-Dokument als lokale Datei vorliegt, ist es am einfachsten, die Datei mit `parse` einzulesen und dann mit `getroot` das Startelement des XML-Baums zu erzeugen (Datentyp `Element`). Alle weiteren Zugriffe auf die Daten gehen von diesem Element aus.

```
# Beispieldatei hello-xml
import xml.etree.ElementTree as ET
tree = ET.parse('countries.xml')
root = tree.getroot()
```

Wenn sich die XML-Daten dagegen in einer Zeichenkette befinden, können Sie das `root`-Element mit der Methode `fromstring` erzeugen:

```
# alternative Vorgehensweise mit XML-Zeichenkette
root = ET.fromstring(s)
```

Jedes `Element`-Objekt verfügt über mehrere Eigenschaften:

- `tag` verrät den Namen des aktuellen XML-Tags. Für die `root`-Variable der oben abgedruckten XML-Datei ist das `'countries'`.
- `text` gibt Zugriff auf den Text bis zum zugehörigen End-Tag. Verschachtelte XML-Tags zählen nicht zum Text! Deswegen liefert `root.text` eine leere Zeichenkette.
- `attrib` zeigt auf ein Dictionary, über dessen Schlüssel Sie die Attribute des Elements auslesen können. In `countries.xml` enthält `<countries>` keine Attribute, das Dictionary ist deswegen leer.
- `Element`-Instanzen sind *iterable*, können also in Schleifen durchlaufen werden. Die Schleifenvariable enthält dann der Reihe nach alle enthaltenen XML-Tags (»Kinder«), wobei es sich dabei wiederum um `Element`-Objekte handelt.
- Schließlich können Sie mit numerischen Indizes auf Sub-Elemente zugreifen. Für das vorliegende Beispiel erhalten Sie mit `root[2].text` die Zeichenkette `'Algeria'`.

Die folgende Schleife zeigt, wie einfach `countries.xml` ausgewertet werden kann:

```
for c in root:  # Schleife über alle Kinder-Einträge
  print('%44s: Code=%s, ISO=%s' %
    (c.text, c.attrib['code'], c.attrib['iso']))
  # Ausgabe:       Afghanistan: Code=AF, ISO=4
  #                    Albania: Code=AL, ISO=8
  #                    Algeria: Code=DZ, ISO=12
```

Um ein Dictionary für alle Ländernamen zu bilden, wobei als Schlüssel der Ländercode benutzt wird, verwenden Sie am besten die Dictionary-Comprehension-Syntax:

```
dict = { c.attrib['code'] : c.text for c in root }
print(dict['DE'])
# Ausgabe Germany
```

Beispiel: Newsfeed auswerten

Viele Websites stellen einen Newsfeed oder eine Sitemap mit Links zu den neuesten (Blog-)Beiträgen im XML-Format zur Verfügung. Ich beziehe mich in diesem Beispiel auf meine eigene, mit WordPress gestaltete Website, deren Newsfeed unter dieser Adresse verfügbar ist:

https://kofler.info/feed

Das hier verfügbare XML-Dokument entspricht dem RSS-Format (*Rich Site Summary*) und sieht so aus (hier zur besseren Lesbarkeit stark gekürzt):

```
<!-- https://kofler.info/feed -->
<?xml version="1.0" encoding="UTF-8"?>
<rss version="2.0" xmlns:content=... >
  <channel>
    <title>kofler.info</title>
    <description>Bücher von Michael Kofler</description>
    <lastBuildDate>Fri, 08 Mar 2024 ...</lastBuildDate>
    ...
    <item>
      <title>RasAP - Der perfekte Ad-Blocker ...</title>
      <link>https://kofler.info/rasap-der-...</link>
      ...
    </item>
    <item>
      <title>Datenbanksysteme (2. Aufl.) ist ...</title>
      <link>https://kofler.info/datenbanksysteme-2-...</
    link>
      ...
    </item>
  </channel>
</rss>
```

Ziel des folgenden Python-Scripts ist es, die Links zu den neuesten Artikeln herauszufinden. Der erste Schritt besteht darin, den Newsfeed in eine Zeichenkette herunterzuladen. Das erforderliche Code ist ein Vorgriff auf das nächste Kapitel (siehe Kapitel 16, »Netzwerkfunktionen«):

```
# Beispieldatei xml-kofler-info.py
import urllib.request
url      = 'https://kofler.info/feed'
response = urllib.request.urlopen(url)
binary   = response.read()          # binäre Daten als
sitemap  = binary.decode('utf-8') # Text interpretieren
```

Zertifikatprobleme

Wenn beim Test des Programms unter macOS ein Zertifikatsfehler angezeigt wird, müssen Sie die SSL-Zertifikate installieren (siehe Abschnitt 16.1, »Download und Upload von Dateien«).

Zur XML-Auswertung bietet sich die Methode `iter` an. Sie durchsucht den XML-Baum in allen Ebenen nach XML-Tags mit einem bestimmten Namen.

```
import xml.etree.ElementTree as ET
root = ET.fromstring(sitemap)
for lnk in root.iter('link'):
    print(lnk.text)
    # Ausgabe: https://kofler.info/rasap-der-...
    #          https://kofler.info/datenbanks...
    #          ...
```

Eine alternative Vorgehensweise sieht so aus: Sie ermitteln zuerst mit `root[0]` das `<channel>`-Element und suchen dann mit `findall` auf dieser Ebene (im Gegensatz zu `iter` also nicht in tieferen Ebenen!) nach `<link>`-Elementen.

```
# Alternative Vorgehensweise
root = ET.fromstring(sitemap)
channel = root[0]
for itm in channel.findall('item'): # Schleife über <item>s
    print(itm.find('link').text)
    # Ausgabe wie oben
```

15

15.7 Wiederholungsfragen und Übungen

- **W1:** Speichern Sie den Login-Namen (`getpass.getuser()`), das Datum und die Uhrzeit in der Textdatei `python-test-file.tmp` in Ihrem Heimatverzeichnis.
- **W2:** Durchsuchen Sie das gesamte Heimatverzeichnis nach Dateien mit der Endung `*.py`, und berechnen Sie den Gesamtspeicherbedarf aller derartigen Dateien.

  Tipp: Ausgehend von einem `Path`-Objekt führt `stat()` zu den Metadaten einer Datei und gibt unter anderem Zugriff auf deren Größe.
- **W3:** Die New York Times erstellt wöchentlich Listen mit den beliebtesten Büchern und stellt diese Listen in Form von JSON-Dokumenten zur Verfügung. Besorgen Sie sich auf *https://developer.nytimes.com/signup* einen kostenlosen Schlüssel für die Book-API, und bauen Sie ihn in die folgende URL ein:

  https://api.nytimes.com/svc/books/v3/lists/current/hardcover-fiction.json?api-key=<ihr-key>

  Diese Adresse führt zur Hardcover-Top-15-Liste. Laden Sie das JSON-Dokument herunter, und extrahieren Sie daraus Titel, Autor und ISBN der Bestseller.

Kapitel 16

Netzwerkfunktionen

In diesem Kapitel stelle ich Ihnen einige Netzwerkfunktionen von Python vor. Dabei konzentriere ich mich auf die folgenden Themen:

- Down- und Upload von Dateien (HTTP, HTTPS, FTP)
- REST-APIs nutzen
- Mails versenden

Wie in den anderen Kapiteln kann ich auch hier nur einige besonders wichtige Funktionen herausgreifen. Eine vollständige Beschreibung aller Netzwerkfunktionen und -module würde ein ganzes Buch füllen. Ein guter Startpunkt für eigene Recherchen sind die folgenden Seiten:

https://docs.python.org/3/library/ipc.html (Low Level)
https://docs.python.org/3/library/internet.html (High Level)
https://wiki.python.org/moin/UsefulModules#Networking

16.1 Download und Upload von Dateien

Das Modul `urllib.request` stellt diverse Funktionen und Klassen für den Download von Dateien via HTTP oder HTTPS zur Verfügung. In einem XML-Beispiel im vorigen Kapitel habe ich die einfachste (und vermutlich populärste) Anwendungsvariante bereits gezeigt:

```
# Beispieldatei hello-download.py
import urllib.request
url      = 'https://kofler.info'
response = urllib.request.urlopen(url)
binary   = response.read()           # Download durchführen
txt      = binary.decode('utf-8') # als Text interpretieren
```

Um ein Dokument von einem HTTP- oder HTTPS-Server herunterzuladen, übergeben Sie seine Adresse (*Uniform Resource Locator*, kurz URL) an die Methode `urlopen`. Als Ergebnis erhalten Sie ein `HTTPResponse`-Objekt. Darauf wenden Sie die `read`-Methode an, um die HTML-Seite bzw. Datei vollständig herunterzuladen. `read` arbeitet synchron, das heißt, Ihr Programm wird erst nach dem Abschluss des Downloads fortgesetzt.

`read` liefert binäre Daten zurück (Datentyp `bytes`). Wenn es sich dabei um einen Text handelt, setzt die Umwandlung in eine Zeichenkette durch `binary.decode` voraus, dass Sie das Codierungsformat kennen. Ist das nicht der Fall, können Sie es mit `get_content_charset` ermitteln:

```
cs  = response.headers.get_content_charset()
txt = binary.decode(cs)
```

Beim Download und bei der Decodierung können alle möglichen Fehler auftreten (falsche URL, Timeout, keine Netzwerkverbindung, falscher Zeichensatz etc.). Daher sollten Sie entsprechenden Code immer mit `try/except` absichern.

Zertifikatsprobleme unter macOS

Bei der Kommunikation via HTTPS muss Python verifizieren, ob die Zertifikate der jeweiligen Website von einem autorisierten Dienst ausgestellt wurden. Die unter macOS standardmäßig installierten OpenSSL-Bibliotheken betrachtet Python als veraltet und nicht vertrauenswürdig. Stattdessen greift Python auf eine Zertifikatsammlung des `certifi`-Pakets zurück.

Aus technischen Gründen ist es während der Installation von Python unmöglich, dieses Paket zu installieren (siehe *https://bugs.python.org/issue29480*). Das macOS-Installationsprogramm von Python weist in einer Readme-Datei auf die Notwendigkeit einer manuellen Installation hin, aber erfahrungsgemäß wird dieser Text selten gelesen.

Wenn Sie also beim ersten Versuch, eine HTTPS-Verbindung herzustellen (z. B. mit der Methode `urlopen`), die SSL-Fehlermeldung *Certificate verify failed* erhalten, dann sind die fehlenden Root-Zertifikate die Ursache. Abhilfe:

Öffnen Sie ein Terminalfenster, und führen Sie dort das folgende Kommando aus:

```
/Applications/Python\ 3.12/Install\ Certificates.command
```

Große Dateien stückweise herunterladen

Das Codebeispiel hat mit `response.read()` das gesamte Dokument auf einmal heruntergeladen. Bei kleinen Dateien ist das zweckmäßig. Wenn Sie hingegen eine umfangreiche Datei Stück für Stück herunterladen möchten, ist es besser, an `read` die maximale Anzahl von Bytes zu übergeben, die Sie auf einmal verarbeiten möchten.

Das folgende Beispiel zeigt, wie Sie eine PDF-Datei stückweise via HTTPS herunterladen und in eine Datei speichern. Dabei werden immer wieder maximal 64 KiB heruntergeladen, bis `read` keine Ergebnisse mehr liefert. `print` gibt für jeden Schritt ein +-Zeichen auf dem Bildschirm aus. Die `flush`-Methode stellt sicher, dass die Ausgabe sofort erscheint. (Ohne `flush` würden die einzelnen Ausgaben zwischengespeichert, was zwar effizienter ist, aber die Idee eines visuellen Feedbacks zunichtemacht.)

```
# Beispieldatei download-chunk.py
import urllib.request
import sys
url       = 'https://hostname.../leseprobe.pdf'
chunksize = 64 * 1024  # 64 KiB
response  = urllib.request.urlopen(url)
with open('leseprobe.pdf', 'wb') as f:
    while True:
        chunk = response.read(chunksize)
        if not chunk:
            break
        f.write(chunk)
        # Feedback
        print('+', end='')
        sys.stdout.flush()
    print()
```

16

FTP

FTP ist ein veraltetes und unsicheres Protokoll, es ist aber immer noch weit verbreitet. Um eine Datei von einem FTP-Server herunterzuladen, verwenden Sie am besten das Modul `ftplib`.

Das folgende Beispielprogramm überträgt eine Datei von einem bzw. zu einem FTP-Server, der auf einem Raspberry Pi im lokalen Netzwerk läuft. Bevor Sie das Programm testen können, müssen Sie auf Ihrem Raspberry Pi mit `sudo apt install vsftpd` einen FTP-Server installieren und in dessen Konfigurationsdatei `/etc/vsftpd.conf` den Schreibzugriff erlauben.

Der Code ist leicht verständlich. Zuerst wird ein FTP-Objekt erzeugt, wobei der Hostname, der Login-Name und das Passwort übergeben werden. Anschließend lädt die Methode `retrbinary` die gewünschte Datei (hier `readme.txt`) vom FTP-Server herunter und speichert sie in einer lokalen Datei (Variable `file`).

Natürlich kann das Programm auch mit jedem beliebigen anderen FTP-Server kommunizieren. Die Variablen `hostname`, `user` und `pw` müssen Sie an Ihre Gegebenheiten anpassen. »Echten« Code sollten Sie mit `try/except` gegen mögliche Fehler absichern (Host nicht erreichbar, Login ungültig etc.).

```
# Beispieldatei ftp-pi.py
from ftplib import FTP
host = 'raspberry'
user = 'pi'
pw   = 'geheim'

# Datei readme.txt vom FTP-Server herunterladen
# und lokal speichern
ftp = FTP(host, user, pw)
fname = 'readme.txt'
with open(fname, 'wb') as file:
    ftp.retrbinary('RETR %s' % (fname), file.write)
```

Ein Upload erfolgt nach dem gleichen Schema, wobei Sie nun allerdings die Methode `storbinary` mit dem Kommando `STOR` ausführen:

```
fname = 'other.txt'
with open(fname, 'rb') as file:
    ftp.storbinary('STOR %s' % (fname), file)
```

Weitere FTP-Methoden fasst die `ftplib`-Dokumentation zusammen:

https://docs.python.org/3/library/ftplib.html

16.2 REST-APIs nutzen

Die Abfrage von Daten bei externen Diensten lässt sich besonders einfach mit einem *Application Programming Interface* realisieren. Durchgesetzt haben sich in den letzten Jahrzehnten sogenannte *REST-APIs*: Der *Representational State Transfer* beruht auf einem Datenaustausch über etablierte HTTP-Requests wie Get, Put oder Post. Sie senden also einen Get-Request und erhalten ein JSON-Dokument mit Informationen – den Wetterbericht, Börsendaten usw.

Es gibt im Internet eine Menge Dienste, die in der Grundform kostenlos sind (oftmals aber erst nach einer Registrierung). Zusatzfunktionen erfordern ein kostenpflichtiges Abo oder eine andere Form der Bezahlung. Manche Dienste ermöglichen auch die Speicherung von Daten mit Put oder Post.

Bei der Programmierung Ihrer Python-Scripts können Sie das im vorigen Abschnitt schon beschriebene `urllib`-Modul verwenden. Mehr Komfort bietet das Modul `requests`, das ich Ihnen hier kurz vorstelle. Das Modul hat den Nachteil, dass es extra installiert werden muss (siehe Abschnitt 13.3):

```
pip  install requests              # Windows
pip3 install requests              # macOS
sudo apt install python3-requests  # Debian, Ubuntu
sudo dnf install python3-requests  # Fedora, Red Hat
```

Requests ausführen

Nach `import requests` können Sie mit `get`, `put` usw. Requests ausführen. Die folgenden Zeilen zeigen einen einfachen Get-Request. Das binäre Ergebnis (`response.content`) wird mit `decode` in eine UTF-8-Zeichenkette umgewandelt und ausgegeben. Die eingesetzte Seite *https://httpbin.org* ist speziell zum Testen von REST-Requests gedacht.

```
# Beispielprogramm rest-httpbin.py
import requests
# Get-Request
response = requests.get('https://httpbin.org/get?q=123')
print(response.content.decode('utf-8'))
# {
#   "args": {
#     "q": "123"
#   }, ...
```

Wenn die REST-API ein JSON-Dokument zurückgibt, machen Sie daraus mit der integrierten Methode `json` einen Python-Objektbaum. (Sie brauchen also nicht auf das `json`-Modul zurückzugreifen.) Den HTTP-Status der Webserver-Antwort ermitteln Sie mit der Eigenschaft `status_code`.

```
response = requests.get('https://httpbin.org/get?q=123')
data = response.json()
print(data)
# {'args': {'q': '123'},
#  'headers': {'Accept': '*/*', ...
print(response.status_code)
# 200
```

Je nachdem, welche Art von Request Sie ausführen möchten, verwenden Sie anstelle von `requests.get` entsprechend `put`, `patch`, `delete` usw. An sämtliche Methoden können Sie diverse optionale Parameter übergeben:

- `header` erwartet ein Dictionary mit den Header-Daten.
- An `data` übergeben Sie wahlweise ein Dictionary mit Parametern (z. B. für einen Post-Request) oder eine Zeichenkette mit sonstigen Daten.

- Alternativ können Sie mit dem Parameter `json` ein Dictionary übergeben. Sein Inhalt wird im JSON-Format übertragen.
- Mit `files` können Sie lokale Dateien zum Server hochladen.

Die folgenden Zeilen zeigen einen Put-Request, bei dem Daten im JSON-Format zum Server übertragen werden. Um zu überprüfen, ob der Put-Request funktioniert, können Sie die Antwort ausgeben. Sie enthält eine Kopie der übergebenen Daten.

```
data = {'firstName': 'John', 'lastName': 'Doe'}
response = requests.put('https://httpbin.org/put',
                        json=data)
print(response.json())
```

Um einen Request mit einer Basic-Authentifizierung zu testen, können Sie bei *https://httpbin.org* Name und Passwort in die URL verpacken. Zur Authentifizierung übergeben Sie den Benutzernamen und das Passwort an die `auth`-Option. Wenn die Daten übereinstimmen, erhalten Sie den Status-Code 200 (OK).

```
url = 'https://httpbin.org/basic-auth/maria/topsecret'
response = requests.get(url, auth=('maria', 'topsecret'))
print("Status-Code:", response.status_code)
```


Beispiel: Aktuelles Wetter ermitteln

Das folgende Beispiel ermittelt das aktuelle Wetter an einem gegebenen Ort. Es greift auf *https://api.weatherapi.com* zurück. Diese API kann mit gewissen Einschränkungen kostenlos genutzt werden. Sie müssen sich allerdings einen API-Key besorgen. (Die Angabe Ihrer E-Mail-Adresse reicht aus, Sie müssen weder eine Kreditkartennummer noch sonstige persönliche Daten angeben.)

Ihr Programm muss nun eine Adresse zusammensetzen, die wie im folgenden Beispiel aussieht:

https://api.weatherapi.com/v1/current.json?key=1234&q=Graz&aqi=no

Mit dieser URL (*Uniform Resource Locator*) führen Sie einen Get-Request aus. Als Antwort erhalten Sie ein relativ verschachteltes JSON-Dokument wie im folgenden Listing:

```
{
  "location": {
    "name": "Graz",
    "region": "Steiermark",
    ...
    "localtime": "2024-03-28 9:27"
  },
  "current": {
    "temp_c": 9,
    "temp_f": 48.2,
    "condition": {
      "text": "Partly cloudy",
      ...
    },
    ...
  }
}
```

Das folgende Programm stellt die URL zusammen (siehe dazu auch Abschnitt 6.4, »Zeichenketten formatieren und konvertieren«) und extrahiert aus den JSON-Daten die Temperatur in Grad Celsius sowie die Beschreibung des aktuellen Wetters:

```
# Beispiel rest-weather.py
import requests
key  = "7901..."
city = "Graz"
base = "https://api.weatherapi.com/v1/current.json"
url  = "%s?key=%s&q=%s&aqi=no" % (base, key, city)
response = requests.get(url)
data = response.json()
condition = data['current']['condition']['text']
print("Das Wetter in %s: %s" % (city, condition))
print("Temperatur:", data['current']['temp_c'], "°C")
```

Bei meinem Test hat das Programm die folgende Ausgabe produziert:

```
Das Wetter in Graz: Partly cloudy
Temperatur: 9.0 °C
```

16.3 Mails versenden

Damit Sie aus einem Python-Script heraus Mails versenden können, benötigen Sie Zugang zu einem Mail-Server. Am einfachsten gelingt das, wenn auf Ihrem Rechner ohnedies ein konfigurierter Mail-Server läuft. Diese Voraussetzung ist allerdings nur auf (manchen) Linux-Servern erfüllt.

Um die E-Mail zusammenzustellen, verwenden Sie Funktionen bzw. Klassen aus dem `email`-Modul. Ich gehe hier davon aus, dass der Nachrichteninhalt aus reinem Text besteht (ohne HTML-Tags) und dass sowohl die Nachricht als auch das Thema (*Subject*) internationale Sonderzeichen enthalten darf. Beachten Sie aber, dass Sender und Empfänger bei dieser Variante ausschließlich aus ASCII-Zeichen zusammengesetzt werden müssen (also ohne ä, ö, ü oder ß).

Zum Versenden der Mail wird ein `SMTP`-Objekt erzeugt, das mit dem lokalen E-Mail-Server kommuniziert (`localhost`). Aus diesem Grund sind keine Authentifizierungsdaten erforderlich. Der Versand kann unmittelbar mit `send_message` initiiert werden. Wie üblich ist es zweckmäßig, den Code durch `try/except` abzusichern. 16

```
# Beispieldatei hello-mail.py
from email.mime.text import MIMEText
from email.header import Header
import smtplib
msg  = 'Lorem ipsum äöü ...'
subj = 'Die erste von Python versendete Mail äöü'
frm  = 'Absender <absender@host-abc.de>'
to   = 'Max Mustermann <max@mustermann.xyz>'
# E-Mail zusammenstellen
mail = MIMEText(msg, 'plain', 'utf-8')
mail['Subject'] = Header(subj, 'utf-8')
```

```
mail['From']    = frm
mail['To']      = to
# E-Mail versenden
smtp = smtplib.SMTP('localhost')
smtp.send_message(mime)
smtp.quit()
```

Mail-Versand an einen externen SMTP-Server

Um die E-Mail an einen externen SMTP-Server zu übergeben, der nicht auf demselben Rechner läuft wie Ihr Python-Script, erzeugen Sie abermals ein `SMTP`-Objekt. Mit `starttls` initiieren Sie eine verschlüsselte Verbindung mit dem Server. Anschließend führen Sie den Login durch und verwenden dann die Methode `sendmail`, um Ihre Nachricht zu versenden. Beachten Sie, dass Sie den Empfänger in eckige Klammern stellen müssen. `sendmail` erwartet im zweiten Parameter eine Liste mit allen Empfängern – auch wenn es wie in diesem Beispiel nur einen einzigen Empfänger gibt.

```
# Beispieldatei mail2.py
... wie bisher
# E-Mail mit lokalem Mail-Server versenden
smtp = smtplib.SMTP('smtp-server-hostname')
smtp.starttls()
smtp.login('loginname', 'password')
smtp.sendmail(frm, [to], mail.as_string())
smtp.quit()
```

Bei Bedarf können Sie mit `smtp.smtpport = n` explizit die Port-Nummer Ihres SMTP-Servers angeben. In der Regel verwendet das `email`-Modul aber automatisch den richtigen Port.

Google Mail

Die hier skizzierte Vorgehensweise funktioniert grundsätzlich auch mit Google Mail (Gmail). Anstelle des Accountpassworts müssen Sie allerdings ein sogenanntes *App-Passwort* verwenden, das Sie in den Konteneinstellungen einrichten.

Dazu öffnen Sie das Dialogblatt SICHERHEIT und geben im Suchfeld »App-Passwörter« ein. App-Passwörter können nur verwendet werden, wenn Sie vorher die Zweifaktorauthentifizierung (2FA) aktiviert haben.

HTML-Mail

Viele Mails enthalten die Nachricht gleich doppelt: Einmal als reinen Text und ein zweites Mal als HTML-Code. Um derartige Mails in Python zusammenzustellen, benötigen Sie eine `MIMEMultipart`-Instanz vom Typ `alternative`, der Sie dann `MIMEText`-Objekte mit den beiden Varianten der Nachricht hinzufügen. Ein weiterer Vorteil dieser Vorgehensweise besteht darin, dass nun alle Teile der Mail (auch Absender und Empfänger) internationale Sonderzeichen enthalten dürfen.

```
# Beispielprogramm mail3.py
from email.mime.text import MIMEText
from email.mime.multipart import MIMEMultipart
import smtplib
msg  = 'Lorem ipsum äöü ...'
html = '<html><body><p>Lorem ipsum<p>äöü ...</body></html>'
subj = 'Noch eine von Python versendete Mail äöü'
frm  = 'Sender mit äöü <bla@bla.com>'
to   = 'Empfänger mit äöü <bla@blabla.com>'
# E-Mail zusammenstellen
mail = MIMEMultipart('alternative')
mail['Subject'] = subj
mail['From']    = frm
mail['To']      = to
mail.attach(MIMEText(msg, 'plain'))
mail.attach(MIMEText(html, 'html'))
# E-Mail versenden
... wie bisher
```

16

Bild hinzufügen

Um einer E-Mail ein Bild hinzuzufügen, erzeugen Sie die Nachricht wieder als `MIMEMultipart`, aber dieses Mal ohne den `alternative`-Parameter. Sie müssen sich für eine Textform entscheiden, Plain oder HTML. Dafür können Sie mit `attach` nun beliebig viele in `MIMEImage`-Objekten verpackte Bilder hinzufügen:

```
# Beispieldatei mail4.py
from email.mime.image import MIMEImage
... wie bisher

# E-Mail zusammenstellen
mail = MIMEMultipart()
mail['Subject'] = subj
mail['From']    = frm
mail['To']      = to
mail.attach(MIMEText(html, 'html'))

# Datei mit Foto hinzufügen
with open('foto.jpg', 'rb') as f:
    img = MIMEImage(f.read())
mail.attach(img)

# E-Mail versenden
... wie bisher
```

Weitere Mail-Varianten

Die vollständige Dokumentation der diversen Mail-Klassen sowie eine Menge weiterer Beispiele finden Sie hier:

https://docs.python.org/3/library/email.html
https://docs.python.org/3/library/email.examples.html

Kapitel 17
Systemadministration

Speziell unter Linux ist Python eine sehr beliebte Programmiersprache, um diverse Aufgaben zur Systemadministration zu automatisieren. Egal, ob es darum geht, nach dem Herstellen der Netzwerkverbindung Firewall-Regeln zu verändern, Backups durchzuführen oder Benutzer einzurichten – mit Python lassen sich solche Aufgaben oft im Handumdrehen erledigen.

In diesem Kapitel erkläre ich Ihnen zuerst, wie Sie von Python aus andere Kommandos aufrufen und wie Sie auf MySQL- oder MariaDB-Datenbanken zugreifen. Zwei Beispielprogramme zeigen für diese Programmiertechniken konkrete Anwendungen:

- Linux-Benutzer einrichten
- MySQL/MariaDB-Datenbanken statistisch auswerten

17.1 Linux-Kommandos aufrufen

Mit `subprocess.run` führen Sie aus einem Python-Script heraus ein anderes Programm oder Kommando aus. Im einfachsten Fall übergeben Sie an `run` eine Liste mit dem Kommandonamen und den dazugehörenden Optionen. Die folgenden Zeilen rufen das Kommando `ls` mit der Option `-l` aus, das Details zu den Dateien im aktuellen Verzeichnis anzeigt. `run` liefert als Ergebnis ein Objekt der Klasse `CompletedProcess` zurück (siehe Tabelle 17.1).

```
# Beispieldatei run-cmd.py
import subprocess
result = subprocess.run(['ls', '-l'])
```

Eigenschaft	Bedeutung
args	das ausgeführte Kommando als Zeichenkette oder Liste
returncode	der Rückgabecode (0 = OK, sonst Fehler)
stdout	Standardausgabe des Kommandos
stderr	Fehlermeldungen des Kommandos

Tabelle 17.1 Eigenschaften eines Objekts des Typs »CompletedProcess«

Linux only

Ich bemühe mich in diesem Buch, Python möglichst plattformunabhängig zu präsentieren. Für diesen und den folgenden Abschnitt setze ich aber voraus, dass Sie unter Linux arbeiten.

Ergebnisse verarbeiten

Wenn run wie im vorigen Listing ausgeführt wird, erfolgen die Ausgaben des Kommandos direkt im Terminal, in dem das Python-Script ausgeführt wird. stdout und stderr des Ergebnisobjekts bleiben leer.

Wenn Sie die Ausgaben selbst verarbeiten möchten, übergeben Sie an run die Parameter stdout=PIPE und stderr=PIPE. Dabei ist PIPE ein Objekt aus dem subprocess-Modul, das Sie am besten wie folgt importieren:

```
from subprocess import PIPE
```

Nach der Kommandoausführung liefern die Eigenschaften stdout und stderr die Ausgabe bzw. die Fehlermeldungen des Kommandos als Byte-Strings. Mit decode('utf-8') machen Sie daraus einen gewöhnlichen Unicode-String. Falls Sie die Zeichenkette zeilenweise verarbeiten möchten, verwenden Sie am einfachsten splitline:

```
result   = subprocess.run(["ls", "-l"],
                          stdout=PIPE, stderr=PIPE)
```

```
output   = result.stdout
errormsg = result.stderr
for line in output.decode('utf-8').splitlines():
    print('Ergebnis:', line)
```

Ab Python 3.7 können Sie anstelle von `stdout=PIPE` und `stderr=PIPE` ein wenig kürzer `capture_output=True` übergeben.

Kommando durch die »bash« ausführen

Wenn Sie möchten, dass Ihr Kommando von der Standard-Shell ausgeführt wird, auf den meisten Linux-Distributionen also von der `bash`, dann übergeben Sie an `run` den zusätzlichen Parameter `shell=True`. Das hat zwei Vorteile:

- Zum einen können Sie nun das oder die auszuführenden Kommandos in einer einfachen Zeichenkette angeben, wobei auch das Pipe-Zeichen | funktioniert, also beispielsweise:

  ```
  result = subprocess.run('dmesg | grep -i eth',
    stdout=PIPE, stderr=PIPE, shell=True)
  print('Shell1:\n', result.stdout.decode('utf-8'))
  ```

- Zum anderen wertet die Shell die Jokerzeichen `*` und `?` aus, womit Sie unkompliziert Dateien verarbeiten können, die einem bestimmten Muster entsprechen:

  ```
  result = subprocess.run('ls -l *.py',
    stdout=PIPE, stderr=PIPE, shell=True)
  ```

Die Verwendung der Shell verursacht allerdings einen höheren Overhead. Wenn es Ihnen darum geht, viele Kommandos möglichst schnell auszuführen, sollten Sie auf `shell=True` nach Möglichkeit verzichten. Auf der folgenden Website finden Sie Tipps, wie Sie gängige Aufgabenstellungen auch ohne `shell=True` realisieren können:

https://docs.python.org/3/library/subprocess.html

17

Fehler beim Kommandoaufruf

Wie `run` auf Fehler reagiert, hängt davon ab, ob Sie das Kommando direkt oder über die Shell ausführen und welche Art von Fehler auftritt. Wenn Ihnen beispielsweise beim Kommandonamen ein Tippfehler passiert, dann kommt es ohne `shell=True` zu einer `OSError`-Exception. Mit `shell=True` erhalten Sie lediglich einen Rückgabewert ungleich 0.

Generell sollten Sie `run` stets mit dem zusätzlichen Parameter `check=True` ausführen. Damit erreichen Sie, dass bei jedem Fehler eine Exception ausgelöst wird. Der Exception-Typ ist dabei `CalledProcessError`. Diese Fehlerklasse müssen Sie aus dem `subprocess`-Modul importieren.

Der folgende Code zeigt eine Art universelle Fehlerabsicherung, die unabhängig davon funktioniert, wie Sie `run` verwenden, also mit oder ohne `check=True` und `shell=True`:

```
# immer noch Beispieldatei run-cmd.py
from subprocess import CalledProcessError
try:
    result = subprocess.run("lsabc", shell=True,
      check=True, stdout=PIPE, stderr=PIPE)
    exitcode = result.returncode
    if exitcode != 0:
        print('Fehlercode', exitcode)
    else:
        print('Alles bestens, Rückgabecode', exitcode)
except OSError as ex:
    print('OSError-Exception', ex)
except CalledProcessError as ex:
    print('CalledProcessError-Exception', ex)
```

17.2 Linux-Accounts einrichten

Ausgangspunkt für das Beispiel ist die Textdatei `newusers.txt` mit den Nachnamen von Benutzern (z. B. Studenten oder Schüler). Ein Python-Script soll nun für alle Namen Linux-Accounts einrichten.

Die Ausgangsdatei kann z. B. so aussehen:

```
huber
mueller
maier
```

Das Script muss die Accounts einrichten, jedem Benutzer ein Passwort zuweisen und dieses in einer weiteren Datei zusammen mit dem Benutzernamen speichern. Alle Benutzer müssen sofort beim ersten Login ihr Passwort ändern. Die Gültigkeit der Accounts endet am 31.12.2024.

Mit etwas Linux-Know-how oder nach einer kurzen Internetrecherche wissen Sie, dass für jeden Benutzer die folgenden Kommandos auszuführen sind:

```
useradd <name>
echo <name>:<passwd> |  chpasswd
chage -d 0 -E 2024-12-31
```

Jetzt gilt es, diese Anweisungen in Python-Code umzusetzen, wobei noch ein paar Nebenaufgaben zu erledigen sind: eine Textdatei lesen, eine zweite schreiben, Passwörter generieren etc. Ich beginne hier mit dem Code, die Erklärungen folgen danach:

```
# Beispieldatei create-users.py
from subprocess import run
from subprocess import CalledProcessError
from secrets import choice
pwchars = 'abcdefghijklmnopqrstuvwxyz0123456789'
try:
    with open('newusers.txt', 'rt') as fin, \
         open('user-pw.txt', 'wt') as fout:
        for line in fin:
            username = line.strip()  # \n entfernen
            pw = ''.join(choice(pwchars)
                         for _ in range(9))
            pwstr = username + ':' + pw
            print(pwstr)               # Feedback
            fout.write(pwstr + '\n') # Ergebnisdatei
```

17

```
            run(['useradd', username], check=True)
            run('echo %s | chpasswd' % (pwstr),
                shell=True, check=True)
            run(['chage', '-d 0', '-E 2024-12-31',
                 username], check=True)
except CalledProcessError as ex:
    print('Fehler:', ex)
```

Passwörter erzeugen

Als Passwortgenerator kommt die Funktion `choice` aus dem `secrets`-Modul zum Einsatz. Sie wählt aus einer vorgegebenen Zeichenkette (hier `pwchars`) zufällig ein Zeichen aus. Der Gesamtausdruck mit `for _ in range(9)` macht daraus eine Menge (*Set Comprehension*), `join` fügt die Zeichen zu einem Passwort zusammen.

Dateien lesen und schreiben

Mit `with/as` werden hier gleich zwei Dateien geöffnet, eine zum Lesen, eine zum Schreiben. Die Datei `newusers.txt` wird zeilenweise verarbeitet, wobei `strip` nicht nur eventuell vorhandene Leerzeichen vor und nach dem Accountnamen eliminiert, sondern auch das oder die Zeilentrennzeichen (`'\n'`).

Kommandos aufrufen

Um den Tippaufwand und die Zeilenlänge zu minimieren, habe ich hier nicht das `subprocess`-Modul importiert, sondern nur die `run`-Funktion.

```
from subprocess import run
```

Damit wird aus `subprocess.run(...)` einfach `run(...)`. Bei `useradd` und `chage` werden Kommandos und Optionen einfach als Liste übergeben. `chpasswd` ist insofern komplizierter, als hier eine Ein-/Ausgabeumleitung erforderlich ist. `echo` gibt die Kombination aus Benutzername und Passwort aus, `chpasswd` verarbeitet diese Informationen. Deswegen muss das gesamte

Kommando von einer Shell ausgeführt werden. (Aus Sicherheitsgründen sieht chpasswd keine Option vor, das Passwort direkt zu übergeben.)

Die run-Funktion sieht für solche Fälle einen zweiten Weg vor. Dazu übergeben Sie die als Standardeingabe zu verarbeitenden Daten an den Parameter input. Allerdings erwartet dieser Parameter eine Bytefolge, weswegen Sie die Zeichenkette, die mit '\n' enden muss, zuerst mit bytes decodieren müssen:

```
pwdata = bytes(pwstr + '\n', 'utf-8')
run(['chpasswd'], input=pwdata, check=True)
```

Script ausführen

Da das Script administrative Aufgaben erledigt, die root vorbehalten sind, müssen Sie das Script mit Administratorrechten ausführen. Bei den meisten Linux-Distributionen stellen Sie dazu einfach sudo voran. Dieses Kommando fragt nach Ihrem Passwort und führt das nachfolgende Kommando dann als root aus. Das funktioniert natürlich nur, wenn Ihr Account über sudo-Rechte verfügt.

```
sudo ./create-users.py

  [sudo] Passwort für kofler: *********
  huber:f02vlucyh
  mueller:76psbgk6e
  maier:ijnm9bc1x
```

Accounts wieder löschen

Wenn Sie die Accounts wieder löschen möchten, schreiben Sie ein zweites Script, das ebenfalls die Datei newusers.txt auswertet, jetzt aber für jeden Accountnamen userdel -r ausführt. Die Option -r bewirkt, dass auch die Home- und Mail-Verzeichnisse der Benutzer gelöscht werden. Führen Sie das Script also nicht unbedacht aus!

```
# Beispieldatei drop-users.py
from subprocess import run
from subprocess import CalledProcessError
try:
    with open('newusers.txt', 'rt') as f:
        for line in f:
            username = line.strip()
            print('Delete', username)
            run(['userdel', '-r', username], check=True)
except CalledProcessError as ex:
    print('Fehler:', ex)
```

17.3 MySQL/MariaDB-Datenbankzugriff

Die Grundidee aller bisherigen Beispiele in diesem Kapitel bestand darin, dass Sie für die administrativen Aufgaben auf vorhandene Linux-Kommandos zurückgreifen und diese mit `run` ausführen. Der Python-Code kümmert sich quasi nur um das Rundherum.

Der Einsatz von Python ist umso lohnender, je größer der Anteil dieses Zusatzcodes ist. Beim vorigen Beispiel zum Einrichten von Linux-Accounts hätte ein vergleichbares Script aber ebenso gut in der Programmiersprache `bash` formuliert werden können. Es wäre vermutlich sogar kürzer ausgefallen.

Die Vorteile von Python werden umso deutlicher, je stärker Sie auf Module zurückgreifen können, die Ihnen bei Ihren Aufgaben helfen. Als Beispiel für ein derartiges Modul stelle ich Ihnen hier PyMySQL vor. Damit können Sie auf MySQL- bzw. MariaDB-Datenbanken zugreifen, SQL-Kommandos ausführen und die Ergebnisse verarbeiten.

MySQL-Bibliotheken

Es gibt viele Bibliotheken für den Zugriff von Python-Scripts auf MySQL- oder MariaDB-Datenbanken.

Ich stelle Ihnen hier PyMySQL vor, weil diese Bibliothek selbst vollständig in Python entwickelt wurde und unter allen Plattformen unkompliziert zu installieren ist. Informationen zu anderen Bibliotheken sowie Vergleichstabellen finden Sie hier:

https://stackoverflow.com/questions/372885
https://wiki.openstack.org/wiki/PyMySQL_evaluation

Es gibt auch Bibliotheken, die Datenbanktabellen in Objektmodellen abbilden (*Object-Relational Mapping*, kurz ORM):

https://github.com/coleifer/peewee
http://docs.sqlalchemy.org

Voraussetzungen

PyMySQL setzt voraus, dass der MySQL- oder MariaDB-Server mindestens in Version 5.5 vorliegt. Zur Installation von PyMySQL führen Sie eines der folgenden Kommandos aus. PyMySQL setzt ein zusätzliches Verschlüsselungspaket voraus, das unter Windows und macOS explizit installiert werden muss.

```
pip install pymysql cryptography    # Windows
pip3 install pymysql cryptography   # macOS
sudo apt install python3-pymysql    # Debian, Ubuntu
sudo dnf install python3-PyMySQL    # Fedora
```

Im folgenden Beispiel setze ich außerdem voraus, dass auf dem lokalen Rechner ein MySQL- oder MariaDB-Server installiert ist und dass es dort eine Datenbank `pytest` gibt, die für den Benutzer `pyuser` mit dem Passwort `geheim` zugänglich ist. Die Datenbank enthält außerdem die Tabelle `mytable` mit drei Spalten: einer ID-Spalte, einer Text- und einer Integer-Spalte.

Um die Datenbank `pytest`, den Benutzer `pyuser` und die Tabelle `mytable` einzurichten, starten Sie das Kommando `mysql` mit Administratorrechten und führen dann die folgenden SQL-Anweisungen aus:

```
mysql> CREATE DATABASE pytest;
```

17

```
mysql> CREATE USER pyuser@'%'IDENTIFIED BY 'geheim';
mysql> GRANT ALL ON pytest.* TO pyuser@'%';
mysql> USE pytest;
mysql> CREATE TABLE mytable (id SERIAL,
         txt VARCHAR(1000), nmb INT);
```

»Hello, Database!«

Das folgende Programm stellt eine Verbindung zur Datenbank her, fügt einen neuen Datensatz in `mytable` ein und zeigt anschließend alle gespeicherten Datensätze an:

```
# Beispielprogramm hello-db.py
import pymysql
from random import randint
try:
    # Verbindungsaufbau
    conn = pymysql.connect(host='localhost',
                           user='pyuser',
                           password='geheim',
                           db='pytest',
                           charset='utf8mb4',
                           cursorclass=\
                             pymysql.cursors.DictCursor)
    # Datensatz speichern
    with conn.cursor() as cur:
       sql = 'INSERT INTO mytable(txt, nmb) VALUES(%s, %s)'
       cur.execute(sql, ('abc äöü', randint(0, 1000)))
       conn.commit()
       print('ID des neuen Datensatzes:', cur.lastrowid)

    # alle Datensätze abfragen
    with conn.cursor() as cur:
       sql = 'SELECT * FROM mytable'
       cur.execute(sql)
       result = cur.fetchone()
```

```
        while result:
            print('ID=%d txt=%s nmb=%d' %
              (result['id'], result['txt'], result['nmb']))
            result = cur.fetchone()

except BaseException as ex:
    print('Fehler:', ex)
finally:
    # falls conn definiert ist: Verbindung schließen
    if 'conn' in locals() and conn:
        conn.close()
```

Verbindungsaufbau

Nun folgen die Erläuterungen zum vorigen Listing: Beim Verbindungsaufbau mit `connect` geben Sie den Hostnamen des Servers an (`localhost`, wenn der Datenbank-Server auf demselben Rechner wie Ihr Script läuft), natürlich den Benutzernamen und den Login sowie den Namen der Datenbank, auf die Sie zugreifen möchten. `utf8mb4` ist von den vielen UTF-8-Varianten, die MySQL oder MariaDB unterstützen, am besten für das Zusammenspiel mit Python geeignet.

Der Parameter `cursorclass` steuert, wie PyMySQL SELECT-Ergebnisse zurückgibt. Der Cursortyp `DictCursor` verpackt jeden Datensatz in ein Dictionary, wobei die Spaltennamen als Schlüssel dienen. Das ermöglicht eine besonders komfortable Weiterverarbeitung der Ergebnisse.

SQL-Kommandos ausführen

Jedes Mal, wenn Sie ein SQL-Kommando ausführen möchten, benötigen Sie ein Cursor-Objekt. Es ist empfehlenswert, derartige Cursors mit `with` zu nutzen – dann ist sichergestellt, dass Sie die Objekte schnellstmöglich wieder freigeben und keine unnötigen Ressourcen blockieren.

An die `execute`-Methode übergeben Sie die Zeichenkette mit dem SQL-Kommando. Dieses kann beliebig viele `%s`-Codes enthalten. `execute` ersetzt sie durch Zeichenketten aus dem im zweiten Parameter übergebenen

Tupel. Beachten Sie, dass hier keine anderen Codes zulässig sind, also z. B. `%d` für Zahlen! Im Beispielprogramm bildet `execute` ein Kommando, das so ähnlich wie die folgende Zeile aussieht:

```
INSERT INTO mytable(txt, nmb) VALUES('abc äöü', '123')
```

Beachten Sie, dass `execute` das Kommando zwar an den Datenbank-Server weitergibt. Dort wird es aber erst dann dauerhaft ausgeführt, wenn Sie den Vorgang (die *Transaktion*) mit `commit` bestätigen.

Wenn Sie in einer Spalte `NULL` speichern möchten, übergeben Sie als Parameter das Python-Schlüsselwort `None`.

Nach dem Einfügen eines neuen Datensatzes wollen Sie normalerweise den ID-Wert des neuen Datensatzes wissen. Dazu werten Sie die `lastrowid`-Eigenschaft des Cursors aus.

SELECT-Ergebnisse verarbeiten

Auch für Abfragen benötigen Sie einen Cursor. An `execute` übergeben Sie wieder das SQL-Kommando. Aber statt mit `commit` die Änderungen zu bestätigen, müssen Sie diesmal die Ergebnisse einlesen. Dazu stehen die Methoden `fetchone` und `fetchall` zur Wahl. `fetchall` liest alle Datensätze auf einmal in eine Liste. Das geht schnell, beansprucht aber unter Umständen viel Speicherplatz.

Weil beim Verbindungsaufbau ein `DictCursor` angefordert wurde, erhalten Sie die SELECT-Ergebnisse als Dictionaries und können auf die Spalten in der Form `result['spaltenname']` zugreifen.

Weitere Informationen

Der Platz in diesem Buch reicht naturgemäß nicht aus, um auf Datenbankgrundlagen einzugehen oder PyMySQL vollständig zu beschreiben. Eine Referenz der PyMySQL-Klassen und -Methoden finden Sie hier:

https://pymysql.readthedocs.io/en/latest/modules

Einige Anwendungsbeispiele finden Sie auf diesen Webseiten:

https://www.tutorialspoint.com/python/python_database_access.htm
https://o7planning.org/11463/connect-to-mysql-database-in-python-using-pymysql

17.4 Mehrere gleichartige Datenbanken analysieren

Ausgangspunkt für das folgende Beispiel ist eine Webanwendung, bei der die Daten unterschiedlicher Kunden in jeweils eigenen Datenbanken gespeichert werden. Jede Datenbank hat den gleichen Aufbau. Unter anderem wird in einer Login-Tabelle gespeichert, welcher Benutzer sich wann anmeldet.

Die Login-Tabelle hat vier Spalten, in der zu jeder Anmeldung die ID der Person, die IP-Adresse und der Zeitpunkt gespeichert werden:

```
SELECT * FROM login ORDER BY id DESC LIMIT 6;

  id   id_person  ip         ts
  ---- ---------  ---------  -------------------
  5739        40  80.121...  2024-04-24 10:07:50
  5738        40  80.121...  2024-04-24 08:35:56
  5737        40  80.121...  2024-04-23 21:58:46
  5736        36  72.149...  2024-04-19 17:44:01
  5735        36  72.149...  2024-04-19 12:47:46
  5734        36  72.149...  2024-04-18 21:12:02
```

Ziel des folgenden Scripts ist es, auszuwerten, wie viele Logins von wie vielen Personen in den letzten 90 Tagen stattgefunden haben, und zwar geordnet nach Aktivität.

SELECT-Kommando zusammenstellen

Der Code beginnt mit einigen Importen. Danach wird in der Variablen `past` das Datum vor 90 Tagen errechnet und in der ISO-Form (also z. B. `2024-12-31`) gespeichert. Damit kann dann das SQL-Kommando zusammengestellt werden, das für alle Kundendatenbanken ausgeführt werden soll. Dabei wird """ verwendet, um eine Zeichenkette zu bilden, die über mehrere Zeilen reicht.

```
# Beispieldatei login-stat.py
import pymysql.cursors
from datetime import date, datetime, timedelta

# Datum vor 90 Tagen
today = datetime.now().date()
day   = timedelta(days=1)
past  = str(today - 90 * day)

# SELECT-Kommando
sql = """SELECT COUNT(*) AS cnt,
                COUNT(DISTINCT id_person) AS cnt_distinct
         FROM login
         WHERE ts>'""" + past + "'"
```

Liste der Kundendatenbanken einlesen

Die Namen aller Datenbanken befinden sich in der Datei `dbs.txt`. Die folgenden Zeilen lesen die Datei, speichern die Zeilen in einer Liste und entfernen mit `strip` das von `readlines` stammende Zeilentrennzeichen `\n`:

```
# Liste aller Datenbanken einlesen
with open('dbs.txt') as f:
    dbs = f.readlines()
dbs = [ db.strip() for db in dbs ]  # \n entfernen
```

Datenbankverbindung herstellen, Abfragen durchführen

Das Programm stellt die Verbindung zur ersten Kundendatenbank her (`dbs[0]`), verwendet dabei aber einen Datenbank-User, der Zugriff auf alle Datenbanken hat. Damit ist es im nächsten Schritt möglich, in einer Schleife alle Kundendatenbanken zu durchlaufen und mit `select_db` die gerade aktive Datenbank zu wechseln. Für diese Datenbank wird die vorbereitete SELECT-Abfrage ausgeführt. Alle Ergebnisse landen in einer Liste (Variable result).

```
try:
    # Verbindungsaufbau
    conn = pymysql.connect(host='localhost',
                           user='adminuser',
                           password='strengGeheim',
                           db=dbs[0],
                           charset='utf8mb4',
                           cursorclass=\
                             pymysql.cursors.DictCursor)

    # alle Datenbanken durchlaufen
    results = []
    for db in dbs:
        conn.select_db(db)

        # SELECT-Abfrage ausführen, Ergebnisse speichern
        with conn.cursor() as cur:
            cur.execute(sql)
            result = cur.fetchone()
            results += [{'name': db, 'result': result}]

except BaseException as ex:
    print('Fehler:', ex)
    exit()
finally:
    if 'conn' in locals() and conn:
        conn.close()
```

17

Auswertung

results enthält nun eine Liste, wobei jedes Element wiederum ein verschachteltes Dictionary ist:

```
[{'name': 'datenbankX',
  'result': {'cnt_distinct': 7, 'cnt': 313}},
 {'name': 'datenbankY',
  'result': {'cnt_distinct': 2, 'cnt': 188}}, ...]
```

Diese Liste wird jetzt in abfallender Reihenfolge sortiert, wobei als Sortierkriterium durch eine Lambda-Funktion die Anzahl der Logins (also das Dictionary-Element cnt) festgelegt wird:

```
results.sort(reverse=True,
             key=lambda itm: itm['result']['cnt'])
for itm in results:
    print('%25s %5d %5d' %
          (itm['name'], itm['result']['cnt'],
           itm['result']['cnt_distinct']))
```

Die Ausgabe sieht dann so ähnlich wie dieses Listing aus:

```
kundeEfghi      583    14
kundeXyz        448     1
kundeAb         240     2
kundeIjklmn     222     2
...
```

Kapitel 18
Grafische Benutzeroberflächen

Bisher liefen alle Beispielprogramme in diesem Buch im Textmodus, konnten also nur in einem Terminal- oder Konsolenfenster ausgeführt und bedient werden. In diesem Kapitel werde ich Ihnen zeigen, dass Sie mit Python auch Programme entwickeln können, die über eine grafische Benutzeroberfläche bedient werden können, die also ein *Graphical User Interface* (GUI) aufweisen.

Python stellt zu diesem Zweck verschiedene Module zur Auswahl. Ich konzentriere mich hier auf das `PyQt6`-Modul, das eine Verbindung zwischen Python und der plattformübergreifenden Qt-Bibliothek herstellt. Qt ist eine ausgesprochen professionelle Bibliothek, deren Möglichkeiten ich hier nicht einmal andeuten kann.

https://www.qt.io/developers
https://www.riverbankcomputing.com/static/Docs/PyQt6

Mögliche Alternativen wären `pygtk`, `tkinter` oder `wxPython`. Der Nachteil dieser Module besteht darin, dass sie weniger Gestaltungsmöglichkeiten bieten und die resultierenden Programme oft nicht so schön aussehen. Ihr Vorteil liegt darin, dass die Handhabung mitunter ein wenig einfacher ist (z. B. bei `tkinter`).

Ganz generell ist es unwahrscheinlich, dass Sie mit Python hochkomplexe GUIs entwickeln. Dazu werden in der Regel andere Programmiersprachen verwendet (C#, Java etc.). Vielmehr geht es oft nur darum, den Aufruf eines kleinen Python-Tools ein wenig komfortabler zu machen. Anstelle von Kommandooptionen kann die Steuerung dann über einen kleinen Dialog erfolgen.

18.1 »Hello, Qt!«

Sie müssen PyQt6 zuerst installieren:

```
pip install pyqt6                  # Windows
pip3 install pyqt6                 # macOS
sudo apt install python3-pyqt6     # Debian, Ubuntu
```

Nun wird es Zeit für das Hello-World-Programm, das diesmal »Hello, Qt!« heißt (siehe Abbildung 18.1). Der Code ist kurz, bedarf aber einiger Erläuterungen, die gleich folgen. Auf jeden Fall sollten Sie vorher Kapitel 12, »Objektorientierte Programmierung«, lesen!

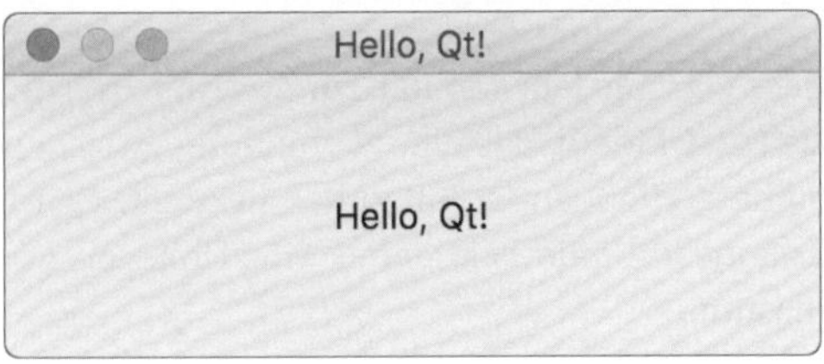

Abbildung 18.1 Das Hello-Qt-Programm unter macOS

```
# Beispieldatei qt-hw.py
import sys
from PyQt6 import QtCore, QtWidgets
from PyQt6.QtWidgets import QMainWindow, QLabel, QWidget
from PyQt6.QtCore import QSize, Qt

class MyWindow(QMainWindow):
    def __init__(self):
        # Konstruktor von QMainWindow aufrufen
        super().__init__()

        # Fenstergröße und Titel einstellen
        self.setMinimumSize(QSize(300, 100))
        self.setWindowTitle('Hello, Qt!')
```

```
        # Title-Widget erzeugen und in Fenster einbetten
        title = QLabel('Hello, Qt!', self)
        title.setAlignment(Qt.AlignmentFlag.AlignCenter)
        self.setCentralWidget(title)

# Fenster öffnen; das Programm läuft, bis das
# Fenster geschlossen wird
app = QtWidgets.QApplication(sys.argv)
win = MyWindow()
win.show()
sys.exit(app.exec())
```

Der Code beginnt mit der Definition der Klasse `MyWindow`. Diese Klasse ist von `QMainWindow` abgeleitet, einer von Qt vorgesehenen Basisklasse für das Hauptfenster einer Applikation. Im Konstruktor der eigenen Klasse wird zuerst der Konstruktor der Basisklasse aufgerufen. Die folgenden zwei Zeilen stellen die minimale Fenstergröße und den Titel des Fensters ein.

Allerdings wäre das Fenster jetzt leer. Um einen Text anzuzeigen, erzeugt das Programm ein `QLabel`-Steuerelement mit dem gewünschten Text. (Steuerelemente werden in Qt auch *Widgets* genannt.) Dank `setAlignment` wird der Text im Steuerelement zentriert dargestellt. Das Fenster muss nun noch in das Hauptfenster eingefügt werden. Diese Aufgabe übernimmt die Methode `setCentralWidget`.

Die restlichen vier Zeilen erzeugen zuerst ein `QApplication`-Objekt, an das alle Argumente übergeben werden, die beim Start des Programms angegeben wurden. Im nächsten Schritt wird dann ein Objekt der `MyWindow`-Klasse erzeugt und angezeigt. Dank `exec` läuft das Programm nun, bis das Fenster geschlossen wird. Der Rückgabewert von `exec` wird an `sys.exit` weitergegeben.

In den folgenden Beispielprogrammen wird die Struktur des Programms gleich bleiben. Allerdings werden im Fenster nun mehrere Steuerelemente angeordnet und ihre Ereignisse verarbeitet.

Qt Designer

In diesem Kapitel fügen Sie alle Steuerelemente per Code in das Hauptfenster ein. Alternativ besteht die Möglichkeit, die Oberfläche mit dem Programm *Qt Designer* zu erstellen. Für komplexere Oberflächen ist dieser Weg definitiv vorzuziehen, aber in diesem Buch fehlt der Platz, auch noch den Qt Designer, dessen Handhabung und die Nutzung der resultierenden Dateien zur Beschreibung der Oberfläche zu erläutern.

https://www.riverbankcomputing.com/static/Docs/PyQt6/designer.html

18.2 Buttons platzieren und nutzen

Zur Gestaltung einer Benutzeroberfläche müssen Sie Steuerelemente (in der Qt-Sprache *Widgets*) erzeugen und innerhalb des Fensters anordnen. In diesem Abschnitt lernen Sie einige grundlegende Steuerelemente kennen, z. B. Buttons, Labels, Textfelder, Optionsfelder und Checkboxes. Außerdem zeige ich Ihnen, wie Sie die Steuerelemente wahlweise manuell oder automatisch durch sogenannte *Layouts* platzieren.

Gewöhnliche Buttons

Wenn Sie einen Button benötigen, erzeugen Sie ein Objekt der `QPushButton`-Klasse (siehe Abbildung 18.2). An den Konstruktor übergeben Sie den Button-Text und den Container, in dem der Button dargestellt werden soll – im folgenden Beispiel einfach das Hauptfenster (`self`). Mit den Methoden `move` und `resize` bestimmen Sie, wo und in welcher Größe der Button erscheint. Bei der Einstellung der Größe ist die Methode `sizeHint` praktisch: Sie ermittelt, soweit möglich, die optimale Größe eines Steuerelements.

Damit Ihr Programm auf Button-Klicks reagiert, müssen Sie das entsprechende Ereignis mit einer eigenen Funktion verbinden (also `clicked.connect(func)`).

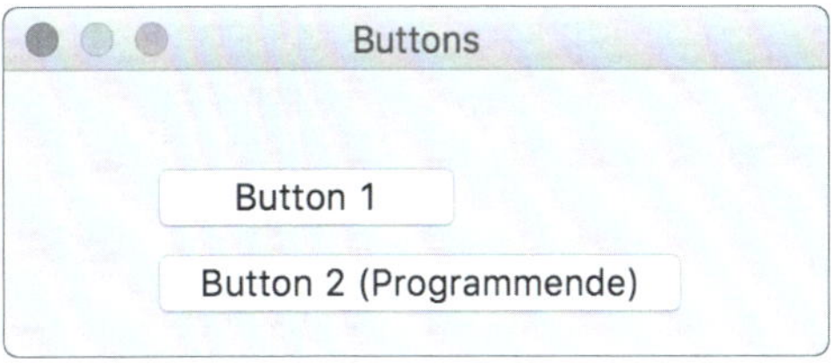

Abbildung 18.2 Buttons ausprobieren

Die Funktion `clicked2` zeigt auch, wie Qt-Programme korrekt beendet werden: mit der `quit`-Methode, die auf ein `QApplication`-Objekt (Variable `app`) angewendet wird.

```
# Beispielprogramm qt-buttons.py
from PyQt6 import QtCore, QtWidgets
from PyQt6.QtWidgets import QMainWindow, QPushButton
from PyQt6.QtCore import QSize, Qt

class MyWindow(QMainWindow):
    def __init__(self):
        # Konstruktor von QMainWindow aufrufen
        super().__init__()

        # Fenstergröße und Titel einstellen
        self.setMinimumSize(QSize(300, 100))
        self.setWindowTitle('Buttons')

        # Button-Widgets erzeugen und in Fenster einbetten
        b1 = QPushButton('Button 1', self)
        b1.move(50, 30)
        b1.resize(120, 25)
        b1.clicked.connect(self.clicked1)
        b2 = QPushButton('Button 2 (Programmende)', self)
        b2.move(50, 60)
        b2.resize(b2.sizeHint())   # optimale Größe
        b2.clicked.connect(self.clicked2)
```

```
    # Funktionen zur Reaktion auf Button-Klicks
    def clicked1(self):
        print('Button 1 wurde angeklickt.')

    def clicked2(self):
        print('Button 2 wurde angeklickt. Programmende.')
        app.quit()

# Main-Code wie im Hello-Qt-Beispiel ...
```

Auswahlhäkchen (Checkboxes) und Radio-Buttons

Zur Darstellung von Checkboxes und Radio-Buttons sieht Qt die Klassen `QCheckBox` und `QRadioButton` vor (siehe Abbildung 18.3). Sie werden im Prinzip wie die Klasse `QButton` eingesetzt. Bei der Ereignisverarbeitung ist es aber oft zweckmäßig, anstelle von `clicked` auf `toggled` zurückzugreifen. Die zugeordnete Funktion wird immer dann aufgerufen, wenn ein Optionsfeld seinen Status ändert. Alle Radio-Buttons in einem Container bilden automatisch eine Gruppe. Beim Anklicken eines Optionsfelds kommt es deswegen meist zu *zwei* Ereignissen: Ein Radio-Button wechselt den Status auf `False`, ein anderer auf `True`.

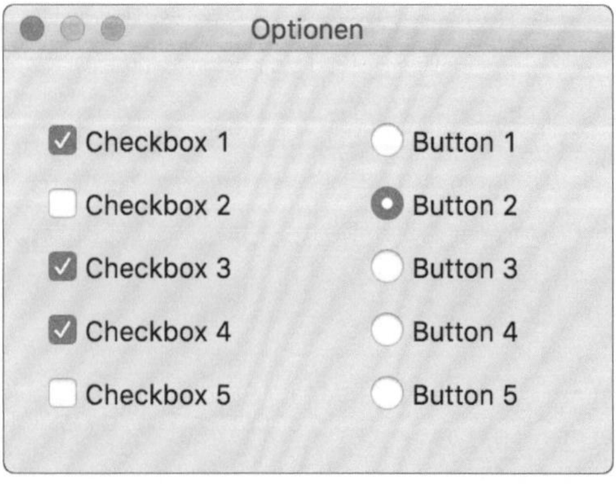

Abbildung 18.3 Checkboxes und Radio-Buttons

Wenn Sie die Statuswechsel mehrerer Buttons in einer Funktion oder Methode verarbeiten möchten, können Sie auf die sender-Methode zurückgreifen. Diese Methode liefert das Objekt, das das aktuelle Ereignis ausgelöst hat.

Das folgende Beispielprogramm erzeugt einen Dialog mit jeweils fünf Auswahlhäkchen und Radio-Buttons. Bei jeder Statusänderung wird die Methode toggled aufgerufen. Außerdem listet das Programm nach dem Schließen des Fensters eine Zusammenfassung aller Button-Zustände auf.

```
# Beispieldatei qt-checkboxes.py
from PyQt6 import QtCore, QtWidgets
from PyQt6.QtWidgets import QMainWindow, QCheckBox,
                            QRadioButton
from PyQt6.QtCore import QSize, Qt

class MyWindow(QMainWindow):
    def __init__(self):
        global checkboxes, radios
        # Konstruktor von QMainWindow aufrufen
        super().__init__()

        # Fenstergröße und Titel einstellen
        self.setMinimumSize(QSize(300, 200))
        self.setWindowTitle('Optionen')
        for i in range(1, 6):
            c = QCheckBox('Checkbox %d' % (i), self)
            c.resize(100, 25)
            c.move(20, 30 * i)
            checkboxes += [c]
            c.toggled.connect(self.toggled)

            r = QRadioButton('Button %d' % (i), self)
            r.resize(100, 25)
            r.move(180, 30 * i)
            radios += [r]
            r.toggled.connect(self.toggled)
```

18

```
    # Reaktion auf Statusänderung
    def toggled(self):
        c = self.sender()
        print(c.text(), c.isChecked())

# Fenster öffnen; das Programm läuft, bis das
# Fenster geschlossen wird
app = QtWidgets.QApplication([])
checkboxes = []  # alle Optionsfelder in Listen
radios = []      # speichern (zur späteren Auswertung)
win = MyWindow()
win.show()
app.exec()

# vor dem Programmende den Zustand aller Optionen ausgeben
for c in checkboxes:
    print(c.text(), c.isChecked())

for r in radios:
    print(r.text(), r.isChecked())
```

18.3 Textfelder, Grid-Layout und Nachrichtenboxen

Die `QLabel`-Klasse haben Sie im Hello-Qt-Beispiel bereits kennengelernt. Sie dient dazu, unveränderliche Texte anzuzeigen, z. B. eine Fehlermeldung oder die Beschriftung eines anderen Steuerelements. Für einzeilige Eingabefelder sieht Qt die Klasse `QLineEdit` vor. Den eingegebenen Text können Sie über die Methode `text` auslesen. Bei Passwortfeldern erreichen Sie mit `setEchoMode(QLineEdit.Password)`, dass anstelle der Eingabe nur Punkte angezeigt werden.

Das folgende Beispielprogramm ist schon relativ umfangreich: Der Anwender bzw. die Anwenderin wird in einem Dialog dazu aufgefordert, Name, E-Mail-Adresse und Passwort anzugeben (siehe Abbildung 18.4). Mit OK werden die Eingaben kontrolliert: Name und E-Mail-Adresse dürfen nicht leer sein, die beiden Passworteingaben müssen zumindest acht Zeichen lang sein und übereinstimmen.

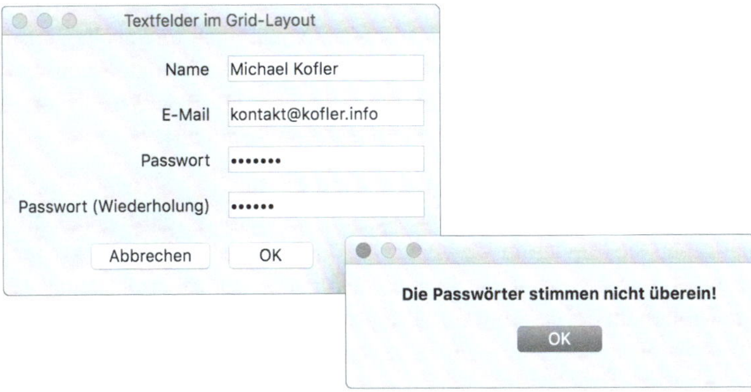

Abbildung 18.4 Die Steuerelemente im Hauptfenster sind in einem Raster angeordnet (Grid-Layout).

Der Code beginnt mit den üblichen Importen. Die explizite Nennung aller Klassen können Sie mit `import *` vermeiden – das gilt aber nicht als guter Stil.

Der Konstruktor von `MyWindow` beginnt mit `global txts`. Die Variable `txts` gibt Zugriff auf alle vier Textfelder, bei Bedarf auch außerhalb des Klassencodes.

Grid-Layout

Die bisherigen Beispielprogramme haben Position und Größe der Steuerelemente immer statisch festgelegt. In diesem Beispiel zeige ich Ihnen eine andere Variante: In Qt können Sie leere Steuerelemente (Widgets) mit diversen Layouts verbinden. Diese Layouts kümmern sich dann darum, die im Container enthaltenen Steuerelemente automatisch anzuordnen. Das Layout funktioniert auch dann noch korrekt, wenn sich bei einem Label die Textlänge ändert – und es passt sich automatisch an die Fenstergröße an. Wenn Sie beim Beispielprogramm das Fenster breiter machen, werden auch die Textfelder entsprechend breiter. Das macht die Eingabe langer Texte übersichtlicher.

In diesem Beispiel kommt das Grid-Layout zum Einsatz. Es hilft dabei, Steuerelemente in einer beliebigen Anzahl von Reihen und Spalten anzuordnen. Zu beachten ist, dass Sie mit `setLayout` nicht das Layout des Hauptfensters verändern dürfen. Deswegen wird dort zuerst ein leeres Widget als Container eingefügt und sein Layout verändert.

In das Layoutobjekt können Sie nun mit `addWidget` Steuerelemente an einer beliebigen Zeile und Spalte (2. und 3. Parameter) einfügen. Optional geben Sie im vierten Parameter an, ob das Steuerelement links- oder rechtsbündig angezeigt werden soll. Fehlt diese Information, nutzt das Steuerelement die gesamte zur Verfügung stehende Breite.

```
# Beispieldatei qt-text.py
from PyQt6 import QtCore, QtWidgets
from PyQt6.QtWidgets import QMainWindow, QWidget,
  QPushButton, QGridLayout, QLabel, QLineEdit, QMessageBox
from PyQt6.QtCore import QSize, Qt

class MyWindow(QMainWindow):
    def __init__(self):
        global txts

        # Konstruktor von QMainWindow aufrufen
        super().__init__()
        # Fenstergröße und Titel einstellen
        self.setMinimumSize(QSize(350, 200))
        self.setWindowTitle('Textfelder im Grid-Layout')
        # Grid-Layout für Widget in Main-Window (Layout von
        # Main-Window kann nicht verändert werden)
        wid = QWidget(self)    # vorerst leerer Container
        self.setCentralWidget(wid)
        grid = QGridLayout()
        wid.setLayout(grid)
```

```
        # erste Reihe: Beschriftung
        row = 0
        for s in ['Name', 'E-Mail', 'Passwort',
                  'Passwort (Wiederholung)']:
            lbl = QLabel(s)
            lbl.resize(lbl.sizeHint())
            grid.addWidget(lbl, row, 1,
                           Qt.AlignmentFlag.AlignRight)
            row += 1

        # zweite Reihe: Textfelder
        for row in range(4):
            txt = QLineEdit()
            if row >= 2:
               txt.setEchoMode(QLineEdit.EchoMode.Password)
            grid.addWidget(txt, row, 2)
            txts += [txt]

        # fünfte Zeile: Buttons
        b = QPushButton('Abbrechen')
        b.clicked.connect(self.cancel)
        grid.addWidget(b, 5, 1,
                       Qt.AlignmentFlag.AlignRight)
        b = QPushButton('OK')
        b.clicked.connect(self.ok)
        grid.addWidget(b, 5, 2,Qt.AlignmentFlag.AlignLeft)
```


Nachrichtenbox anzeigen

Die Methode für den OK-Button überprüft, ob die Eingaben sinnvoll sind. Ist dies nicht der Fall, weist das Programm in einer einfachen Textbox auf den Fehler hin. Stellt die Methode dagegen keine Fehler fest, gibt sie die Eingaben aus und beendet dann das Programm. Die `QMessageBox`-Klasse bietet auch die Möglichkeit, Boxen mit Warn-Icons und mehreren Buttons darzustellen.

```
# Beispieldatei qt-text.py (Fortsetzung)
class MyWindow(QMainWindow):
    ...
    # Abbrechen-Button: Programmende
    def cancel(self):
        app.quit()

    # OK-Button: Textfelder auswerten
    def ok(self):
        if txts[0].text().strip() == '':
            QMessageBox.about(self, 'Fehler',
              'Geben Sie Ihren Namen an!')
            return
        if txts[1].text().strip() == '':
            QMessageBox.about(self, 'Fehler',
              'Geben Sie Ihre E-Mail-Adresse an!')
            return
        if txts[2].text() != txts[3].text():
            QMessageBox.about(self, 'Fehler',
              'Die Passwörter stimmen nicht überein!')
            return
        if len(txts[2].text())<8:
            QMessageBox.about(self, 'Fehler',
              'Die Passwörter sind zu kurz!')
            return
        # alles OK: Daten ausgeben, Ende
        print(txts[0].text(), txts[1].text(),
              txts[2].text())
        app.quit()
```

Der Main-Code des Scripts ist wie bei den bisherigen Beispielen ausgesprochen kurz:

```
txts = []
app = QtWidgets.QApplication([])
win = MyWindow()
```

```
win.show()
app.exec()
```

Weitere Gestaltungsmöglichkeiten beschreibt die API-Referenz der Klasse:

https://www.riverbankcomputing.com/static/Docs/PyQt4/qmessagebox.html

18.4 Dateiauswahl

Mit `getOpenFileName` (eine Datei öffnen), `getOpenFileNames` (mehrere Dateien öffnen) oder `getSaveFileName` (eine Datei speichern) können Sie einen Dateiauswahldialog anzeigen.

Die drei statischen Methoden der `QFileDialog`-Klasse geben das Ergebnis der Auswahl in Form eines zweiteiligen Tupels zurück. Das erste Tupelelement enthält den Dateinamen bzw. bei `getOpenFileNames` eine Liste von Dateinamen. Das zweite Element gibt an, welchen Filter der Benutzer im Dateiauswahldialog eingestellt hat (z. B. `'All Files (*)'`). Falls der Benutzer die Auswahl abgebrochen hat, hat das Ergebnistupel eine der beiden folgenden Formen:

```
('', '')
([], '')
```

Durch diverse optionale Parameter können Sie das Startverzeichnis, die zur Auswahl stehenden Dateikennungen (z. B. nur `*.pdf`-Dateien) etc. steuern. Zur Auswahl eines Verzeichnisses gibt es außerdem die Methode `getExistingDirectory`. Einen guten Überblick über die diversen Varianten finden Sie hier:

https://www.riverbankcomputing.com/static/Docs/PyQt4/qfiledialog.html

Beispiel

Im folgenden Beispielprogramm können Sie eine Datei auswählen. Das Hauptfenster zeigt anschließend an, wie groß die Datei ist und wie viele Zeilen Text sie enthält (siehe Abbildung 18.5).

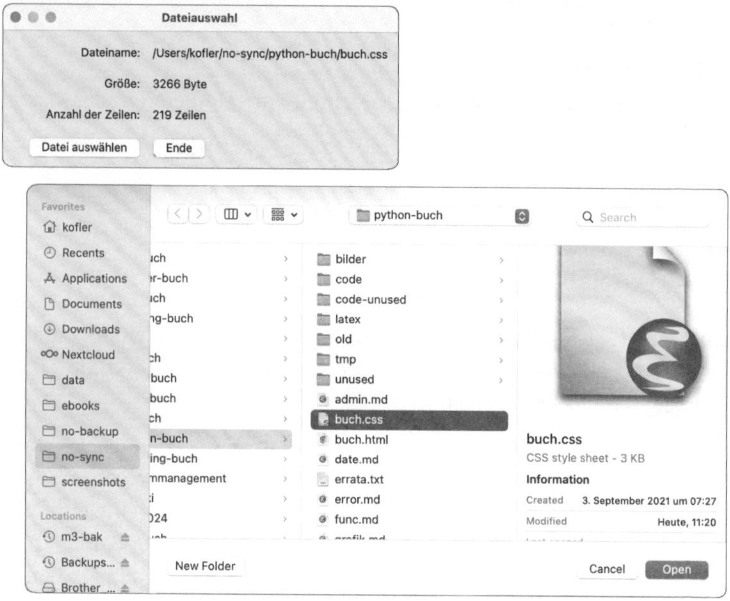

Abbildung 18.5 Datei auswählen und ihre Eigenschaften anzeigen

Der Code des `MyWindow`-Konstruktors ist aus Platzgründen nur unvollständig abgedruckt. Das Konzept ist wie im Beispiel aus Abschnitt 18.3, »Textfelder, Grid-Layout und Nachrichtenboxen«. Die Dateiinformationen werden in drei `QLabel`-Widgets dargestellt, die als Liste in der Instanzvariablen `lbls` gespeichert werden.

```
# Beispieldatei qt-file
import os, sys
from PyQt6 import QtCore, QtWidgets
from PyQt6.QtWidgets import QMainWindow, QWidget,
    QPushButton, QGridLayout, QLabel, QFileDialog
from PyQt6.QtCore import QSize, Qt
```

```
class MyWindow(QMainWindow):
    def __init__(self):
        global txts
        # Konstruktor von QMainWindow aufrufen
        super().__init__()
        # Grid-Layout ähnlich wie im Beispiel qt-text.py
        # ...
        # Label für Dateiname, -größe und Zeilen
        self.lbls = []
        for row in range(3):
            self.lbls += [QLabel('---')]
            grid.addWidget(self.lbls[row], row, 2)

    # Dateiauswahl-Button:
    def select(self):
        (fname, _) = QFileDialog.getOpenFileName(self)
        if fname != '':
            self.lbls[0].setText(fname)
            try:
                size = os.path.getsize(fname)
                self.lbls[1].setText(
                    '%d Byte' % (size))
                with open(fname, 'rt') as f:
                    n = len(f.readlines())
                    self.lbls[2].setText(
                        '%d Zeilen' % (n))
            except BaseException as ex:
                print('Fehler', ex)

# Programm läuft, bis das Fenster geschlossen wird
app = QtWidgets.QApplication([])
win = MyWindow()
win.show()
app.exec()
```

18

Der für diesen Abschnitt relevante Code befindet sich in der Methode select, die ausgeführt wird, wenn der Benutzer den Button DATEI AUSWÄHLEN anklickt. Vom Ergebnistupel der getOpenFileName-Methode ist nur der erste Teil interessant. Er wird in fname gespeichert.

Die Größe einer Datei ermitteln Sie mit der Methode getsize der Path-Klasse. Um die Anzahl der Zeilen herauszufinden, wird die ganze Datei mit readlines eingelesen. len ermittelt dann, wie viele Listenelemente es gibt.

18.5 Listenfelder

Die beiden wichtigsten Steuerelemente zur Darstellung von Listen sind die QComboBox (eine Dropdown-Liste mit optionalem Textfeld) und das QListWidget (ein großes Listenfeld, das mehrere Einträge gleichzeitig zur Auswahl stellt). Wie üblich lassen sich beide Steuerelemente durch diverse Eigenschaften auf vielfältige Art und Weise nutzen und darstellen.

Aus Platzgründen konzentriere ich mich hier aber auf die einfachste Anwendungsvariante: Dazu fügen Sie die gewünschten Texteinträge mit addItem hinzu und verarbeiten das itemClicked-Event (QListWidget) bzw. das comboIndexChanged-Event (QDropBox). Die folgenden Zeilen zeigen einen minimalen Mustercode für beide Steuerelemente.

```
from PyQt6.QtWidgets import QListWidget, QComboBox
class MyWindow(QMainWindow):
    def __init__(self):
        super().__init__()
        ... (Initialisierungsarbeiten)
        lw = QListWidget()
        lw.addItem('abc')
        lw.addItem('efg')
        lw.itemClicked.connect(self.listItemSelected)

        cb = QComboBox()
        cb.addItem('abc')
        cb.addItem('efg')
```

```
        cb.currentIndexChanged.connect(
                                  self.comboIndexChanged)
        ... (Widgets in Fenster/Grid einfügen)

    # Listbox-Auswahl
    def listItemSelected(self, item):
        print(item.text())

    # Combobox-Auswahl
    def comboIndexChanged(self, index):
        print(index) # 0 = erster Eintrag
```

Beispiel: Länderauswahl

Das folgende Beispiel ist eine Erweiterung zu dem in Abschnitt 15.6, »XML-Dateien verarbeiten«, vorgestellten Beispiel, das eine Länderliste aus einer XML-Datei liest. Dieselbe XML-Datei wird nun verwendet, um eine Dropdown-Liste mit Daten zu füllen. Wenn Sie das Programm starten, können Sie ein Land auswählen; die entsprechenden Ländercodes werden dann angezeigt (siehe Abbildung 18.6).

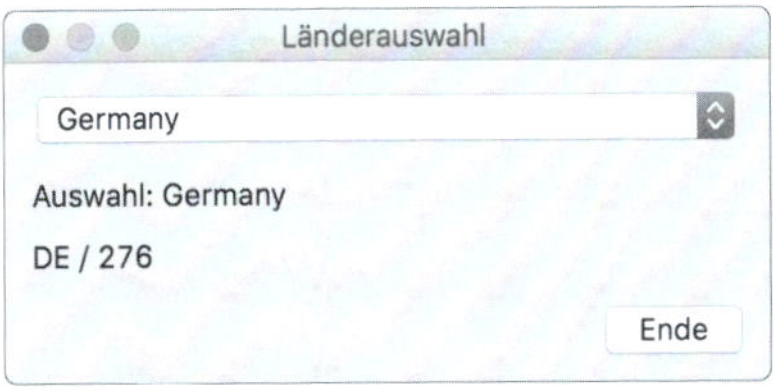

Abbildung 18.6 Dialog zur Länderauswahl

Die Klasse `MyWindow` verwendet wieder ein Grid-Layout, um eine ComboBox, zwei Label und einen ENDE-Button in einem kleinen Dialog zu platzieren. Bei jeder Auswahl eines Listenelements wird die Methode `comboIndexChanged` ausgeführt. Sie aktualisiert die beiden Labels.

Im Main-Code wird die XML-Datei in eine Liste mit dem folgenden Aufbau eingelesen (Variable `countries`):

```
[('Afghanistan', 'AF', '4'),
 ('Albania', 'AL', '8'),
  ...
]
```

Der Code des Python-Scripts sieht so aus:

```
# Beispieldatei qt-list.py
import xml.etree.ElementTree as ET
from PyQt6 import QtCore, QtWidgets
from PyQt6.QtWidgets import QMainWindow, QWidget,
  QPushButton, QGridLayout, QLabel, QListWidget, QComboBox
from PyQt6.QtCore import QSize, Qt

# Klasse für Fenster
class MyWindow(QMainWindow):
    def __init__(self):
        super().__init__()
        self.setMinimumSize(QSize(250, 100))
        self.setWindowTitle('Länderauswahl')

        # Grid-Layout
        wid = QWidget(self)
        self.setCentralWidget(wid)
        grid = QGridLayout()
        wid.setLayout(grid)

        # ComboBox initialisieren
        self.cb = QComboBox()
        for c in countries:
            self.cb.addItem(c[0])

        self.cb.currentIndexChanged.connect(
                        self.comboIndexChanged)
        grid.addWidget(self.cb, 1, 1)
```

```
        # zwei Labels und ein 'Ende'-Button
        self.lbl1 = QLabel('---')
        grid.addWidget(self.lbl1, 2, 1)
        self.lbl2 = QLabel('---')
        grid.addWidget(self.lbl2, 3, 1)
        b = QPushButton('Ende')
        b.clicked.connect(self.quit)
        grid.addWidget(b, 4, 1,
                       Qt.AlignmentFlag.AlignRight)

    # ComboBox-Auswahl
    def comboIndexChanged(self, index):
        self.lbl1.setText(
                        'Auswahl: ' + countries[index][0])
        self.lbl2.setText(countries[index][1] + ' / ' +
                          countries[index][2])

    # Ende-Button: Programmende
    def quit(self):
        app.quit()

# Ländercodes aus XML-Datei in Liste einlesen
tree = ET.parse('countries.xml')
root = tree.getroot()
countries = [ (c.text, c.attrib['code'], c.attrib['iso'])
    for c in root]

# Programmende, wenn das Fenster geschlossen wird
app = QtWidgets.QApplication([])
win = MyWindow()
win.show()
app.exec()
```

Kapitel 19
Grafikprogrammierung

In diesem Kapitel führe ich Sie in die Grafikprogrammierung ein. Dabei verfolge ich zwei Ziele: Zum einen möchte ich Ihnen einen spielerischen Zugang zur Programmierung von Grafiken vermitteln. Aus didaktischer Sicht sind Grafikprogramme gerade für den Einstieg außerordentlich gut geeignet, weil Sie bei der Programmierung ein unmittelbares visuelles Feedback zu Ihrem Code erhalten.

Zum anderen eignen sich Grafiken natürlich wunderbar, um statistische Daten auszuwerten, die Sie zuvor mit einem Python-Programm ermittelt haben – z. B. Netzwerklatenzen, die Größe von Verzeichnissen, das Ausmaß der CPU-Aktivität oder eine mit dem Raspberry Pi gemessene Temperatur.

Wie so oft gibt es unter Python verschiedene Möglichkeiten zum Zeichnen von Grafiken. Ein populärer Weg führt über die `pygame`-Bibliothek, die eigentlich zur Spieleprogrammierung gedacht ist. Ich bleibe in diesem Kapitel aber bei Qt, also bei der im vorigen Kapitel vorgestellten Bibliothek PyQt6 zur Gestaltung grafischer Benutzeroberflächen. Diese Bibliothek bietet nicht nur wesentlich professionellere Funktionen, sondern hat auch den Vorteil, dass Sie das Wissen aus diesem und dem vorangegangenen Kapitel gut kombinieren können.

19.1 Grafische Grundfunktionen

Die meisten Beispiele in diesem Kapitel gehen davon aus, dass Sie das gesamte Fenster als Zeichenfläche verwenden. In diesem Fall erzeugen Sie das Fenster als Objekt einer eigenen Klasse, die von `QMainWindow` abgeleitet ist. Im Konstruktor führen Sie Initialisierungsarbeiten durch. Außerdem müssen Sie die Methode `paintEvent` implementieren. Diese Methode wird immer dann automatisch aufgerufen, wenn das Fenster auf dem Bildschirm sichtbar wird oder wenn sich seine Größe ändert.

In der `paintEvent`-Methode erzeugen Sie ein `QPainter`-Objekt. Es stellt unzählige Grafikmethoden zur Verfügung. Bevor Sie die Grafikausgabe starten, müssen Sie die Methode `begin` ausführen, und sobald Sie fertig sind, `end`.

Antialiasing

Auf Bildschirmen mit gewöhnlicher Auflösung erscheinen Grafikausgaben sehr pixelig. Das kann durch *Antialiasing* verhindert werden. Dabei werden Pixel im Randbereich des grafischen Objekts in abgestuften Farbtönen gezeichnet. Eine gute Erklärung dieser Technik finden Sie in der Wikipedia:

https://de.wikipedia.org/wiki/Antialiasing_(Computergrafik)

Antialiasing macht Grafikausgaben langsamer und muss daher explizit mit `setRenderHint` aktiviert werden. Diese Methode muss nach `begin` ausgeführt werden.

Ein minimales Programm, das eine 3 Pixel breite blaue Linie zeichnet, sieht so aus:

```
# Beispieldatei hello-grafik.py
from PyQt6 import QtCore, QtWidgets
from PyQt6.QtWidgets import QMainWindow
from PyQt6.QtGui import QPainter, QPen, QColor
from PyQt6.QtCore import Qt, QSize

class MyWindow(QMainWindow):
    def __init__(self):
        # Konstruktor von QMainWindow aufrufen
        QMainWindow.__init__(self)
        # Fenstergröße und Titel einstellen
        self.setMinimumSize(QSize(300, 100))
        self.setWindowTitle('Mein erstes Grafikprogramm')
```

```
    # Grafik zeichnen, wird automatisch aufgerufen
    def paintEvent(self, event):
        p = QPainter()
        p.begin(self)   # Grafikausgabe starten
        # Antialiasing aktivieren
        p.setRenderHint(QPainter.RenderHint.Antialiasing)
        # Linie zeichnen
        blue = QColor(0, 0, 255)
        p.setPen(QPen(blue, 3))
        p.drawLine(0, 0, 300, 100)
        p.end()         # Grafikausgabe beenden

# das Programm läuft, bis das Fenster geschlossen wird
app = QtWidgets.QApplication([])
win = MyWindow()
win.show()
app.exec()
```

Im Folgenden erkläre ich Ihnen, wie Sie Linien, Rechtecke, Kreise, Ellipsen und Polygone zeichnen (siehe Abbildung 19.1). Der entsprechende Code ist jeweils in `paintEvent` einzufügen (nach `p.begin` und vor `p.end`).

Mehr Grafikmethoden

Qt stellt wesentlich mehr Grafikmethoden und Varianten zur Auswahl, als ich hier darstellen kann. Eine vollständige Referenz finden Sie hier:

https://www.riverbankcomputing.com/static/Docs/PyQt6/api/qtgui/qpainter.html

Die größte Hürde bei der Programmentwicklung ist die korrekte Verwendung von Enumerationswerten (`Qt.TextFlag.TextWordWrap`, `Qt.GlobalColor.red` usw.), deren Ort sich in PyQt6 geändert hat. Beispiele im Internet, die sich auf PyQt5 beziehen, funktionieren deswegen nicht mehr. In diesem Buch gehe ich davon aus, dass Sie die Methode `paintEvent` für Grafikausgaben verwenden.

Eine alternative, etwas kompliziertere Vorgehensweise besteht darin, ein `QGraphicsView`-Steuerelement einzusetzen. Das ermöglicht es, mit objektorientiertem Code Vektorgrafiken zusammenzusetzen, die das Steuerelement dann selbst zeichnet. Hintergründe zu diesem Konzept werden hier erläutert:

https://doc.qt.io/qt-6/graphicsview.html

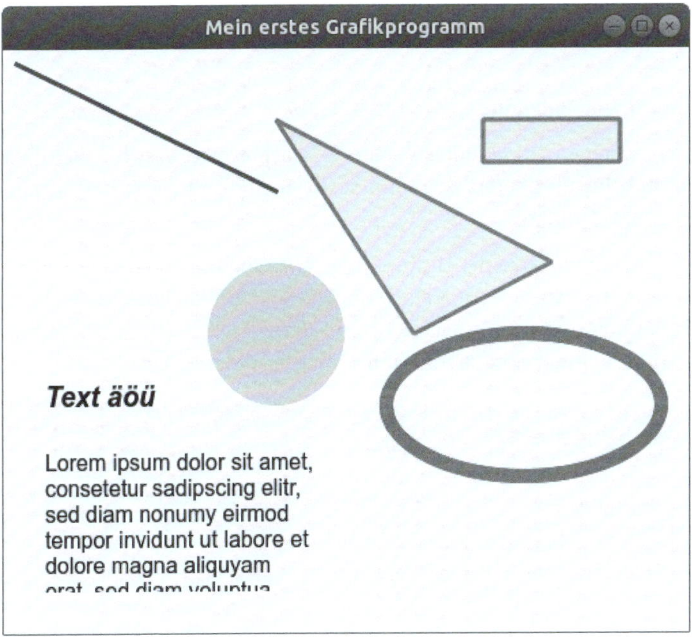

Abbildung 19.1 Test diverser Grafikmethoden unter Ubuntu Linux

Linien

Die Methode `drawLine` zeichnet eine Linie zwischen zwei Punkten, deren Position durch X- und Y-Koordinaten gegeben ist. Das Koordinatensystem beginnt beim Punkt (0, 0) in der linken oberen Ecke des Fensters.

Standardmäßig erscheint die Linie schwarz und mit einer Breite von einem Pixel. Die Linienbreite und die Farbe stellen Sie bei Bedarf vorweg mit setPen ein. Dieser Methode müssen Sie ein QPen-Objekt übergeben.

Zur Einstellung der Farbe können Sie auf diverse von Qt vorgegebene Farben zurückgreifen, z. B. Qt.GlobalColor.red. Alternativ erzeugen Sie ein QColor-Objekt mit der gewünschten Farbe, wobei Sie die Farbanteile für Rot, Grün und Blau jeweils im Wertebereich von 0 bis 255 angeben. Optional bestimmen Sie mit dem optionalen Parameter alpha die Transparenz. Standardmäßig gilt alpha=0, das heißt, die Ausgabe erfolgt deckend. alpha=255 entspricht vollständiger Transparenz.

Rechtecke und Polygone

drawRect zeichnet ein gefülltes Rechteck. Beachten Sie, dass die vier Parameter den linken oberen Eckpunkt sowie Breite und Höhe bestimmen, nicht zwei Eckpunkte!

Farbe und Linienstärke der Umrandung geben Sie mit setPen an. Die Füllfarbe stellen Sie mit setBrush ein, wobei diese Methode ein QBrush-Objekt als Parameter erwartet. Im einfachsten Fall übergeben Sie an den QBrush-Konstruktur einfach Rot-, Grün- und Blauanteil einer Farbe.

```
# Beispieldatei hello-grafik.py (Fortsetzung)
from PyQt6.QtGui import QBrush
...
# in paintEvent(...)
p.setPen(QPen(Qt.GlobalColor.red, 3))
p.setBrush(QBrush(Qt.GlobalColor.yellow))
p.drawRect(350, 50, 100, 30) # x, y, w, h
p.end()
```

drawPolygon funktioniert ganz ähnlich, allerdings müssen Sie vor dem Aufruf ein QPolygon-Objekt aus einer Liste von QPoints erstellen. Farbe und Füllmuster stellen Sie wie bei drawRect ein.

```
from PyQt6.QtGui import QPolygon
from PyQt6.QtCore import QPoint
...
```

```
# in paintEvent(...)
pts = [ QPoint(200, 50), QPoint(300, 200),
        QPoint(400, 150)]
p.drawPolygon(QPolygon(pts))
```

Kreise und Ellipsen

Die Methode `drawEllipse` zeichnet eine Ellipse, die innerhalb eines vorgegebenen Rechtecks Platz hat. Eine eigene Methode für Kreise gibt es nicht. Achten Sie einfach darauf, dass das Rechteck quadratisch ist – dann erhalten Sie einen Kreis. An den `QRect`-Konstruktor übergeben Sie wie an `drawRect` die Koordinaten des Punkts links oben sowie Breite und Höhe.

Die Farbgestaltung erfolgt wie bei Rechtecken und Polygonen, also mit `setPen` (Umrandung) und `setBrush` (Füllung). Der folgende Beispielcode zeigt, wie Sie die Umrandung oder die Füllung deaktivieren und so einen Kreis ohne Umrandung bzw. eine Ellipse ohne Füllung zeichnen.

```
# Beispieldatei hello-grafik.py (Fortsetzung)
from PyQt6.QtCore import QRect
...
# in paintEvent(...)
# Kreis ohne Rand
p.setBrush(QBrush(Qt.GlobalColor.green))
p.setPen(Qt.PenStyle.NoPen)
p.drawEllipse(QRect(150, 150, 100, 100))

# Ellipse ohne Füllung
p.setBrush(Qt.BrushStyle.NoBrush)
p.setPen(QPen(Qt.GlobalColor.magenta, 10))
p.drawEllipse(QRect(280, 200, 200, 100))
```


Text

Von der Methode `drawText` gibt es diverse Varianten, von denen ich hier zwei erläutere. An die erste Variante übergeben Sie einen Koordinatenpunkt, der den Startpunkt der Ausgabe bestimmt (an der Unterkante gewöhnlicher Buchstaben, also an der *baseline*). Dabei kann nur einzeiliger

Text ausgegeben werden. Die Textfarbe legen Sie vorweg mit setPen fest, die Schriftart mit setFont.

```
# Beispieldatei hello-grafik.py (Fortsetzung)
from PyQt6.QtGui import QFont
...
# in paintEvent(...)
# einzeiliger Text
p.setFont(QFont('Helvetica', 15, QFont.Weight.Bold,
                italic=True))
p.setPen(Qt.GlobalColor.black)
p.drawText(QPoint(30, 250), 'Text äöü')
```

An die folgende drawText-Variante übergeben Sie ein Rechteck, innerhalb dessen die Ausgabe erfolgen soll, Formatierungsattribute und eine Zeichenkette. Sofern Sie das Flag Qt.TextFlag.TextWordWrap verwenden, bricht drawText den Text automatisch um. Alternativ bauen Sie mit \n manuelle Umbrüche in die Zeichenkette ein.

```
# mehrzeiliger Text
p.setFont(QFont('Helvetica', 12))
txt = 'Lorem ipsum dolor sit amet, ...'
p.drawText(QRect(30, 280, 200, 100),
           Qt.AlignmentFlag.AlignLeft +
           Qt.TextFlag.TextWordWrap,
           txt)
```

Die zweite drawText-Variante ist auch dann sinnvoll, wenn Sie (einzeiligen) Text innerhalb eines vorgegebenen Rechtecks mittig, links- oder rechtsbündig ausrichten möchten. Dazu verwenden Sie eine Kombination aus Qt-Konstanten wie Qt.AlignmentFlag.AlignCenter (horizontal und vertikal mittig).

Hintergrundfarbe einstellen

Standardmäßig ist die Zeichenfläche in PyQt-Programmen grau. Wenn Sie eine andere Farbe wünschen, greifen Sie am einfachsten auf die Methode setStyleSheet zurück. An diese Methode übergeben Sie eine Zeichenkette in CSS-Syntax, mit der Sie die gewünschte Farbe einstellen.

```
class MyWindow(QMainWindow):
    def __init__(self):
        ...
        self.setStyleSheet('background-color: white;')
```

19.2 Grafik in einem Widget

Im Einführungsbeispiel erfolgten die Grafikausgaben direkt im Hauptfenster. Oft ist es zweckmäßiger, eigene Grafiken nur in einem Teilbereich des Fensters anzuzeigen, dessen Größe durch ein eigenes Widget (Steuerelement) bestimmt ist (siehe Abbildung 19.2). Dazu müssen Sie eine weitere Klasse implementieren, die von QWidget abgeleitet ist. Ihren Grafikcode verfassen Sie dann in der paintEvent-Methode dieses Widgets.

Abbildung 19.2 Die Grafikausgaben sind auf das weiße Widget beschränkt.

Dabei ist zu beachten, dass die oben präsentierte Vorgehensweise zur Einstellung der Hintergrundfarbe nicht funktioniert. Einfacher ist es, mit drawRect ein gefülltes Rechteck in der gewünschten Farbe zu zeichnen. Der folgende, etwas gekürzte Code zeigt die Vorgehensweise:

```
# Beispieldatei grafik-widget.py
... (diverse Importe)

# Klasse für Fenster
class MyWindow(QMainWindow):
    def __init__(self):
        super().__init__()
        ... (Initialisierungsarbeiten, Button erzeugen)

        # Widget für Grafik erzeugen
        self.mw = MyWidget(self)
        self.mw.move(10, 10)
        self.mw.resize(280, 250)

# Klasse für eigenes Widget
class MyWidget(QWidget):
    def __init__(self, parent):
        super().__init__(parent)

    # Paint-Event für das Widget
    def paintEvent(self, event):
        p = QPainter()
        p.begin(self)
        w = self.geometry().width()
        h = self.geometry().height()
        p.setRenderHint(QPainter.RenderHint.Antialiasing)

        # weißer Hintergrund
        p.setPen(Qt.PenStyle.NoPen)
        p.setBrush(QBrush(Qt.GlobalColor.white))
        p.drawRect(0, 0, w, h)
        # einfaches Muster zeichnen
        max = 50
```

```
        p.setPen(QPen(Qt.GlobalColor.blue, 1))
        for i in range(max + 1):
            p.drawLine(0, int(h / max * i),
                       int(w - w / max * i), 0)
        p.end()

# Main-Code
app = QtWidgets.QApplication([])
win = MyWindow()
win.show()
app.exec()
```

Grafik in PNG-Datei speichern

Um eine auf dem Bildschirm gezeichnete Grafik zu speichern, führen Sie für das betreffende Widget die Methode `grab` aus. Damit erhalten Sie ein `QPixmap`-Objekt mit einer Bitmap der Grafik. Diese können Sie dann unkompliziert mit `save` speichern. Das ist im Code des ENDE-Buttons des oben präsentierten Beispielprogramms realisiert:

```
# Beispieldatei grafik-widget.py
# clicked ist mit dem 'Ende'-Button verbunden
def clicked1(self):
    # Bitmap speichern
    bitmap = self.mw.grab()
    bitmap.save('test.png')
    app.quit()
```

19

Vorsicht, endlose Rekursion

Beachten Sie, dass Sie die `grab`-Methode *nicht* innerhalb einer `paintEvent`-Methode aufrufen dürfen. Dadurch lösen Sie ein neuerliches Paint-Ereignis aus, es kommt zu einer endlosen Rekursion.

19.3 Spaß mit Sinus und Cosinus

Vielleicht haben Sie den Schulunterricht zu den trigonometrischen Funktionen Sinus und Cosinus in schrecklicher Erinnerung. Das muss nicht sein. Mit wenigen Zeilen Code können Sie diese Funktionen zum Leben erwecken und Kreise, Spiralen und grafische Gebilde zeichnen (siehe Abbildung 19.3).

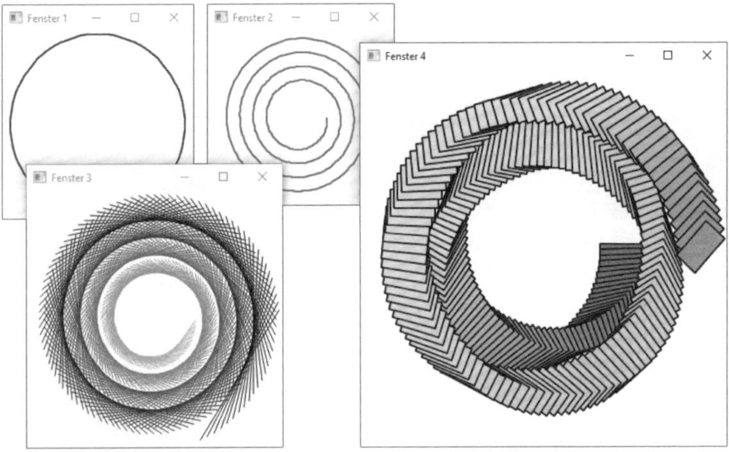

Abbildung 19.3 Mit trigonometrischen Funktionen lassen sich schöne Grafiken gestalten.

Ausgangspunkt für alle Grafiken in diesem Kapitel sind diese beiden elementaren Formeln:

$$x = x0 + \cos(winkel) \times radius$$
$$y = y0 + \sin(winkel) \times radius$$

Die Formeln zeigen die Berechnung der X- und Y-Koordinate eines Kreises um den Mittelpunkt (*x0*, *y0*) mit einem beliebigen Radius. Dabei ist zu beachten, dass der Winkel in Bogenmaß an die Python-Funktionen `sin` und `cos` übergegeben werden muss: 360° entspricht also $2 \times \pi$.

Damit `sin`, `cos` und `pi` in Python einfach zugänglich sind, empfiehlt sich folgender Import:

```
from math import sin, cos, pi
```

Beachten Sie, dass viele Zeichenmethoden ganze Zahlen als Koordinaten erwarten. Mit Fließkommaarithmetik errechnete X- und Y-Koordinaten müssen explizit mit `int()` in ganze Zahlen umgewandelt werden, sonst liefert Python entsprechende Warnungen.

Programmaufbau

Das folgende Programm unterscheidet sich im Aufbau in zwei Punkten vom Einführungsbeispiel:

- Zum einen werden beim Start gleich vier Fenster auf einmal geöffnet. Die vier Fensterobjekte werden in `winlist` gespeichert. Das Programm endet erst, wenn alle Fenster geschlossen werden.

  An jedes Fenster wird eine Nummer übergeben (Variable `type`). Sie bestimmt, welche Art von Grafik im Fenster angezeigt wird. Die Auswertung des Grafiktyps erfolgt in `paintEvent`. Dort wird je nach Typ eine von vier verschiedenen Methoden aufgerufen (`paintCircle`, `paintSpiral` etc.), die ich Ihnen in den weiteren Abschnitten erläutern werde.

  Damit die Fenster nicht alle übereinander erscheinen, legt der Konstruktor mit `setGeometry` für jedes Fenster eine andere Position fest. Die vier Fenster haben jeweils einen Innenbereich von 300 × 300 Pixel und werden am Bildschirm in einem Raster angezeigt.

- Zum anderen passt sich die Grafik jeweils an die Fenstergröße an. Wenn Sie also Fenster 1 vergrößern oder verkleinern, wird der Kreis mittig im Fenster ebenfalls vergrößert bzw. verkleinert.

  Der dafür erforderliche Code befindet sich in `paintEvent`. Die Methoden `size`, `width` und `height` geben Auskunft über die Größe des Innenbereichs des Fensters (Variablen `w` und `h`). Daraus werden der Mittelpunkt des Fensters und der maximale Radius eines Kreises berechnet (Variablen `x0`, `y0` und `r`).

```
# Beispieldatei sinus.py
# diverse Importe ...
class MyWindow(QMainWindow):
    def __init__(self, type):

        # Konstruktor von QMainWindow aufrufen
        QMainWindow.__init__(self)

        # Typ, Fenstergröße, Titel und Hintergrundfarbe
        self.type = type
        self.setGeometry(50 + (i % 2) * 350,
                         50 + (i // 2) * 350, 300, 300)
        self.setWindowTitle('Fenster %d' % (type+1))
        self.setStyleSheet('background-color: white;')

    # Fensterinhalt neu zeichnen
    def paintEvent(self, event):
        p = QPainter()
        p.begin(self)
        p.setRenderHint(QPainter.RenderHint.Antialiasing)
        # Größe und Mittelpunkt des maximalen Kreises
        # im Fenster
        w = self.size().width()
        h = self.size().height()
        (x0, y0) = (w/2, h/2)
        r = min(w, h) / 2 - 3
        if r<0: return
        if self.type==0: self.paintCircle(p, x0, y0, r)
        if self.type==1: self.paintSpiral(p, x0, y0, r)
        if self.type==2: self.paintLines(p, x0, y0, r)
        if self.type==3: self.paintPolygones(p, x0, y0, r)
        p.end()

    # Der Code für die Methoden paintCircle, paintSpiral
    # etc. folgt auf den folgenden Seiten ...
```

```
# Main-Code: vier Fenster öffnen
app = QtWidgets.QApplication([])
winlist = []
for i in range(4):
    win = MyWindow(i)
    win.show()
    winlist += [win]
app.exec_()
```

Einen Kreis zeichnen

Die Methode `drawEllipse` zum Zeichnen von Kreisen und Ellipsen habe ich Ihnen ja schon vorgestellt. Sie können Kreise aber auch selbst zeichnen, indem Sie den Kreis durch viele kleine Linien annähern und die Start- und Endkoordinaten dieser Linien mit den eingangs erwähnten Formeln berechnen. Der entsprechende Code sieht so aus:

```
# Beispieldatei sinus.py (Fortsetzung)
class MyWindow(QMainWindow):
    # Kreis zeichnen
    def paintCircle(self, p: QPainter, x0, y0, r):
        p.setPen(QPen(Qt.GlobalColor.blue, 2))
        n = 100 # Kreis aus 100 kleinen Linien
        for i in range(n+1):
            x = int(x0 + cos(2 * pi / n * i) * r)
            y = int(y0 + sin(2 * pi / n * i) * r)
            if i>0:
                p.drawLine(xprev, yprev, x, y)
            (xprev, yprev) = (x, y)
```

Die Schleifenvariable `i` durchläuft einen Wertebereich von 0 bis einschließlich 100 (Variable `n`). Der Ausdruck `2 * pi / n * i` macht daraus Zahlenwerte zwischen 0 und $2 \times \pi$. `x` und `y` sind der Endpunkt der Linie. In `xprev` und `yprev` wird der vorige Endpunkt gespeichert und bei der nächsten Linie als Startpunkt verwendet. Beim ersten Schleifendurchgang funktioniert das noch nicht – deswegen ist die Bedingung `i > 0` erforderlich.

19

Spiralkurve zeichnen

Wie machen Sie aus einem Kreis eine Spirale? Ganz einfach, indem Sie bei der Berechnung jedes Punkts nicht nur den Winkel ändern, sondern auch den Radius. Die Berechnung des Radius könnte ganz einfach mit der Anweisung `radius = r / n * i` erfolgen, wobei `r` der maximale Radius ist. Damit würde die Spirale exakt im Mittelpunkt beginnen.

`r / (n + 200) * (i + 200)` bewirkt hingegen, dass die Spiralkurve etwas weiter außen beginnt. Außerdem müssen Sie den Winkelbereich nun mehrfach abdecken, damit die Spirale mehrere Windungen macht. `i` durchläuft deswegen den Wertebereich von 0 bis 400 statt wie bisher von 0 bis 100.

```
def paintSpiral(self, p: QPainter, x0, y0, r):
    p.setPen(QPen(Qt.GlobalColor.red, 2))
    n = 400
    xprev = x0 + r
    yprev = y0

    for i in range(n+1):
        radius = r / (n + 200) * (i + 200)
        x = int(x0 + cos(2 * pi / 100 * i) * radius)
        y = int(y0 + sin(2 * pi / 100 * i) * radius)
        if i>0:
            p.drawLine(xprev, yprev, x, y)
        (xprev, yprev) = (x, y)
```

Linienmuster zeichnen

Ein Linienmuster wie jenes in Fenster 3 (siehe Abbildung 19.3) entsteht, wenn Start- und Endpunkt jedes Linienstücks nicht direkt aneinanderpassen, sondern sich auf weiter entfernten Punkten der Spiralkurve befinden. Für den Start- und Endpunkt jeder Linie gelten daher unterschiedliche Winkel (Variablen `ang1` und `ang2`), die um 0,4 × 180° = 56° gegeneinander versetzt sind.

Um zusätzlich einen Effekt der Tiefenwirkung zu erzeugen, werden die weiter innen befindlichen Linien in immer helleren Grautönen gezeichnet. Sie wirken damit dünner.

```
def paintLines(self, p: QPainter, x0, y0, r):
    n = 400
    xprev = x0 + r
    yprev = y0

    for i in range(n):
        gray = 190 / n * (n-i)
        p.setPen(QPen(QColor(gray, gray, gray), 1))
        radius = r / (n+200) * (i+200)
        ang1 = 2 * pi / 100 * i
        ang2 = ang1 + pi * 0.4
        x1 = int(x0 + cos(ang1) * radius)
        y1 = int(y0 + sin(ang1) * radius)
        x2 = int(x0 + cos(ang2) * radius)
        y2 = int(y0 + sin(ang2) * radius)
        p.drawLine(x1, y1, x2, y2)
```

Bunte, verdrehte Rechtecke auf einer Spiralkurve zeichnen

Für die Grafik in Fenster 4 sind gleich zwei Methoden erforderlich: `paintPolygones` berechnet wieder die X- und Y-Koordinaten von Punkten entlang einer Spiralkurve. Außerdem wird mit der Methode `fromHSV` ein `QColor`-Objekt aus HSV-Werten erzeugt (*Hue*, *Saturation* und *Value*).

Für jeden dieser Punkte wird nun die Methode `paintOnePolygon` aufgerufen, die rund um den Mittelpunkt (x0, y0) ein um den Winkel `baseangle` verdrehtes buntes Rechteck zeichnet. Die Eckpunkte dieses Rechtecks liegen auf einem Kreis an den Winkelpositionen 30°, 150°, 210° und 330°. Diese Winkel werden in Bogenmaß umgerechnet. Die `for`-Schleife berechnet nun die resultierenden Koordinaten der Eckpunkte, wobei wiederum die schon bekannten Sinus- und Cosinus-Formeln zum Einsatz kommen.

Aus den Koordinaten werden QPoint-Objekte erzeugt, in eine Liste verpackt und in ein QPolygon-Objekt umgewandelt. Damit kann drawPolygon das Rechteck zeichnen. Der Tiefeneffekt entsteht, weil die Rechtecke von innen nach außen übereinander gezeichnet werden.

```
# bunte, verdrehte Polygone entlang eines
# spiralförmigen Pfads zeichnen
def paintPolygones(self, p: QPainter, x0, y0, r):
    n = 200

    for i in range(n):
        radius = r / (n+250) * (i+200)
        ang = 2 * pi / 100 * i
        x = x0 + cos(ang) * radius
        y = y0 + sin(ang) * radius
        color = QColor.fromHsv(i % 360, 255, 255)
        self.paintOnePolygon(p, x, y, -i / 50, color)

# beliebig gedrehtes Dreieck rund um (x0, y0) zeichnen
# color gibt die Füllfarbe an
def paintOnePolygon(self, p: QPainter, x0, y0,
                    baseangle, color):
    radius = 30
    degrees = [30, 150, 210, 330] # Grad -> Bogengrad
    angles = list(map(lambda x: x / 180 * pi, degrees))
    pts =  []  # Koordinaten des Polygons

    for i in range(len(angles)):
        x = int(x0 + cos(baseangle + angles[i]) * radius)
        y = int(y0 + sin(baseangle + angles[i]) * radius)
        pts += [ QPoint(x, y) ]

    p.setPen(QPen(Qt.GlobalColor.black, 2))
    p.setBrush(QBrush(color))
    p.drawPolygon(QPolygon(pts))
```

19.4 Temperaturkurve zeichnen

Als Ausgangspunkt für das zweite längere Beispiel in diesem Kapitel dient eine Textdatei, in der minütliche Temperaturen eines Tages gespeichert sind:

```
2024-06-01 00:00          24.062
2024-06-01 00:01          24.062
...
2024-06-01 23:59          24.625
```

Die beiden Spalten (also Zeit und Temperatur) sind durch ein Tabulatorzeichen getrennt. Ziel des Programms ist es, den Verlauf der Temperatur in einem Fenster variabler Größe anzuzeigen (siehe Abbildung 19.4).

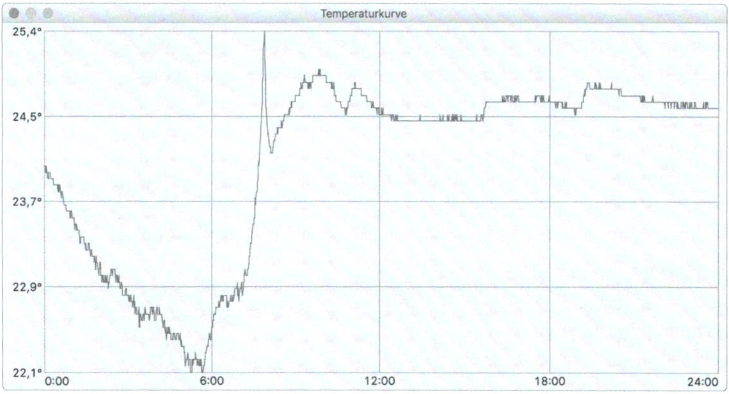

Abbildung 19.4 Der starke Anstieg der Temperaturkurve zwischen 8 und 9 Uhr resultiert aus einer direkten Sonneneinstrahlung. Danach wurde das Fenster beschattet.

19

Programmaufbau

Um Ihnen bei der Orientierung im fast 100 Zeilen langen Code zu helfen, erläutere ich Ihnen den Code stückweise. Der Gesamtaufbau des Codes sieht so aus:

```
# Beispieldatei temperatur.py
from datetime import datetime
from functools import reduce
from PyQt6 import ... # diverse Qt-Importe

# Fenster-Klasse
class MyWindow(QMainWindow):
    # Konstruktor
    def __init__(self):
        ... (Initialisierung wie in den bisherigen
             Qt-Programmen)

    # Temperaturkurve zeichnen
    def paintEvent(self, event):
        ...

# Textdatei einlesen. Die Funktion gibt die Daten
# als Python-Liste zurück.
def readData(fname):
    ...

# Main-Code. Das Programm läuft, bis das Fenster
# geschlossen wird.
app = QtWidgets.QApplication([])
win = MyWindow()
win.show()
app.exec()
```

Daten einlesen

Die Funktion `readData` hat mit der Grafikprogrammierung an sich nichts zu tun. Der Code ist aber eine gute Wiederholung der Funktionen, die Sie in Kapitel 6, »Zeichenketten«, in Kapitel 7, »Datum und Zeit«, und schließlich in Kapitel 15, »Dateien lesen und schreiben«, kennengelernt haben.

Die Funktion soll die eingelesenen Daten in einer verschachtelten Liste zurückgeben, die so aufgebaut ist:

```
[ [n1, t1], [n2, t2], [n3, t3] ...]
```

Dabei ist `n` ein Zeitpunkt gerechnet in Minuten seit Mitternacht und `t` die gemessene Temperatur als Fließkommazahl. Der Zeitpunkt wird mit `strptime` in ein `datetime`-Objekt umgewandelt, aus dem dann der Minuten- und Stundenanteil extrahiert wird.

```
def readData(fname):
    result = []
    try:
        # alle Zeilen der Datei lesen
        with open(fname, 'rt') as f:
            for line in f:
                # Zeile teilen in Zeitpunkt und Temperatur
                parts = line.strip().split('\t')
                if len(parts) != 2: continue
                dt = datetime.strptime(parts[0],
                                       '%Y-%m-%d %H:%M')
                minutes = dt.minute + dt.hour * 60
                temp = float(parts[1])
                result += [[minutes, temp]]
    except BaseException as err:
        print('Es ist ein Fehler aufgetreten:', err)
    return result
```


Gitter zeichnen und beschriften

Die `paintEvent`-Methode beginnt mit dem Aufruf von `readData`. Anschließend wird wie in den bisherigen Beispielprogrammen ein `QPainter`-Objekt eingerichtet und der Zeichenvorgang mit `begin` eingeleitet. `w` und `h` geben die Innenmaße des Fensters an. Die Funktionen `min` und `max` ermitteln die kleinste und größte Temperatur innerhalb der Messdaten. Die Variablen `mintemp` und `maxtemp` sind sowohl zur Beschriftung des Diagramms als auch zur Skalierung der Temperaturkurve wichtig.

```
def paintEvent(self, event):
    data = readData('temp-2024-06-01.txt')
    p = QPainter()
    p.begin(self)
    p.setRenderHint(QPainter.RenderHint.Antialiasing)
    w = self.size().width()
    h = self.size().height()
    mintemp = min(itm[1] for itm in data)
    maxtemp = max(itm[1] for itm in data)
    tempdelta = maxtemp - mintemp
```

In den nächsten Zeilen werden die Variablen `x0`, `y0` sowie `x1` und `y1` berechnet. Sie geben die Koordinaten des Rechtecks an, in dem die Temperaturkurve später gezeichnet werden soll. Dabei muss etwas Platz für die Beschriftung des Diagramms bleiben.

In der `for`-Schleife durchläuft `i` die Werte von 0 bis 4. Damit werden je fünf horizontale und vertikale Linien gezeichnet, die das Diagramm in beide Richtungen vierteln.

Relativ aufwendig ist die Beschriftung der Achsen. Um Platz zu sparen, werden die Zeiten bei der X-Achse unterschiedlich ausgerichtet: 0 Uhr linksbündig, 24 Uhr rechtsbündig und die restlichen drei Zeiten mittig. Damit die Textausgabe überhaupt ausgerichtet werden kann, wird an `drawText` jeweils ein Rechteck mit dem zulässigen Zeichenbereich übergeben.

Bei der Y-Achse ist wiederum darauf zu achten, dass die Achse im Qt-Koordinatensystem von oben nach unten zeigt. Im Diagramm sollen aber niedrige Temperaturen wie üblich unten angezeigt werden. Diese Umkehrung spiegelt sich in der Berechnung der Variablen `temp` wider, die oben mit der Maximaltemperatur beginnt.

```
    # (Fortsetzung paintEvent)
    x0 = 50      # links oben
    y0 = 10
    x1 = w - 10  # rechts unten
    y1 = h - 20
```

```
gridw = x1 - x0
gridh = y1 - y0
labels = ['0:00', '6:00', '12:00', '18:00', '24:00']

# Gitterlinien zeichnen
for i in range(5): # von 0 bis 4
    # horizontale Linien
    y = int(y0 + gridh / 4 * i)
    p.setPen(QPen(Qt.GlobalColor.gray, 1))
    p.drawLine(x0, y, x1, y)

    # vertikale Linien
    x = int(x0 + gridw / 4 * i)
    p.drawLine(x, y0, x, y1)

    # Beschriftung der X-Achse (unten)
    p.setPen(QPen(Qt.GlobalColor.black, 1))
    if i==0:       # erster Eintrag linksbündig
        p.drawText(QRect(x, y1+2, 40, 14),
                   Qt.AlignmentFlag.AlignLeft |
                   Qt.AlignmentFlag.AlignTop,
                   labels[i])

    elif i==4:     # letzter Eintrag rechtsbündig
        p.drawText(QRect(x-40, y1+2, 40, 14),
                   Qt.AlignmentFlag.AlignRight |
                   Qt.AlignmentFlag.AlignTop,
                   labels[i])

    else:          # sonst: mittig
        p.drawText(QRect(x-20, y1+2, 40, 14),
                   Qt.AlignmentFlag.AlignCenter |
                   Qt.AlignmentFlag.AlignTop,
                   labels[i])
```

```
        # Beschriftung der Y-Achse (links)
        temp = maxtemp - tempdelta / 4 * i
        txt = '%.1f°' % (temp)
        p.drawText(QRect(0, y-10, 47, 20),
                   Qt.AlignmentFlag.AlignRight |
                   Qt.AlignmentFlag.AlignVCenter,
                   txt.replace('.', ','))
```

Temperaturkurve zeichnen

Vergleichsweise kurz ist schließlich der Code, der die eigentliche Temperaturkurve innerhalb des Rechtecks zwischen (x0, y0) und (x1, y1) zeichnet. In einer Schleife werden alle Datenpunkte durchlaufen und jeweils kurze Linien von einem Punkt zum nächsten gezeichnet. `itm[0]` enthält dabei die Zeit in Minuten (Wertebereich 0 bis 60 × 24 = 1440), `itm[1]` die Temperatur in Grad. Bei der Berechnung der Y-Koordinate wird wiederum das (im mathematischen Sinn) verkehrte Koordinatensystem von Qt berücksichtigt – und der Sonderfall, dass alle Temperaturen gleich sind (z. B. wegen eines Ausfalls des Temperatursensors).

Der jeweils letzte Koordinatenpunkt der Temperaturkurve wird in den Variablen `xprev` und `yprev` gespeichert. Diese Variablen enthalten beim ersten Schleifendurchgang noch `None`, weswegen der `drawLine`-Aufruf an dieser Stelle übersprungen wird.

```
    # (Fortsetzung paintEvent)
    p.setPen(QPen(Qt.GlobalColor.red, 1))
    (xprev, yprev) = (None, None)
    for itm in data:
        x = int(x0 + itm[0] / 60 / 24 * gridw)
        if tempdelta == 0:
            y = int(y1 - gridh / 2)
        else:
            y = int(y1 - (itm[1] - mintemp) /
                    tempdelta * gridh)
```

```
        if xprev != None:
            p.drawLine(xprev, yprev, x, y)
        (xprev, yprev) = (x, y)

    p.end() # Ausgabe abschließen
```

Verbesserungsmöglichkeiten

Die Temperaturkurve erfüllt ihren Zweck. Gemessen am relativ hohen Codeaufwand genügt die eckige Kurve aber keinen hohen ästhetischen Ansprüchen. Eine mögliche Verbesserung bestünde darin, die Daten vorweg statistisch aufzuarbeiten, z. B. viertelstündliche Durchschnittstemperaturen zu berechnen, und die Punkte durch Bézierkurven statt durch Linien zu verbinden.

In Kapitel 20, »Wissenschaftliche Anwendung«, zeige ich Ihnen, wie Sie ein vergleichbares Diagramm unter Zuhilfenahme der Bibliotheken *pandas* und *Matplotlib* mit wesentlich weniger Aufwand zeichnen können.

Eine Alternative zu Matplotlib ist die Bibliothek *plotly*. Sie basiert auf dem *Freemium*-Geschäftsmodell. Zwar stehen die Grundfunktionen kostenlos zur Verfügung, viele Zusatzfunktionen erfordern aber einen Account mit jährlichen Benützungsgebühren (siehe *https://plotly.com/python*).

19

Kapitel 20
Wissenschaftliche Anwendung

Python hat sich in den vergangenen Jahren in verschiedenen wissenschaftlichen Communities etabliert. Beispielsweise erfolgt die Forschung rund um die künstliche Intelligenz häufig mit Python. Das liegt nicht nur daran, dass Python eine tolle Programmiersprache ist, sondern auch an der Verfügbarkeit vieler Module mit spezifischen Funktionen für die jeweilige Aufgabenstellung.

Es liegt in der Natur der Sache, dass ich in diesem Kapitel die Anwendung von Python in (natur-)wissenschaftlichen Gebieten nicht enzyklopädisch beschreiben kann. Selbst ein ganzes Buch würde dazu nicht ausreichen. Stattdessen stelle ich Ihnen einige Tools und Module kurz vor, die unabhängig vom jeweiligen Themengebiet besonders häufig zum Einsatz kommen: Anaconda, Jupyter-Notebooks, NumPy, pandas, SciPy und Matplotlib. Außerdem gehe ich auf die ganz neue Möglichkeit ein, Python direkt innerhalb von Excel zu nutzen.

20.1 Anaconda, IPython und Jupyter-Notebooks

In Kapitel 1, »Hello, World!«, habe ich Ihnen empfohlen, die Python-Version Ihrer Linux-Distribution zu verwenden oder unter macOS oder Windows das Standardinstallationsprogramm von *https://www.python.org/downloads* einzusetzen. Gerade im wissenschaftlichen Umfeld kommt mit *Anaconda* aber häufig eine andere Python-Distribution zum Einsatz.

Der Name Anaconda leitet sich vom Paketmanager `conda` ab. Dieses Kommando wird in Anaconda anstelle von `pip` verwendet, um Zusatzmodule zu installieren. Anaconda zeichnet sich durch zwei Besonderheiten aus:

- Das Modulangebot ist speziell auf den wissenschaftlichen Einsatz ausgerichtet. conda kümmert sich dabei nicht nur um die Installation von Python-Modulen, sondern auch um erforderliche Bibliotheken, die in anderen Programmiersprachen (oft in C) entwickelt wurden.
- Neben Python enthält Anaconda die Programme IPython und Jupyter. Sie erleichtern die interaktive Nutzung von Python. Das ist gerade dann praktisch, wenn Sie mit großen Datenmengen experimentieren und die Ergebnisse visualisieren möchten.

Vielleicht fragen Sie sich, warum nicht überhaupt jeder Python-Programmierer Anaconda verwendet. Dafür gibt es mehrere Gründe:

- Anaconda basiert nicht immer auf der allerneuesten Python-Version. Als ich dieses Kapitel im April 2024 verfasste, verwendete die aktuelle Anaconda-Version noch Python 3.11. Zu diesem Zeitpunkt war längst Python 3.12 aktuell.

  Anaconda wartet mit Versions-Updates, bis sichergestellt ist, dass alle wichtigen Module kompatibel mit der neuen Python-Version sind. Hohe Stabilität ist für Anaconda wichtiger als die gerade neueste Version.
- Anaconda verfolgt das *Freemium*-Geschäftsmodell: In der kostenlosen Version sind alle Grundfunktionen als Open-Source-Code implementiert. Es gibt aber Anaconda-Varianten mit kostenpflichtigen Erweiterungen und kommerziellem Support.
- Selbst in der Minimalvariante ist Anaconda ein vergleichsweise riesiges Softwarepaket. Für Python-Einsteiger ist dieser Overhead überflüssig.
- Manche Plattformen oder Geräte, z. B. der Raspberry Pi, werden von Anaconda gar nicht unterstützt.

Installation

Unter *https://www.anaconda.com/download* finden Sie Installationsprogramme für Windows, macOS und Linux. Unter Windows bzw. macOS führen Sie einfach das grafische Setup-Programm aus. Das Windows-Installationsprogramm rät davon ab, die Umgebungsvariable PATH zu verändern. Sofern Sie parallel zu Anaconda auch eine herkömmliche Python-Version installiert haben, sollten Sie dieser Empfehlung folgen.

Außerdem rät das Programm, zusätzlich die Entwicklungsumgebung *PyCharm Pro* herunterzuladen und zu installieren. Dabei handelt es sich um die kostenpflichtige Variante von *PyCharm*. Diese bietet sicherlich praktische Funktionen zur Nutzung von Anaconda, ist aber keineswegs erforderlich.

Das Installationsprogramm für Linux (aktuell nur verfügbar für die Architektur x86_64) ist dagegen ein nahezu 1 Gigabyte großes Shell-Script. Sie starten es nach dem Download wie folgt:

```
bash Downloads/Anaconda-<n.n>.sh
```

Die Installation erfolgt innerhalb des eigenen Heimatverzeichnisses und erfordert keine Administratorrechte. Die Anzeige der Lizenzbestimmungen beenden Sie mit [Q]. Etwas später fragt das Installationsprogramm, ob ob es Anaconda initialisieren soll (Kommando `conda init`). Antworten Sie mit `yes`. Das Verzeichnis mit den Anaconda-Binärdateien wird damit der Umgebungsvariablen `PATH` hinzugefügt (in der Datei `.bashrc` oder `.zshrc`). Nach Abschluss der Installation müssen Sie das Terminalfenster schließen und neu öffnen, damit die Änderungen an `PATH` wirksam werden:

```
echo $PATH
  /home/kofler/anaconda3/bin:...:/usr/bin:...
```

Parallelinstallationen

Die parallele Installation eines traditionellen Python-Pakets mit Anaconda führt unter macOS und Linux dazu, dass nur die zuletzt installierte Python-Variante aktiv ist. Wenn Sie also beispielsweise zuerst Python 3.12 und danach Anaconda mit Python 3.11 installieren, dann zeigt `python3 --version` die ältere Python-Versionsnummer von Anaconda. Auch Ihre Scripts werden nun standardmäßig mit der älteren Python-Version ausgeführt. Um die Standard-Python-Version zu reaktivieren, ändern Sie in der Datei `.bashrc` (Linux) bzw. in `.profile` (macOS) die `PATH`-Konfiguration.

Windows verhält sich diesbezüglich anders. Wenn Sie die Defaulteinstellungen des Installationsprogramms belassen, bleibt PATH unverändert. Um Anaconda zu nutzen, müssen Sie im Startmenü explizit den ANACONDA PROMPT oder den ANACONDA NAVIGATOR ausführen. Python-Scripts, die Sie abseits dieser Wege ausführen, nutzen weiterhin die bisher installierte Python-Version.

Paketmanager »conda«

Eine zentrale Komponente von Anaconda ist das Kommando conda zur Verwaltung von Python-Modulen. Einen Überblick über die standardmäßig installierten Module bzw. Pakete gibt das Kommando `conda list`, das Sie in einem Terminal ausführen.

```
conda list

  # packages in environment at /home/kofler/anaconda3:
  # Name                 Version                   Build
  _anaconda_depends      2024.02             py311_mkl_1
  _libgcc_mutex          0.1                        main
  _openmp_mutex          5.1                       1_gnu
  abseil-cpp             20211102.0           hd4dd3e8_0
  aiobotocore            2.7.0           py311h06a4308_0
  aiohttp                3.9.3           py311h5eee18b_0
  aioitertools           0.7.1              pyhd3eb1b0_0
  aiosignal              1.2.0              pyhd3eb1b0_0
  ...
```


Grundsätzlich ist conda ganz ähnlich wie pip zu bedienen (siehe auch Abschnitt 13.3, »Module installieren (pip)«): install lädt ein Paket oder Modul herunter und installiert es. search sucht nach Modulen. update aktualisiert ein Modul, remove entfernt es. Bei allen Kommandos zeigt die nachgestellte Option --help einen umfassenden Hilfetext an. Die vollständige Dokumentation zu conda finden Sie hier:

https://docs.conda.io/projects/conda/en/latest/commands.html

Der Parallelbetrieb von conda und pip ist möglich. Allerdings sollten Sie zur Installation von Zusatzmodulen conda vorziehen und nur dann auf pip ausweichen, wenn ein Modul in conda nicht zur Verfügung steht:

https://www.anaconda.com/blog/understanding-conda-and-pip

IPython

Bereits in Kapitel 1, »Hello, World!«, habe ich Ihnen gezeigt, dass Sie das Programm python auch interaktiv ausführen können, um dort Python-Kommandos auszuprobieren. *IPython* greift dieses Konzept auf und verbessert es gleichzeitig in vielen Punkten.

Sie starten IPython nach der Installation von Anaconda in einem Terminal bzw. unter Windows im Programm *Anaconda Prompt* mit dem Kommando ipython. Sollte das nicht funktionieren, müssen Sie IPython noch installieren. Dazu führen Sie conda install ipython aus.

Der erste offensichtliche Unterschied zwischen IPython und Python besteht darin, dass IPython alle Ein- und Ausgaben mit einem farbigen Prompt nummeriert (In[1] etc.):

```
ipython

  Python 3.11.7 (main, Dec 15 2023, 18:12:31)
  Type 'copyright', 'credits' or 'license' for more
  information. Type '?' for help ...

  In [1]: s = 'Hello, IPython!'

  In [2]: s
  Out[2]: 'Hello, IPython!'
```

Der eigentliche Pluspunkt von IPython besteht in den sogenannten *magischen Kommandos*, die mit einem Prozentzeichen beginnen (siehe Tabelle 20.1). Beispielsweise zeigt %page den Inhalt einer Variablen an. Bei umfangreichen Daten, z. B. bei einer riesigen Liste, können Sie mit den Cursortasten durch die Ausgabe scrollen.

Mit `%run` ausgeführte Scripts laufen in einem leeren Namensraum, werden also durch bereits definierte Variablen oder andere Symbole nicht beeinflusst. `%load` lädt eine Codedatei. Der Code kann anschließend verändert und durch [↵] in der letzten Zeile ausgeführt werden.

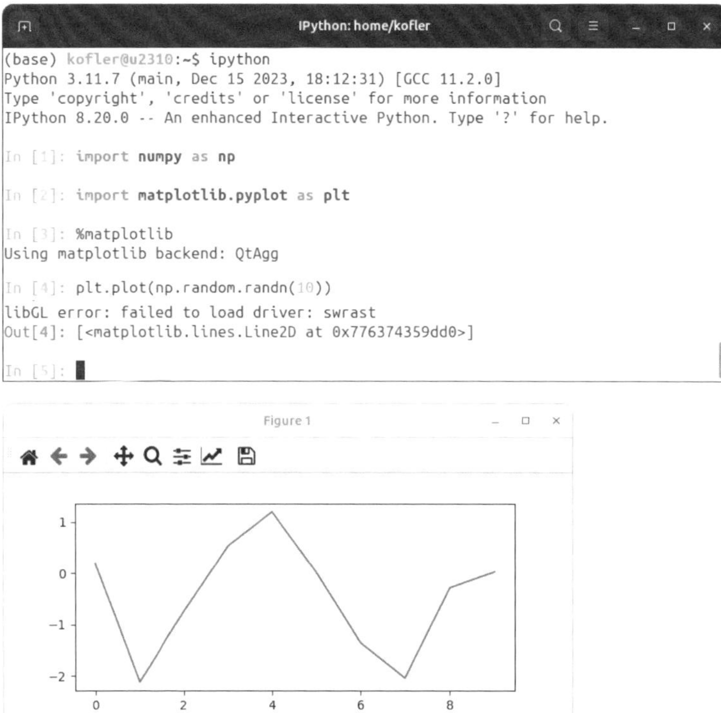

Abbildung 20.1 In IPython generierte Diagramme werden in eigenen Fenstern dargestellt.

Ausgesprochen praktisch ist schließlich `%matplotlib`: Wird dieses Kommando einmalig ausgeführt, dann öffnet IPython nach dem ersten `plot`-Kommando ein Fenster und zeigt das resultierende Diagramm dort an (siehe Abbildung 20.1). Unter Linux erscheint eventuell zuerst eine Fehlermeldung, weil Anaconda noch nicht Wayland-kompatibel ist; letztlich funktioniert aber alles wie geplant.

Beachten Sie, dass weitere `plot`-Kommandos die vorhandene Grafik ergänzen. Ein neues Diagramm samt dazugehörigem Fenster erzeugen Sie mit `plt.figure()`. Hintergrundinformationen zu den Modulen `numpy` und `matplotlib` folgen in Abschnitt 20.2 und in Abschnitt 20.5.

Kommando	Funktion
`%load script.py`	Lädt eine Script-Datei.
`%magic`	Zeigt eine Referenz aller magischen Kommandos an.
`%matplotlib`	Zeigt Grafiken in einem eigenen Fenster an.
`%page variable`	Gibt den Inhalt des Objekts seitenweise aus.
`%quickref`	Zeigt einen allgemeinen IPython-Hilfetext an.
`%reset`	Setzt alle Variablen zurück.
`%run script.py`	Führt das Script aus.
`%time anweisung`	Führt `anweisung` aus und misst die Laufzeit.

Tabelle 20.1 Die wichtigsten magischen IPython-Kommandos

Wozu so viel Interaktivität?

Vermutlich ist es Ihnen aufgefallen: Ein Pluspunkt von Anaconda, egal, ob in IPython oder in den im nächsten Abschnitt vorgestellten Jupyter-Notebooks, liegt in den umfassenden Möglichkeiten zum interaktiven Arbeiten. Das ist im wissenschaftlichen Umfeld oft von Vorteil, besonders wenn es darum geht, große Datenmengen zu analysieren, zu verarbeiten und zu visualisieren. Bevor dieser Schritt mit einem Programm automatisiert werden kann, muss oft erst der richtige Weg gesucht werden. Das gelingt durch interaktives Probieren oft rascher als durch systematisches Programmieren.

Jupyter-Notebooks

Wenn Sie sich in Terminals nicht so wohl fühlen, können Sie *Jupyter-Notebooks* als Alternative zum interaktiven Arbeiten nutzen. Unter Linux und macOS öffnen Sie die Jupyter-Oberfläche, indem Sie im Terminal das Kommando `jupyter notebook` ausführen. Hinter den Kulissen wird dabei ein lokaler Webserver gestartet. Die Kommunikation erfolgt über einen Webbrowser, der automatisch geöffnet wird.

Unter Windows starten Sie den ANACONDA NAVIGATOR und klicken beim Eintrag JUPYTER NOTEBOOK auf den Button LAUNCH. Auch in diesem Fall erscheint ein neuer Tab in Ihrem Default-Webbrowser. Mit FILE • NEW • PYTHON öffnen Sie nun ein neues Notebook, in dem Sie Python-Code eingeben und ausführen können. Bei der Bedienung des Notebooks helfen ein im Browser dargestelltes Menü, eine Symbolleiste sowie einige Tastenkürzel (siehe Tabelle 20.2 bzw. HELP • KEYBOARD SHORTCUTS).

Tastenkürzel	Funktion
[Strg]+[↵]	Führt den Code in der Zelle aus.
[Esc]	Wechselt in den Kommandomodus.
[A] im Kommandomodus	Erzeugt eine neue Zelle oberhalb der aktuellen Zelle.
[B] im Kommandomodus	Erzeugt eine neue Zelle unterhalb der aktuellen Zelle.
[D], [D] im Kommandomodus	Löscht die aktuelle Zelle.
[↵] im Kommandomodus	Aktiviert den Edit-Modus für die aktuelle Zelle.

Tabelle 20.2 Die wichtigsten Tastenkürzel in Jupyter-Notebooks

Die in Abbildung 20.2 dargestellten Kommandos werden in Abschnitt 20.2, »NumPy«, sowie in Abschnitt 20.5, »matplotlib« erläutert. In Jupyter-Notebooks können Sie auf `%matplotlib` verzichten. Diagramme werden automatisch korrekt angezeigt.

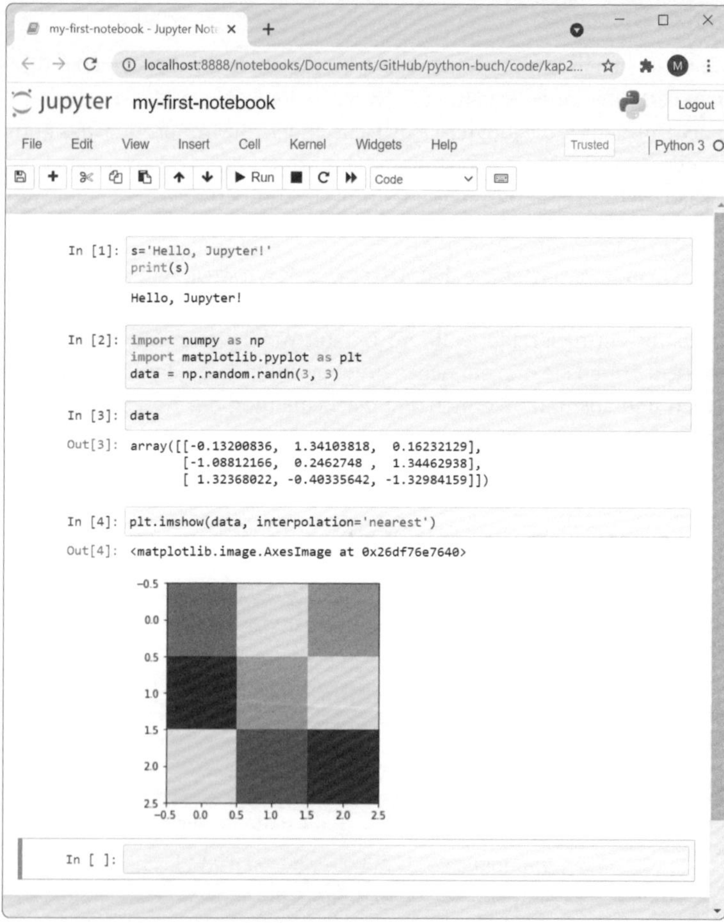

Abbildung 20.2 Ein einfaches Jupyter-Notebook

Jupyter-Notebooks können mit FILE • SAVE als Dateien mit der Kennung `*.ipynb` im lokalen Dateisystem gespeichert und später wieder geöffnet werden. Die Möglichkeit, interaktiv ausgeführten Python-Code zu speichern und weiterzugeben, ist der wohl größte Vorteil im Vergleich zu IPython.

Jupyter-Notebooks in VSCode

Sie können Jupyter-Notebooks auch in VSCode öffnen und bearbeiten. Ich empfinde das als deutlich praktischer als die Verwendung eines Webbrowsers.

Dabei müssen Sie allerdings darauf achten, dass Sie den richtigen Python-Interpreter auswählen. Unter Umständen gelingt das nur manuell. Dazu führen Sie in VSCode über [F1] PYTHON: SELECT INTERPRETER aus und geben das Verzeichnis der Anaconda-Installation (z. B. ~/anaconda3/bin/python) an. Anschließend starten Sie VSCode neu.

Traditionelle Python-Scripts

Selbstverständlich können Sie nach der Installation von Anaconda weiterhin Code in ganz gewöhnlichen *.py-Dateien entwickeln. IPython und Jupyter-Notebooks bieten spannende Möglichkeiten, ihre Nutzung ist aber optional.

Tatsächlich sind viele der folgenden Beispiele traditionelle Scripts. Falls Sie eine aktuelle Python-Version und Anaconda parallel installiert haben, ist für die korrekte Ausführung entscheidend, dass das Script die richtige Python-Installation verwendet, dass die PATH-Variable also zuerst das Verzeichnis der Anaconda-Installation enthält.

Alternativ können Sie in der Shebang-Zeile des Scripts (siehe Abschnitt 14.1, »Python-Scripts ausführen«) den absoluten Pfad angeben. Das funktioniert zuverlässig, ist aber trotzdem nur eine Notlösung. Ihr Script ist jetzt nicht mehr portabel, läuft also auf einem anderen Rechner nicht mehr. 20

```
#!/home/kofler/anaconda3/bin/python
print("Hello, Anaconda!")
```

20.2 NumPy

NumPy (Modulname `numpy`) stellt Funktionen zur Erzeugung und Verarbeitung von (mehrdimensionalen) Arrays zur Verfügung. Damit können Sie mit Vektoren und Matrizen effizient rechnen, was in nahezu allen naturwissenschaftlichen Disziplinen erforderlich ist.

Prinzipiell könnten Sie in Python zu diesem Zweck auch verschachtelte Listen verwenden. Ein entscheidender Vorteil von NumPy besteht darin, dass die Arrays und die Funktionen zur Durchführung grundlegender Berechnungen intern in C implementiert und deutlich schneller sind.

NumPy steht unter Anaconda standardmäßig zur Verfügung. Sie können NumPy aber auch in traditionellen Python-Installationen nutzen:

```
pip[3] install numpy=1.26.4         # Windows, macOS
sudo apt/dnf install python3-numpy  # Linux
```

NumPy 2.0

Dieses Kapitel bezieht sich auf NumPy 1.*n*. Im Frühjahr 2024 wird NumPy 2.0 erscheinen, das erste Major Release seit beinahe 20 Jahren. Aufgrund einiger Inkompatibilitäten wird dies unweigerlich zu Problemen führen. Bis alle anderen Module (Matplotlib, pandas etc.) angepasst sind, sollten Sie explizit die letzte 1er-Version installieren. Anfang April 2024 war das 1.26.4. Neuerungen in NumPy 2.0 sind hier dokumentiert:

https://numpy.org/devdocs/numpy_2_0_migration_guide.html

Matrizen erzeugen und speichern

Es ist üblich, das `numpy`-Modul mit dem Alias `np` zu importieren:

```
# Beispieldatei numpy-intro.py
import numpy as np
```

Eine leere Matrix beliebiger Größe erzeugen Sie mit `zeros`. Alle Elemente der Matrix enthalten den Wert 0,0. Analog können Sie mit `ones` neue Arrays erzeugen, deren Elemente jeweils den Wert 1,0 enthalten.

Intern verwendet NumPy zur Darstellung der Arrays den Datentyp ndarray. Dessen Eigenschaft shape gibt Auskunft über die Größe des Arrays. dtype verrät den Datentype der Array-Elemente. Standardmäßig handelt es sich dabei um 64-Bit-Fließkommazahlen. NumPy unterstützt auch andere Zahlenformate (ganze Zahlen, komplexe Zahlen, Fließkommazahlen mit kleinerer oder größerer Genauigkeit), worauf ich hier aber nicht eingehe.

```
a = np.zeros([3, 3])
print(a)
# Ausgabe [[0. 0. 0.]
#          [0. 0. 0.]
#          [0. 0. 0.]]

print(a.shape, a.dtype)
# Ausgabe (3, 3) float64
```

Um eine Liste in ein Array umzuwandeln, verwenden Sie asarray:

```
lst = [[0.1, 0.2], [-0.3, 0.4]]
b = np.asarray(lst)
print(b)
# Ausgabe [[ 0.1  0.2]
#          [-0.3  0.4]]
```

Anders als bei Listen, wo der Zugriff auf verschachtelte Strukturen durch entsprechend viele Klammernpaare erfolgt (z. B. lst[1][1]), dürfen Sie bei NumPy-Arrays alle Indizes auch in einer Klammernebene angeben (b[1, 1]):

```
print(b[0, 1])  # Ausgabe 0.2
print(b[1, 1])  # Ausgabe 0.4
```

Arrays sind veränderlich (*mutable*). Nach der Zuweisung c = b verweisen die Variablen b und c daher auf die gleichen Daten. Veränderungen an b wirken sich auch auf c aus (und umgekehrt). Wenn Sie eine unabhängige Kopie eines Arrays brauchen, müssen Sie die copy-Methode verwenden:

```
# Array/Matrix kopieren
c = b.copy()
```

Um ein Array mit Zufallszahlen zu initialisieren, rufen Sie die rand-Methode auf. Anders als bei zeros geben Sie die Array-Größe hier ohne eckige Klammern an. rand generiert Zufallszahlen zwischen 0 und 1. Wenn Sie stattdessen normalverteilte Zufallszahlen benötigen, sollten Sie randn verwenden (gaußsche Normalverteilung mit dem Mittelwert 0 und der Varianz 1).

```
# 3x3 Matrix mit Zufallszahlen
d = np.random.rand(3, 3)
print(d)
# Ausgabe [[0.39103229 0.2193554  0.29231735]
#          [0.58571226 0.88640133 0.16246062]
#          [0.42515469 0.01117847 0.991628  ]]
```

Slicing

Die Slicing-Syntax zum Zugriff auf Teilzeichenketten oder Teile einer Liste kennen Sie ja schon (siehe Abschnitt 6.2, »Zugriff auf Teilzeichenketten«). NumPy sieht zusätzliche Slicing-Varianten vor, mit denen Sie z. B. eine Zeile, eine Spalte oder einen Bereich aus einer Matrix auslesen oder verändern können.

Die folgenden Beispiele zeigen einige Anwendungsfälle. Neu ist hier auch die reshape-Funktion, die hier eine eindimensionale Liste in ein 4×4-Array umwandelt.

```
# weiterhin Beispieldatei numpy-intro.py
m = np.reshape(range(16), (4, 4))
print(m)
# Ausgabe [[ 0  1  2  3]
#          [ 4  5  6  7]
#          [ 8  9 10 11]
#          [12 13 14 15]]

# dritte Zeile
print(m[2, :])
# Ausgabe  [ 8  9 10 11]
```

```
# dritte Spalte
print(m[: ,2])
# Ausgabe [ 2  6 10 14]

# Schnittmenge aus 2. bis 3. Zeile und 3. bis 4. Spalte
print(m[1:3, 2:4])
# Ausgabe [[ 6  7]
#          [10 11]]
```

Natürlich gilt die Slicing-Syntax auch für Zuweisungen:

```
# alle Elemente der 2. und 3. Zeile ändern
m[1:3, :] = 0
print(m)
# Ausgabe [[ 0  1  2  3]
#          [ 0  0  0  0]
#          [ 0  0  0  0]
#          [12 13 14 15]]
```

Mit Matrizen rechnen

Den Charme von NumPy erkennen Sie, sobald Sie beginnen, mit Skalaren (also einzelnen Werten), Vektoren und Matrizen zu rechnen. Einfacher geht es nicht! Beachten Sie, dass bei der Multiplikation zweier Matrizen mit dem Operator * lediglich die Elemente an der jeweils übereinstimmenden Position multipliziert werden. Eine »richtige« Matrizenmultiplikation erfolgt mit dem Operator @ oder mit `np.dot(m1, m2)`.

```
# weiterhin Beispieldatei numpy-intro.py
m1 = np.asarray([[1.0, 2.0],
                 [3.0, 2.5]])
m2 = np.asarray([[2.0, 0],
                 [2.2, 4.0]])

# Multiplikation mit Skalar
print(m1 * 2)
# Ausgabe [[2. 4.]
#          [6. 5.]]
```

```
# Addition mit Skalar
print(m1 + 3)
# Ausgabe [[4.  5. ]
#          [6.  5.5]]

# Matrizenaddition
print(m1 + m2)
# Ausgabe [[ 2.    0. ]
#          [ 6.6  10. ]]

# elementweise Matrixmultiplikation (Hadamard-Produkt)
print(m1 * m2)
# Ausgabe  [[1.    4.  ]
#           [9.    6.25]]

# 'gewöhnliche' Matrixmultiplikation
print(m1 @ m2)
# Ausgabe  [[ 6.4  8. ]
#           [11.5 10. ]]
```

Sie können auch diverse mathematische Grundfunktionen wie `sqrt`, `sin` und `cos` auf alle Elemente eines Arrays anwenden:

```
print(np.sqrt(m1))
# Ausgabe [[1.         1.41421356]
#          [1.73205081 1.58113883]]
```

Funktionen wie `maximum`, `minimum` oder `add` werden jeweils auf die korrespondierenden Elemente mehrerer Matrizen angewendet:

```
print(np.maximum(m1, m2))
# Ausgabe [[2. 2.]
#          [3. 4.]]
```

Die Methoden `mean`, `sum`, `max` und `min` ermitteln den Mittelwert und die Summe aller Werte sowie das größte bzw. kleinste Element:

```
print(m1.sum())
# Ausgabe 8.5
```

Um eine Matrix zu transponieren, also Zeilen und Spalten zu vertauschen, lesen Sie einfach die Eigenschaft `T` aus. Beachten Sie, dass sich bei nicht quadratischen Matrizen die Größe ändert, das heißt, aus einer 2×3-Matrix wird eine 3×2-Matrix.

```
print(m1.T)
# Ausgabe [[1.  3. ]
#          [2.  2.5]]
```

20.3 pandas

pandas ist ein Modul zur Datenanalyse. Ähnlich wie mit NumPy können Sie damit numerische Tabellen verwalten. Allerdings bietet pandas zusätzliche Möglichkeiten, Zeilen und Spalten zu benennen und die Daten statistisch auszuwerten.

Im Prinzip stehen Ihnen mit pandas die meisten Funktionen zur Verfügung, die Sie aus Tabellenkalkulationsprogrammen wie Excel kennen – aber ohne Benutzeroberfläche und dafür mit Programmiermöglichkeiten. Darüber hinaus kann pandas mit Zeitreihen umgehen. Weitere Informationen und ein umfassendes Handbuch finden Sie auf der Projektwebsite *https://pandas.pydata.org*.

NumPy versus pandas

Die Trennung zwischen NumPy und pandas fällt anfänglich oft schwer, auch weil es teilweise überlappende Funktionen gibt. NumPy ist für mathematische bzw. numerische Berechnungen optimiert. Die Schwerpunkte von pandas liegen dagegen in der Datenanalyse, Statistik sowie im Import und Export der Daten (JSON, CSV etc.). In der Praxis werden beide Module oft kombiniert eingesetzt.

20

Das `pandas`-Modul steht in Anaconda standardmäßig zur Verfügung. Wenn Sie eine gewöhnliche Python-Installation nutzen, führen Sie `pip[3] install pandas` aus.

Serien (»Series«-Klasse)

Üblicherweise wird das Modul mit dem Alias pd importiert. Außerdem ist es oft zweckmäßig, auch die beiden wichtigsten Klassen Series und DataFrame zu importieren. Da oft auch NumPy-Funktionen benötigt werden, ergeben sich diese import-Anweisungen:

```
# Beispieldatei pandas-series.py
import numpy as np
import pandas as pd
from pandas import Series, DataFrame
```

Ein Series-Objekt hat auf den ersten Blick viele Ähnlichkeiten mit einem eindimensionalen Array. Im folgenden Code steht np.nan für *Not a Number*, also z. B. für einen fehlenden Messwert.

```
s = Series( [7, 12, 13, 9, np.nan, 20] )
print(s)
# Ausgabe 0      7
#         1     12
#         2     13
#         3      9
#         4     NaN
#         5     20
#         dtype: int64

print(s[2:4])
# Ausgabe 2     13
#         3      9
#         dtype: int64
```

print zeigt, dass Serien automatisch mit einem numerischen Index verbunden werden. Wenn Sie eine Serie aus einem Dictionary erzeugen, übernimmt pandas dessen Schlüssel. Alternativ können Sie eigene Schlüssel auch nachträglich hinzufügen:

```
s.index = ['a', 'b', 'c', 'd', 'e', 'f']
print(s['c'], s[2])
# Ausgabe 13.0 13.0
```

Anstelle der üblichen Slicing-Syntax können Sie in eckigen Klammern auch Bedingungen formulieren:

```
print(s[s>10])
# Ausgabe b    12.0
#         c    13.0
#         f    20.0
#         dtype: float64
```

Auf Serien können Sie diverse Aggregatfunktionen anwenden, z. B. `sum` zur Berechnung der Summe aller Werte oder `mean` zur Berechnung des Mittelwerts. Fehlende Werte (`nan`) werden dabei ignoriert.

```
print(s.sum())   # Ausgabe 61.0
print(s.mean())  #         12.2
```

Tabellen (»DataFrame«-Klasse)

Die `DataFrame`-Klasse ist ähnlich konzipiert wie `Series`, kann aber mit mehreren Spalten umgehen. Dabei hat jede Spalte üblicherweise einen Namen. Die Eigenschaft `columns` verweist auf ein `Index`-Objekt, das die Namen aller Spalten als Liste enthält.

Die folgenden Anweisungen zeigen anhand eines konkreten Beispiels einige elementare `DataFrame`-Funktionen. Als Ausgangspunkt dient die Datei `bundeslaender.txt` mit den (nicht ganz aktuellen) Daten der deutschen Bundesländer. Die durch Tabulatorzeichen getrennten Spalten enthalten außer dem Namen des Bundeslands und der Hauptstadt auch die Fläche und die Anzahl der Einwohner:

```
Baden-Württemberg    35751,36    10569111    Stuttgart
Bayern               70550,23    12519571    München
Berlin               891,70      3375222     Berlin
Brandenburg          29485,63    2449511     Potsdam
Bremen               419,24      654774      Bremen
...
```

Mit der Funktion `read_csv` können Sie die Datei unkompliziert einlesen. Dank `decimal=','` kommt die Funktion auch mit deutschen Dezimalkommas zurecht. header=None bedeutet, dass die erste Zeile der Textdatei keine Spaltenbeschriftung, sondern bereits Daten enthält.

```
# Beispieldatei pandas-dataframe.py
import numpy as np
import pandas as pd
from pandas import Series, DataFrame

# Daten einlesen
data = pd.read_csv('bundeslaender.txt',
                   sep='\t', decimal=',',
                   header=None)
print(data)
# Ausgabe:                0          1         2            3
# 0   Baden-Württemberg  35751.36  10569111    Stuttgart
# 1              Bayern  70550.23  12519571      München
# 2              Berlin    891.70   3375222       Berlin
# 3         Brandenburg  29485.63   2449511      Potsdam
# ...
```

Die Ausgabe mit print zeigt, dass pandas die Spalten und Zeilen automatisch durchnummeriert. Besser verarbeitbar wird die Tabelle, wenn die Spalten richtige Namen erhalten und der Inhalt der ersten Spalte als Index für die Zeilen verwendet wird. Dazu weisen Sie zuerst columns die gewünschten Spaltennamen zu und regenerieren den DataFrame dann mit set_index, wobei Sie die Bundesland-Spalte als Index verwenden. Die Methode head bewirkt, dass nur die ersten fünf Zeilen ausgegeben werden.

```
data.columns = ['Bundesland', 'Fläche',
                'Einwohner', 'Hauptstadt']
data = data.set_index('Bundesland')
print(data.head())
# Ausgabe:                Fläche  Einwohner Hauptstadt
# Bundesland
# Baden-Württemberg   35751.36   10569111  Stuttgart
# Bayern              70550.23   12519571    München
# ...
# Bremen                419.24     654774     Bremen
```

Mit `data['spaltenname']` greifen Sie auf eine Spalte zu. Sie erhalten dabei ein `Series`-Objekt.

```
print(data['Einwohner'])
# Ausgabe
# Bundesland
# Baden-Württemberg           10569111
# Bayern                      12519571
# ...
```

Die Summe aller Einwohner oder den Mittelwert der Flächen der Bundesländer berechnen Sie, indem Sie die Methoden `sum` bzw. `mean` anwenden:

```
print('Summe der Einwohner:', data['Einwohner'].sum())
print('Mittlere Fläche:     ', data['Fläche'].mean(), 'km2')
# Ausgabe
# Summe der Einwohner:  80523746
# Mittlere Fläche:      22323 km2
```

Mit der Methode `loc` wenden Sie Bedingungen auf den `DataFrame` an. Im folgenden Beispiel verweist die Variable `big` auf einen neuen `DataFrame`, der nur die Bundesländer mit mehr als 2.000.000 Einwohnern enthält. Deren Anzahl ermitteln Sie am effizientesten durch die Auswertung der `shape`-Eigenschaft des `DataFrame`-Objekts. `shape` liefert ein Tupel mit der Anzahl der Zeilen und Spalten der Tabelle.

```
big = data.loc[data['Einwohner'] > 2000000]
cnt = big.shape[0]
print(cnt, 'Bundesländer mit mehr als 2 Mill. Einwohnern')
print(big)
# Ausgabe
# 12 Bundesländer mit mehr als 2 Mill. Einwohnern
#                        Fläche  Einwohner  Hauptstadt
# Bundesland
# Baden-Württemberg    35751.36   10569111   Stuttgart
# Bayern               70550.23   12519571     München
# ...
```

Die Methode `sort_values` erzeugt einen neuen `DataFrame`, dessen Zeilen nach einem Kriterium sortiert sind. Im folgenden Beispiel werden die Bundesländer mit mehr als 2.000.000 Einwohnern absteigend nach ihrer Fläche sortiert. Wegen `head` werden nur die ersten fünf Ergebnisse angezeigt:

```
sortedArea = big.sort_values(by=['Fläche'],
                             ascending=False)
print(sortedArea.head())
# Ausgabe
#                         Fläche  Einwohner  Hauptstadt
# Bundesland
# Bayern                70550.23   12519571     München
# Niedersachsen         47613.78    7778995    Hannover
# Baden-Württemberg     35751.36   10569111   Stuttgart
# Nordrhein-Westfalen   34109.70   17554329  Düsseldorf
# Brandenburg           29485.63    2449511     Potsdam
```

20.4 SciPy

SciPy ist eine Bibliothek mit zahlreichen mathematischen Funktionen, die vor allem im naturwissenschaftlichen Bereich benötigt werden. Zu ihren Themenfeldern zählen:

- numerische Optimierung, Interpolation und Integration
- Statistik
- Fourier-Transformationen
- Bild- und Signalverarbeitung

SciPy baut auf NumPy auf und wird fast immer in Kombination mit diesem Modul eingesetzt. Den wiederum äußerst umfassenden *SciPy Reference Guide* finden Sie unter *https://docs.scipy.org/doc*. Lesenswert ist auch das folgende Tutorial; es ist zwar nicht ganz aktuell, dafür aber wesentlich kompakter als die Originaldokumentation:

https://www.davekuhlman.org/scipy_guide_01.html

Wie NumPy und pandas ist auch SciPy integraler Bestandteil von Anaconda. Wenn Sie nicht mit Anaconda arbeiten, installieren Sie SciPy wie jedes andere Modul mit `pip[3]`: `pip[3] install scipy`.

Beispiel 1: Minimum einer Funktion suchen

Angesichts der Größe ist eine systematische Beschreibung der SciPy-Bibliothek in diesem Buch aussichtslos. Stattdessen beschränke ich mich hier auf zwei einfache Beispiele. Im ersten Beispiel habe ich in einem Jupyter-Notebook versucht, das Minimum der Funktion $x/8 + 2/x$ numerisch zu berechnen und darzustellen (siehe Abbildung 20.3).

```
In [1]: from scipy import optimize
        import numpy as np
        import matplotlib.pyplot as plt

        f = lambda x: x/8 + 2/x
        result = optimize.minimize(f, 1.0)
        print(result)

      fun: 1.0000000006051475
 hess_inv: array([[15.5937316]])
      jac: array([-8.70227814e-06])
  message: 'Optimization terminated successfully.'
     nfev: 27
      nit: 8
     njev: 9
   status: 0
  success: True
        x: array([3.99986085])
```

```
In [2]: x = np.linspace(0.2, 10, 1000)
        plt.plot(x, f(x), '-', result.x, result.fun, 'o')

Out[2]: [<matplotlib.lines.Line2D at 0x114c25d68>,
         <matplotlib.lines.Line2D at 0x114c25fd0>]
```

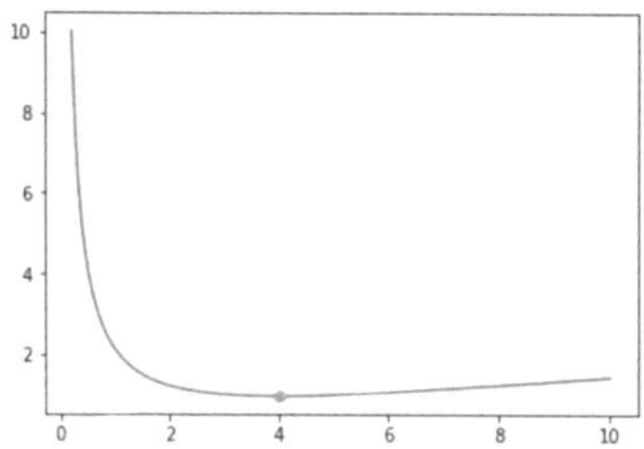

Abbildung 20.3 Numerische Suche nach dem Minimum einer Funktion

Natürlich können Sie den Code auch ohne ein Jupyter-Notebook als Python-Script ausführen. Das setzt voraus, dass alle erforderlichen Module zur Verfügung stehen.

```
# Beispieldatei scipy-minimum.py
from scipy import optimize
import numpy as np
import matplotlib.pyplot as plt
f = lambda x: x/8 + 2/x
result = optimize.minimize(f, 1.0)
x = np.linspace(0.2, 10, 1000)
plt.plot(x, f(x), '-', result.x, result.fun, 'o')
plt.savefig('minimum.png', dpi=200)
```

Kurz einige Erläuterungen zum Code: In `f` wird die Funktion mit einem Lambda-Ausdruck definiert. Die `scipy`-Funktion `minimize` verwendet numerische Verfahren, um das Minimum von $f(x)$ zu ermitteln, wobei als Startwert `x=1` verwendet wird. Die Variable `result` enthält das Ergebnisobjekt, dessen Eigenschaften `x` und `fun` am interessantesten sind. `fun` enthält das gesuchte Minimum, `x` den Parameter bzw. je nach Funktion ein Array mit mehreren Parametern, an denen das Minimum gefunden wurde.

Zur Visualisierung der Funktion erzeugt die Funktion `linspace` ein Array mit 1000 Werten zwischen 0,2 und 10. `plot` zeichnet einerseits eine Kurve mit dem Funktionsverlauf für diesen Wertebereich, andererseits einen Punkt an den Koordination `result.x` und `result.fun`. `savefig` speichert das Bild in einer PNG-Datei. (Hintergrundinformationen zu `plot` folgen in Abschnitt 20.5, »Matplotlib«.)

Beispiel 2: Interpolationsfunktion

Die Idee des zweiten Beispiels stammt direkt aus dem Tutorial des *SciPy Reference Guide*. Der Python-Code erzeugt zuerst ein Array mit zehn X-Koordinaten im Wertebereich von 1,0 bis 10,0 und dann ein Array mit zehn zufälligen Y-Koordinaten zwischen 0,0 und 5,0. Die Funktion `interp1d` berechnet dann eine kubische Funktion, die durch alle zehn Punkte führt (siehe Abbildung 20.4).

```
In [1]: from scipy.interpolate import interp1d
        import numpy as np
        import matplotlib.pyplot as plt

In [2]: # Array mit Werten von 1.0 bis 10.0
        x = np.linspace(1.0, 10.0, 10)
        x

Out[2]: array([ 1.,  2.,  3.,  4.,  5.,  6.,  7.,  8.,  9., 10.])

In [3]: # Array mit 10 Zufallszahlen zwischen 0.0 und 5.0
        y = np.random.rand(10) * 5
        y

Out[3]: array([0.86896127, 1.90999773, 4.76324739, 0.16743416, 4.14594356,
               0.587358  , 0.84361648, 2.9736365 , 0.64255195, 0.48867986])

In [4]: # kubische Interpolationsfunktion erzeugen
        f = interp1d(x, y, kind='cubic')

In [5]: # Diagramm zeichnen
        xvalues = np.linspace(1.0, 10.0, 1000)
        plt.plot(x, y, 'o', xvalues, f(xvalues), '-')

Out[5]: [<matplotlib.lines.Line2D at 0xb19cc4710>,
         <matplotlib.lines.Line2D at 0xb19cc49b0>]
```

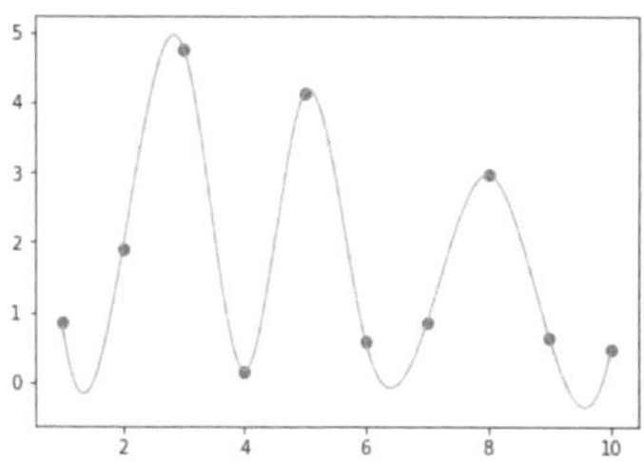

Abbildung 20.4 Kubische Interpolationsfunktion durch 10 Punkte

Wenn Sie kein Jupyter-Notebook einsetzen möchten, verwenden Sie den folgenden Code:

```
# Beispieldatei scipy-interpolate.py
from scipy.interpolate import interp1d
import numpy as np
import matplotlib.pyplot as plt
x = np.linspace(1.0, 10.0, 10)
y = np.random.rand(10) * 5
```

```
f = interp1d(x, y, kind='cubic')
xvalues = np.linspace(1.0, 10.0, 1000)
plt.plot(x, y, 'o', xvalues, f(xvalues), '-')
plt.savefig('interpolate.png', dpi=200)
```

20.5 Matplotlib

Matplotlib ist eine Bibliothek zur Erzeugung von mathematischen Diagrammen. Einige Anwendungsbeispiele des gleichnamigen Moduls (also `matplotlib`) habe ich in diesem Kapitel bereits präsentiert. An dieser Stelle möchte ich die Bibliothek ausführlicher vorstellen. Allerdings kann ich dabei, wie in den vorangegangenen Abschnitten, nur an der Oberfläche kratzen. Das offizielle Handbuch ist hier zu finden:

https://matplotlib.org/stable/users

Das Modul `matplotlib` steht unter Anaconda standardmäßig zur Verfügung. Am komfortabelsten können Sie seine Funktionen in einem Jupyter-Notebook ausprobieren. In IPython dürfen Sie nicht vergessen, `%matplotlib` auszuführen: Sie erreichen damit, dass die Diagramme in eigenen Fenstern erscheinen.

Sie können die Bibliothek aber auch in herkömmlichen Python-Installationen nutzen, wenn Sie vorher `pip[3] install matplotlib` ausführen. Unter Linux verwenden Sie zur Installation `apt/dnf install python3-matplotlib`.

Ein letzer Hinweis: Die Bibliothek `seaborn` baut auf der `matplotlib` auf, ermöglicht aber interaktive Visualisierungen: *https://seaborn.pydata.org*

»Hello, Matplotlib!«

Um einen Linienzug zu zeichnen, übergeben Sie an die Funktion `plot` zwei Arrays mit den X- und Y-Koordinaten. Im folgenden Beispiel erzeugt die Funktion `linspace` ein Array mit 1000 Werten zwischen 0 und 2π.

`np.sin` erzeugt daraus ein zweites Array mit den dazugehörigen Sinus-Werten. `plot` verbindet die Punkte zu einem Linienzug und stattet das Diagramm mit einem beschrifteten Rahmen aus.

```
# Beispieldatei hello-matplotlib.py bzw.
# Jupyter-Notebook hello-matplotlib.ipynb
import numpy as np
import matplotlib.pyplot as plt
x  = np.linspace(0, 2 * np.pi, 1000)
y1 = np.sin(x)
plt.plot(x, y1)
```

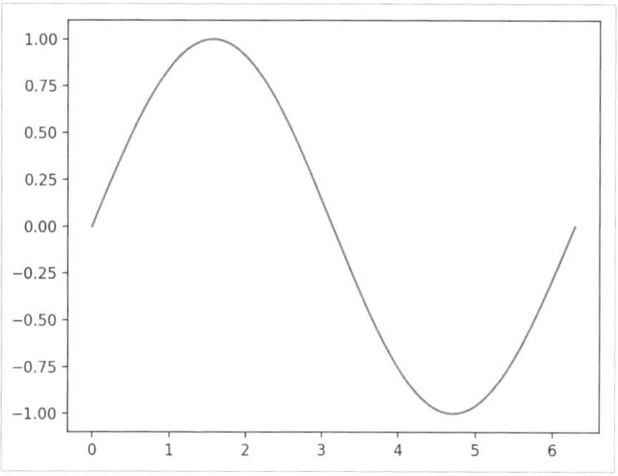

Abbildung 20.5 Ein erstes Matplotlib-Diagramm

Wenn Sie den Code in einem Python-Script ausführen, bleibt das von `plot` erzeugte Diagramm unsichtbar. Sie können das Diagramm aber mit `savefig` in einer Datei speichern. Dabei bestimmt die Kennung des Dateinamens das Format (z. B. PNG für `*.png`, JPEG für `*.jpg` oder EPS für `*.eps`). Bitmaps haben standardmäßig eine Größe von 640 × 480 Pixel. Mit `dpi=200` verdoppeln Sie die Auflösung.

```
# Abbildungen in verschiedenen Formaten speichern
plt.savefig('sinus.png')  # PNG mit 640 x 480 Pixeln
plt.savefig('sinus-highres.png', dpi=200)  # 1280 x 960 Px.
plt.savefig('sinus.jpg')  # JPEG
plt.savefig('sinus.eps')  # EPS
```

20

Etwas verwirrend ist das Verhalten der Matplotlib, wenn Sie `plot` mehrfach ausführen. Damit entsteht nicht etwa ein neues Diagramm, vielmehr wird die erste Grafik mit der zweiten verbunden. Immerhin bekommt dabei jede Kurve eine eigene Farbe. (Grundsätzlich gilt dies auch in Jupyter-Notebooks. Allerdings beginnt dort mit jeder neuen Eingabezelle automatisch eine neue Grafik.)

```
# das Diagramm enthält nun eine Sinus- und eine
# Cosinus-Kurve
y2 = np.cos(x)
plt.plot(x, y2)
```

Zum gleichen Ergebnis kommen Sie, wenn Sie anstelle der beiden `plot`-Kommandos zwei Sets von X- und Y-Koordinaten auf einmal übergeben:

```
plt.plot(x, y1, x, y2)
```

Um die Kurven voneinander zu unterscheiden, können Sie im Anschluss an die Koordinaten einen Zeichenstil angeben. Dabei steht `'-'` für eine durchgängige Linie, `'--'` für eine gestrichelte Linie, `'o'` für einzelne Punkte etc. (siehe Abbildung 20.6).

```
# Sinus als Linie, Cosinus strichliert
plt.plot(x, y1, '-', x, y2, '--')
```

Um ein neues Diagramm zu starten, führen Sie die Funktion `figure` aus, oder platzieren Sie in einem Jupyter-Notebook den Code in eine neue Zelle:

```
plt.plot(x, y1)  # Abbildung 1: Sinus
plt.figure()     # neue Abbildung starten
plt.plot(x, y2)  # Abbildung 2: Cosinus
```

»vectorize«-Funktion

Nach Möglichkeit sollten Sie versuchen, eigene Funktionen ausschließlich aus `np.fname`-Ausdrücken zusammenzusetzen, im folgenden Beispiel also z. B. so:

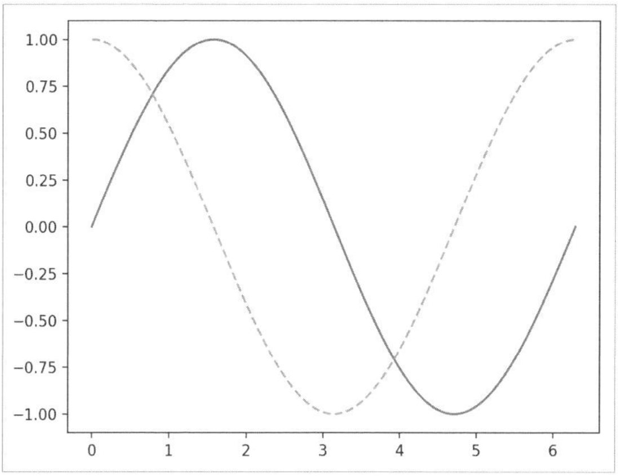

Abbildung 20.6 Zwei Funktionen in einem Diagramm

```
# am effizientesten:
f  = lambda x: np.sin(x) * np.exp(-0.1 * x)
x  = np.linspace(0, 25, 1000)
y  = f(x)
plt.plot(x, y)
```

Der Vorteil derartiger Funktionen besteht darin, dass sie direkt auf Arrays angewendet werden können und als Ergebnis ein neues Array zurückgeben. Wenn Sie hingegen auf Funktionen zurückgreifen müssen, die in NumPy nicht zur Verfügung stehen, ist es am besten, aus dieser Funktion zuerst mit `vectorize` eine Vektorfunktion zu bilden. Diese können Sie dann auf NumPy-Arrays anwenden. Das erspart umständliche `map`-Ausdrücke.

```
# Beispieldatei hello-matplotlib.py (Fortsetzung)
# allgemeingültiger Ansatz mit vectorize:
import math
f  = lambda x: math.sin(x) * math.exp(-0.1 * x)
vf = np.vectorize(f)
x  = np.linspace(0, 25, 1000)
y  = vf(x)
plt.plot(x, y)
```

Diagramm und Achsen beschriften

Um ein Diagramm individuell zu gestalten und zu beschriften, erzeugen Sie am besten zuerst mit `subplots` gleich zwei neue Objekte: ein `Figure`- und ein `Axes`-Objekt. `plot` wenden Sie anschließend auf das `Axes`-Objekt an. (`x` und `y` stammen vom vorigen Beispiel.)

In der Folge können Sie mit `set` verschiedene Komponenten des Diagramms beschriften und bei Bedarf mit `grid` ein Gitternetz hinzufügen (siehe Abbildung 20.7). Zum Speichern wenden Sie `savefig` auf das `Figure`-Objekt an.

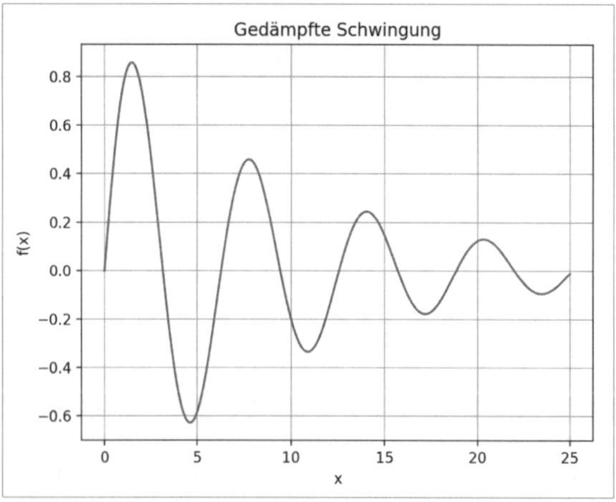

Abbildung 20.7 Diagramm mit eigener Beschriftung und Gitternetz

```
# Beispieldatei hello-matplotlib.py (Fortsetzung)
fig, ax = plt.subplots()
ax.plot(x, y)
ax.set(xlabel='x', ylabel='f(x)',
       title='Gedämpfte Schwingung')
ax.grid()
fig.savefig('sinus-exp-grid.png', dpi=200)
```

Mehrteilige Diagramme

Mit der `subplot`-Funktion, die Sie nicht mit `subplots` aus dem vorigen Abschnitt verwechseln dürfen, können Sie mehrteilige Diagramme bilden. Dabei geben Sie jeweils vor `plot` an, wie groß das gesamte Raster ist und für welche Position im Raster das nächste Zeichenkommando gelten soll (siehe Abbildung 20.8).

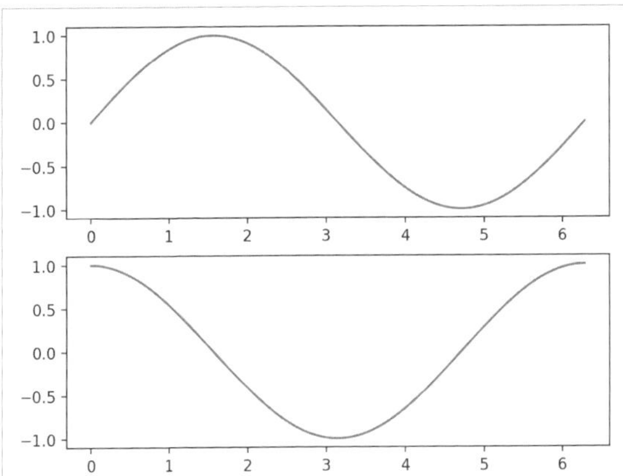

Abbildung 20.8 Ein zweiteiliges Diagramm

```
x = np.linspace(0, 2 * np.pi, 1000)
y1 = np.sin(x)
y2 = np.cos(x)

plt.figure()            # neues Diagramm starten
plt.subplot(2, 1, 1)    # 2 Zeilen, 1 Spalte, Position 1
plt.plot(x, y1)         # erster Plot an dieser Position
plt.subplot(2, 1, 2)    # wie bisher, Position 2
plt.plot(x, y2)         # zweiter Plot an dieser Position
plt.savefig('plot-in-array.png', dpi=200)
```

20

Temperaturkurve

Das letzte Beispiel greift die Temperaturkurve aus dem vorigen Kapitel nochmals auf (siehe Abschnitt 19.4, »Temperaturkurve zeichnen«). Zum Erstellen eines vergleichbaren Diagramms reichen jetzt wenige Zeilen Code aus:

```
# Beispieldatei temperatur.py
import pandas as pd
import matplotlib.pyplot as plt
import matplotlib.dates as mdates
from datetime import timedelta
# Daten einlesen
data = pd.read_csv('temp-2021-08-01.txt',
                   parse_dates=[0],
                   sep='\t',
                   header=None,
                   names = ['datetime', 'temp'])
# Zeitspalte als Index verwenden
data.index = data['datetime']
del data['datetime']
# X-Achse bei 0:00, 3:00 ... 0:00 beschriften
mindate = data.index.min()
xticks = [ mindate.replace(hour=h, minute=0, second=0)
           for h in range(0, 23, 3)]
last = mindate + timedelta(days=1)
xticks += [ last.replace(hour=0, minute=0, second=0) ]

# Diagramm erzeugen
fig, ax = plt.subplots(1)
ax.plot(data)
xfmt = mdates.DateFormatter('%H:%M')
ax.xaxis.set_major_formatter(xfmt)
plt.xticks(xticks)
ax.set(title='Temperatur [°C]')
ax.grid()
fig.savefig('tempplot.png', dpi=200)
```

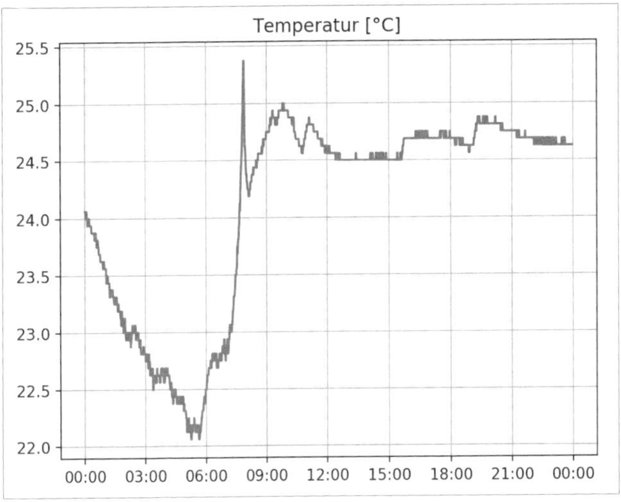

Abbildung 20.9 Temperaturkurve

Einige Erklärungen zum Code: `read_csv` liest die Textdatei mit den Temperaturdaten, wobei die erste Spalte als Zeitangabe interpretiert wird (`parse_dates`). Im nächsten Schritt wird die Tabelle dahingehend umgebaut, dass die erste Spalte als Index verwendet wird.

Wenn Sie das Diagramm ohne weitere Vorbereitungsmaßnahmen zeichnen, beschriftet `plot` die X-Achse mit dem Datum statt der Uhrzeit und an den Zeiten 23:00 Uhr, 2:00 Uhr, 5:00 Uhr usw. Es bedarf einiger Mühe, die X-Achse sinnvoller zu beschriften:

- Zum einen bewirkt `set_major_formatter`, dass anstelle des Datums die Uhrzeit verwendet wird. Die erforderliche `DateFormatter`-Klasse ist in `matplotlib.dates` versteckt und muss extra importiert werden.
- Zum anderen werden mit `xticks` exakt die Zeitpunkte vorgegeben, die an der Achse beschriftet werden sollen – und zwar von 0:00 Uhr bis 0:00 Uhr am nächsten Tag in 3-Stunden-Schritten.

20

Tipp

Wenn beim Import oder bei der Veränderung des `DataFrame`-Objekts Probleme auftreten, ermitteln Sie zur Fehlersuche mit `data.info()` und `data.dtypes` Informationen über den Inhalt des Objekts und die Datentypen der Spalten.

Andere Diagrammtypen

Ich habe Ihnen in diesem Abschnitt nur gezeigt, wie Sie mathematische Kurven mit »gewöhnlichen« `plot`-Funktion darstellen können. Matplotlib kennt aber unzählige weitere Diagrammtypen:

- Darstellung von Arrays (`imshow`, `contour`, `pcolormesh`)
- Balken- und Tortendiagramme (`hist`, `pie`, `table`)
- X/Y-Datenpaare (`scatter`, `path`)
- Vektorfelder (`streamplot`, `quiver`)
- mehrdimensionale Funktionen (`mplot3d`)

Einen guten Überblick mit vielen Beispielen und Abbildungen geben die folgenden Seiten:

https://matplotlib.org/stable/tutorials/index.html
https://matplotlib.org/stable/gallery/index.html

Interessante Beispiele finden Sie auch in der Wikipedia-Beschreibung von *pandas*:

https://de.wikipedia.org/wiki/Pandas_(Software)

20.6 Python in Excel

Im Sommer 2023 kündigte Microsoft an, dass Python-Code zukünftig direkt in Excel ausgeführt werden kann. Damit werden zwei Tools »verheiratet«, die oft in Kombination zur Verarbeitung und Analyse großer Zahlenmengen verwendet werden.

Als ich dieses Kapitel im April 2024 verfasste, befand sich Python für Excel allerdings noch in der Testphase. Zum Ausprobieren musste ich unter Windows arbeiten (macOS wurde nicht unterstützt) und die Microsoft 365 Insider Builds sowie den Beta-Zweig aktivieren. Selbst dann tauchte der Button PYTHON EINFÜGEN erst im Formel-Menüband (*Ribbon*) auf, nachdem ich diesen Menüeintrag explizit in den Excel-Optionen aktiviert hatte (MENÜBAND ANPASSEN • ALLE REGISTERKARTEN • FORMELN).

Bis zur Fertigstellung dieses Manuskripts hat Microsoft keinen Zeitpunkt kommuniziert, ab dem Excel für Python regulär verfügbar sein wird. Tipps zur Inbetriebnahme der Testversion von Python in Excel finden Sie hier:

https://support.microsoft.com/en-us/office/get-started-with-python-in-excel-a33fbcbe-065b-41d3-82cf-23d05397f53d
https://winfuture.de/news,138O811.html

Cloud-Dienst

Die Python-Funktionen in Excel sind als Cloud-Dienst realisiert. Python-Berechnungen werden also nicht auf Ihrem Rechner durchgeführt. Vielmehr werden die notwendigen Daten in die Cloud gesendet, dort verarbeitet und zurück zu Ihrer Excel-Instanz übertragen. Microsoft arbeitet dabei mit der in diesem Kapitel schon erwähnten Firma Anaconda zusammen.

Die Entscheidung für eine Cloud-Lösung ist nachvollziehbar: Microsoft geht damit allen Problemen aus dem Weg, die durch inkompatible lokale Python-Installationen entstehen könnten. Allerdings ist das Konzept auch mit Nachteilen verbunden – insbesondere, wenn Sie an den Datenschutz denken! Außerdem wird es wohl Limits geben, wie viele Berechnungen durchgeführt und welche Datenmengen dabei übertragen werden dürfen.

Bei meinen Tests war zwar die Inbetriebnahme mühselig, danach hat Python innerhalb von Excel aber gut und relativ flott funktioniert. Nach Änderungen am Python-Code in einer Zelle dauerte es normalerweise zwei bis zehn Sekunden, bis das Ergebnis angezeigt wurde. Wie stabil und schnell die Python-Integration in der Praxis funktioniert und welche Grenzen dabei bestehen, wird sich aber erst herausstellen, wenn Python in Excel zu einem regulären Feature wird.

Python-Code in Excel-Zellen

Die Schnittstelle zwischen Excel und Python stellt die spezielle Funktion `=PY(...)` her. Wenn Sie in einer Zelle `=PY(` eingeben, aktiviert Excel einen speziellen Editor zur Codeeingabe. Sie können nun mehrere Zeilen Python-Code schreiben, wobei ↵ nicht die Eingabe abschließt, sondern die nächste Codezeile startet. Um die Eingabe zu beenden und Ihren Code auszuprobieren, drücken Sie Strg+↵. Um den Komfort der Codeeingabe zu verbessern, können Sie den Formeleingabebereich nach unten ziehen und so auf mehrere Zeilen vergrößern (siehe Abbildung 20.10).

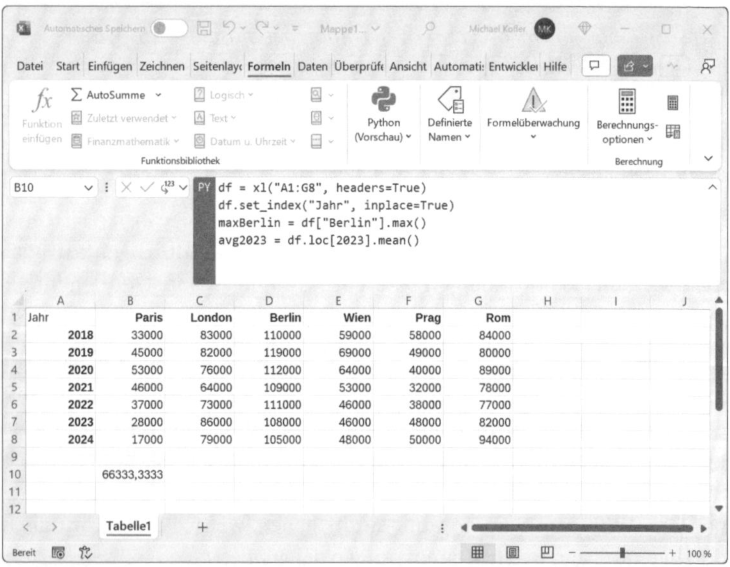

Abbildung 20.10 Zelle B10 enthält Python-Code.

Innerhalb Ihres Python-Codes können Sie mit der Funktion `xl` auf Excel-Objekte zugreifen. Beispielsweise liefert `xl("B4")` den Inhalt von Zelle B4 der aktuellen Tabelle. Mit `xl("A1:D10", headers=True)` erhalten Sie einen ganzen Tabellenbereich, wobei die erste Zeile die Spaltenbeschriftung enthält. Anstatt den Code von `xl`-Funktionen einzutippen, können Sie den gewünschten Zellbereich einfach mit der Maus auswählen, während sich der Cursor im Codebereich befindet.

Die `xl`-Funktion liefert ein `DataFrame`-Objekt zurück (siehe Abschnitt 20.3, »pandas«). Davon ausgehend können Sie die Daten mit pandas-Methoden weiterverarbeiten.

Der in einer Zelle enthaltene Code liefert normalerweise das Ergebnis des letzten Ausdrucks zurück. Das kann auch eine Variablenzuweisung sein. Beim folgenden Listing wird in der letzten Anweisung der Mittelwert der Umsätze des Jahrs 2023 errechnet. Diese Berechnung gilt als Ergebnis und wird in Zelle B10 angezeigt (siehe Abbildung 20.10).

```
# Code in der Zelle B10
df = xl("A1:G8", headers=True)
# erste Spalte als Index verwenden
df.set_index("Jahr", inplace=True)
# den größten in Berlin erzielten Umsatz ermitteln (119000)
maxBerlin = df["Berlin"].max()
# den Mittelwert der Umsätze 2023 ermitteln (66333)
avg2023 = df.loc[2023].mean()
```

Ergebnistyp: Excel-Wert versus Python-Objekt

Sie können bei der Formeleingabe zwischen zwei Ergebnistypen umschalten, PYTHON-OBJEKT oder EXCEL-WERT: Bei Zelle B10 in Abbildung 20.10 habe ich mich für EXCEL-WERT entschieden. Damit kann das Ergebnis – also der berechnete Durchschnittswert – wie ein gewöhnliches Formelergebnis in Excel weiterverwendet werden.

Die Einstellung EXCEL-WERT ist auch zulässig, wenn das Ergebnis ein `DataFrame` ist. Die Datenelemente des Objekts werden dann über die anliegenden Excel-Zellen verteilt, sofern diese leer sind. Diese Zellen können in der Folge normal bearbeitet und formatiert werden.

Der Ergebnistyp PYTHON-OBJEKT ist vor allem dann zweckmäßig, wenn Sie Kontextinformationen zu einem Python-Objekt wünschen. Wenn der Code beispielsweise nur aus `df = xl("...")` besteht, zeigt Excel in der Zelle nur den Datentyp an. Ein Klick auf die Zelle liefert dann aber Informationen über den Inhalt des Objekts (siehe Abbildung 20.11).

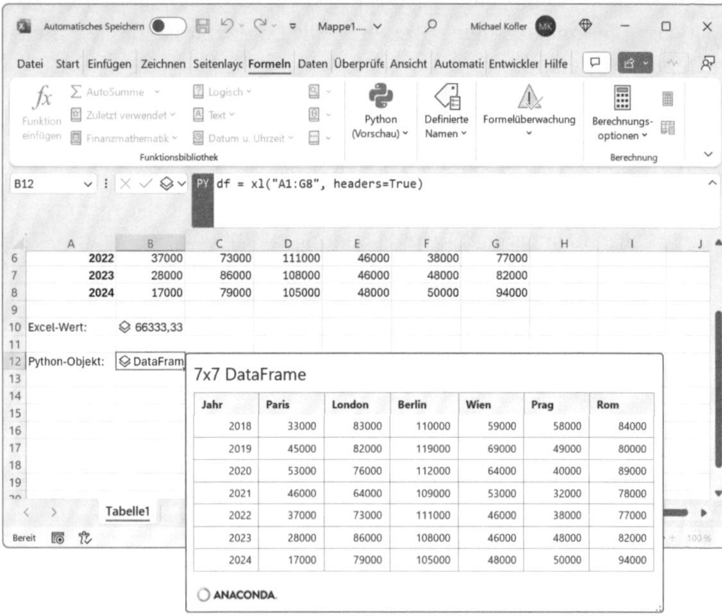

Abbildung 20.11 Anzeige von Kontextinformationen zu einem Python-Objekt

Diagramme

Vielleicht das attraktivste Feature der Python-Integration in Excel besteht darin, dass Sie damit innerhalb von Excel Zugriff auf alle Diagrammfunktionen der Matplotlib haben. Zwar unterstützt Excel an sich schon viele Gestaltungsmöglichkeiten von Diagrammen, aber mit den per Code steuerbaren Matplotlib-Funktionen kann es nicht mithalten.

Sobald Sie in Ihrem Python-Code ein Diagramm erzeugen, nimmt Excel automatisch an, dass das Diagramm als Ergebnis gilt. Das gilt selbst dann, wenn nachfolgende Anweisungen ganz andere Daten liefern. Sofern Sie den Ergebnistyp EXCEL-WERT verwenden, wird das Diagramm winzigst in der Zelle angezeigt, die den Python-Code enthält. Nun klicken Sie auf den daneben eingeblendeten Button VERWEIS ERSTELLEN. Damit erzeugt Excel ein neues Diagramm mit demselben Inhalt, das in beliebiger Größe über der Tabelle positioniert werden kann.

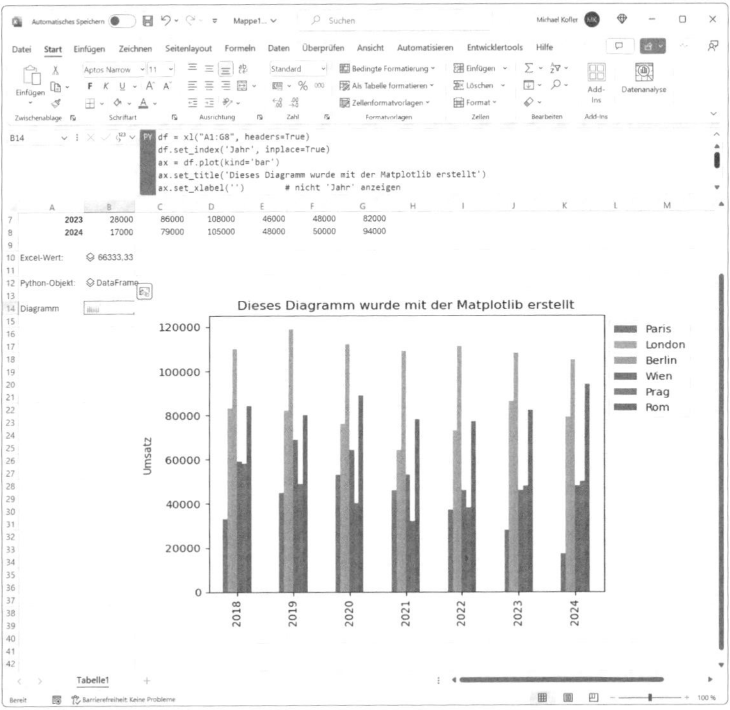

Abbildung 20.12 Verwendung der Matplotlib in Excel

Dem Diagramm in Abbildung 20.12 liegt der folgende Code zugrunde:

```
# Beispieldatei excel-python-intro.xlsx
df = xl("A1:G8", headers=True)
df.set_index('Jahr', inplace=True)
ax = df.plot(kind='bar')
```

```
ax.set_title('Dieses Diagramm wurde mit der
              Matplotlib erstellt')
ax.set_xlabel('')        # nicht 'Jahr' anzeigen
ax.set_ylabel('Umsatz')  # dafür Y-Achse beschriften
# Legende in der rechten oberen Ecke des Diagrams
# platzieren
ax.legend(loc='upper left', bbox_to_anchor=(1, 1))
```

Umgang mit Fehler

Wenn Ihr Python-Code fehlerhaft ist, zeigt Excel nach ein paar Sekunden einen Fehlerindikator an. Mit einem Klick auf den Indikator können Sie die kurze Fehlermeldung lesen, die sich immer nur auf den ersten Fehler bezieht. Besser ist es, dauerhaft das Teilfenster DIAGNOSE einzublenden (Menüband FORMELN unter PYTHON • DIAGNOSE, siehe Abbildung 20.13).

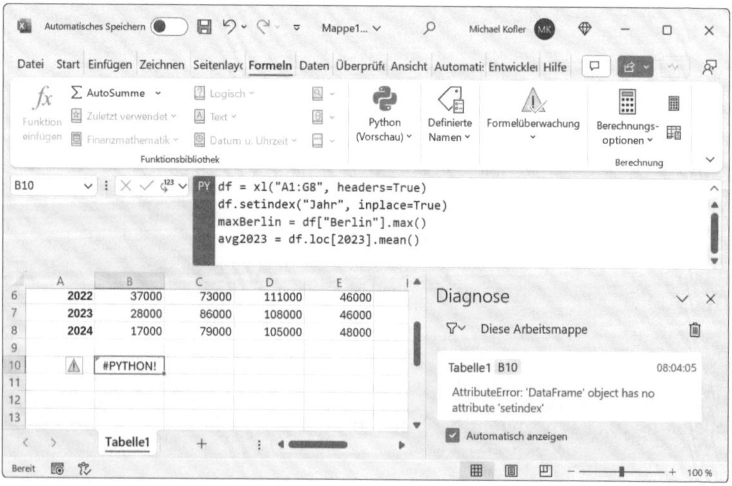

Abbildung 20.13 Im Code habe ich irrtümlich »setindex« statt »set_index« eingegeben.

Die Fehlersuche in Python-Code ist mühsam, auch weil Sie nach jeder Korrektur im Code wieder eine Weile warten müssen, bis das neue Ergebnis bzw. die nächste Fehlermeldung erscheint. Es ist empfehlenswert, eigenen Code in kleinen Schritten zu entwickeln und ständig zu testen.

Standardmodule

Standardmäßig können Sie in Ihrem Python-Code NumPy, pandas, Matplotlib sowie einige weitere Module nutzen. Es gelten die folgenden Grundeinstellungen:

```
import numpy as np
import pandas as pd
import matplotlib.pyplot as plt
import statsmodels as sm
import seaborn as sns
import excel
import warnings
warnings.simplefilter('ignore')
# Set default conversions for the xl() function.
excel.set_xl_scalar_conversion(excel.convert_to_scalar)
excel.set_xl_array_conversion(excel.convert_to_dataframe)
```

Sie finden diese Einstellungen im Menüband FORMELN unter PYTHON • INITIALISIERUNG. Aktuell ist eine Veränderung dieser Einstellungen nicht vorgesehen.

Sie können aber in einer Excel-Zelle mit `=PY(...)` andere bzw. weitere Importe vornehmen. Die Dokumentation empfiehlt, dies im ersten Tabellenblatt in einer der ersten Zellen zu tun, damit die Importe verarbeitet werden, bevor andere Zellen mit Python-Code ausgeführt werden. (Innerhalb eines Tabellenblatts werden Python-Code-Zellen zeilenweise von links nach rechts verarbeitet, zuerst also Zellen in Zeile 1, dann solche in Zeile 2 usw.)

Anhang A
Lösungen

Dieser Anhang fasst die Lösungen zu den Wiederholungsfragen und Übungen zusammen. Beachten Sie, dass es sich bei Codelösungen immer um Lösungs*vorschläge* handelt. Zu fast allen Aufgabenstellungen gibt es viele Lösungswege.

A.1 Kapitel 1: »Hello, World!«

W1: Interpreter

Python-Scripts müssen vor der Ausführung nicht kompiliert werden. Stattdessen liest `python.exe` bzw. `python3` den Code (also gewissermaßen einen Text mit Python-Anweisungen) direkt aus der Codedatei und führt ihn aus. `python.exe` bzw. `python3` werden deswegen als *Interpreter* bezeichnet.

W2: Mehrzeilige Anweisungen

Mehrzeilige Anweisungen sind möglich. Bei offenen Klammern ist in mehrzeiligen Anweisungen nicht einmal eine Kennzeichnung notwendig. Wenn aus der Struktur des Codes hingegen nicht klar hervorgeht, dass die aktuelle Zeile unvollständig ist und in der nächsten Zeile fortgesetzt wird, dann müssen Sie das Zeichen \ als Indikator für die mehrzeilige Konstruktion verwenden.

W3: Mehrere Anweisungen pro Zeile

Um mehrere Anweisungen in einer Zeile auszuführen, trennen Sie sie durch Semikola – also z. B. `a=3; print(a)`.

W4: Eingerückter Code

In Python wird die Struktur von Code in Verzweigungen, Schleifen und Funktionen nicht durch geschwungene Klammern definiert, sondern durch Einrückungen. Die Einrückungen sind daher zwingend erforderlich. Die übliche Einrücktiefe beträgt vier Zeichen pro Ebene.

W5: »print« ohne Zeilenumbruch

`print(x, end='')` gibt den Inhalt der Variablen `x` ohne einen nachfolgenden Zeilenumbruch aus.

W6: Module

Module sind Erweiterungen zu Python. Damit die in einem Modul definierten Funktionen verwendet werden können, muss am Anfang Ihres Codes `import modulname` stehen. (Zum Modulimport gibt es auch andere Syntaxvarianten, siehe Kapitel 13, »Module«.)

W7: Kommentare

Kommentare werden in Python mit dem Zeichen # eingeleitet und gelten bis zum Ende der Zeile. Mehrzeilige Kommentare beginnen wie mehrzeilige Zeichenketten mit `"""` und enden mit `"""`.

A.2 Kapitel 3: Variablen

W1: Fehler bei »print(x+y+z)«

Jeder Python-Variablen muss ein Wert zugewiesen werden, bevor sie ausgewertet werden kann. Das war bei `z` nicht der Fall. Es gibt keinen Defaultzustand (etwa 0). So funktioniert der Code:

```
x=1; y=2; z=0
print(x+y+z)
```

W2: Typ einer Variablen

In Python haben Variablen keinen Typ! Nach i=3 zeigt i auf ein Objekt mit der ganzen Zahl 3. Dieses *Objekt* (nicht die Variable) hat also den Typ int. Dementsprechend liefert type(i) das Ergebnis <class 'int'>. Allerdings kann bereits in der nächsten Anweisung i='abc' ausgeführt werden. Dann zeigt i auf ein Objekt mit einer Zeichenkette.

W3: Konstanten

Python kennt keine Konstanten. Wenn Sie in einer Variablen einen unveränderlichen Wert speichern möchten, ist es üblich, die Variable mit lauter Großbuchstaben zu benennen, z. B. EPSILON=0.1. Sie geben damit zum Ausdruck, dass EPSILON als Konstante zu betrachten ist. Aber weder Sie noch Python können verhindern, dass diese Variable später geändert wird.

W4: Typumwandlungen

Python führt nur in Ausnahmefällen eine automatische Typumwandlung durch. Der Code aus der Wiederholungsfrage versucht, eine Zeichenkette und eine Zahl zu verbinden. Das ist in Python nicht zulässig. Die Fehlermeldung lautet *unsupported operand*, weil der Operator + nicht eine Zahl und eine Zeichenkette verarbeiten kann. Eine mögliche Lösung besteht darin, die Zahl mit der str-Funktion explizit in eine Zeichenkette umzuwandeln:

```
msg='Die Temperatur beträgt ' + str(n) + ' Grad.'
```

A.3 Kapitel 4: Operatoren

W1: Restwertoperator

Den Rest der Division 225 / 17 ermitteln Sie mit dem %-Operator:

```
print(225 % 17) # Ergebnis 4
```

W2: Assignment Expressions

Assignment Expressions (verfügbar seit Python 3.8) werden mit `:=` durchgeführt. Sie ermöglichen es, eine Zuweisung durchzuführen und die veränderte Variable sofort auszuwerten, z. B. in einer `if`- oder `while`-Konstruktion. Assignment Expressions sparen in manchen Fällen eine oder zwei Zeilen Code ein.

W3: Short-Circuit-Evaluation

Die logischen Operatoren `and` und `or` verzichten auf die Auswertung des zweiten Operanden, wenn der erste Operand bereits zum Ergebnis führt. Wenn im folgenden Beispiel `rechenfunktion(x)` den Wert 0 oder eine negative Zahl liefert, dann wird `rechenfunktion(y)` nicht aufgerufen. Das ist nicht notwendig, weil `and` nur dann `True` liefern kann, wenn beide Teilergebnisse `True` sind.

```
x=2
y=3
if rechenfunktion(x)>0 and rechenfunktion(y)>0:
    # Code ...
```

W4: Operatorhierarchie

`a` wird als $1 + (2 \times (3^4))$ errechnet, es ergibt sich der Wert 163. Danach testet `100 < a < 200`, ob `a` zwischen 100 und 200 liegt. Das ist der Fall, in `b` wird daher `True` gespeichert.

A.4 Kapitel 5: Zahlen

W1: Ganzzahlige Division

Ganzzahlige Divisionen werden mit dem Operator // durchgeführt. `12//7` ergibt `1`.

W2: Oktal- und Binärdarstellung

```
print(bin(0o750))
  0b111101000
```

W3: Ganze Zufallszahlen

```
from random import randint
print(randint(1, 49))
  30
```

W4: Fließkommazufallszahlen

```
from random import uniform
r1 = uniform(0.0, 10.0)
r2 = uniform(0.0, 10.0)
```

W5: Geldbeträge ohne Rundungsfehler

Eine Möglichkeit besteht darin, in Cent zu rechnen und ganze Zahlen zu verwenden. Der Wert 250 entspräche dann 2,50 EUR.

Eine andere Variante ist das `decimal`-Modul. Achten Sie aber darauf, dass Sie Kommazahlen als Zeichenketten übergeben, um Rundungsfehler zu vermeiden, die schon bei der Konvertierung in den `Decimal`-Typ auftreten.

```
from decimal import *
preis = Decimal('3.99')
```

W6: Zahlenwerte boolescher Zustände

Wenn `True` in eine ganze Zahl umgewandelt wird, hat der Zustand den Wert `1`:

```
print(int(True))
  1
```

A.5 Kapitel 6: Zeichenketten

W1: Apostrophe in Zeichenketten

Eine Möglichkeit besteht darin, zur Abgrenzung von Zeichenketten das jeweils andere Zeichen zu verwenden, also:

```
s1="O'Reilly"
s2='<a href="https://kofler.info">Link</a>'
```

Eine zweite Möglichkeit bieten die Spezialcodes \' und \":

```
s3='abc \" def \' ghi'  # ergibt: abc " def ' ghi
```

W2: Backslash in Zeichenketten

Wenn der Backslash nicht zur Kennzeichnung von Sonderzeichen verwendet werden soll, formulieren Sie Zeichenketten am besten in der Raw-Syntax mit vorangestelltem r:

```
s=r'C:\verzeichnis\readme.txt'
```

W3: Zeichenkette extrahieren

```
s='bla [wichtig] mehr bla'
start=s.find('[')+1     # Startposition
end=s.rfind(']')        # Endposition
print(s[start:end])     # Teilzeichenkette auslesen
  'wichtig'
```

W4: Dateinamen zerlegen

```
s='/home/kofler/Bilder/foto1.jpg'
pos=s.rfind('/')+1
pfad=s[:pos]
datei=s[pos:]
print('Pfad:', pfad, 'Datei:', datei)
  Pfad: /home/kofler/Bilder/   Datei: foto1.jpg
```

W5: Eingabe von Leerzeichen am Beginn und Ende säubern

```
name = input('Geben Sie Ihren Namen an: ')
name = name.strip()
```

W6: Zahlen rechtsbündig ausgeben

```
n1=17
n2=5
n3=99999
# Variante 1
print('%5d\n%5d\n%5d' % (n1, n2, n3))
   17
    5
99999
# Variante 2
print('{:>5d}\n{:>5d}\n{:>5d}'.format(n1, n2, n3))
   17
    5
99999
```

W7: Zeichenkette umkehren

```
hello = 'Hello, World!'
print(hello[::-1])
  !dlroW ,olleH
```

A.6 Kapitel 7: Datum und Uhrzeit

W1: Datum formatieren

Die folgende Lösung erfüllt die Fragestellung weitgehend. Ein wenig störend ist aber die Null beim Monat (also `06.` anstelle von `6.`).

```
from datetime import datetime
import locale
now = datetime.now()
```

```
locale.setlocale(locale.LC_ALL, 'de_DE.utf-8') # Linux
locale.setlocale(locale.LC_ALL, 'de_DE.UTF-8') # macOS
locale.setlocale(locale.LC_ALL, 'german')      # Windows
print(now.strftime('%A, %d.%m.'))
  Mittwoch, 27.06.
```

Python sieht keinen Formatcode für die Monatszahl ohne führende Null vor. Um diesen Mangel zu beheben, können Sie `.0` durch `.` ersetzen:

```
s=now.strftime('%A, %d.%m.')
print(s.replace('.0', '.'))
  Mittwoch, 27.6.
```

W2: Ende des Kinofilms

Python kann zu `time`-Objekten keine Zeitspannen addieren. Deswegen bildet das folgende Script aus dem `time`-Objekt (Variable `start`) zuerst ein entsprechendes `datetime`-Objekt (Variable `starttoday`) und führt die Zeitrechnung dann durch:

```
from datetime import datetime, time
start = time(19, 30)
starttoday = datetime.combine(datetime.today(), start)
length = timedelta(minutes=132)
end = starttoday + length
print(end.time())
  21:42:00
```

W3: Sekunden seit Mitternacht

Um die Anzahl der Sekunden seit Mitternacht zu berechnen, wird in `midnight` ein neues `datetime`-Objekt gespeichert, das sich aus dem aktuellen Datum ohne Stunden, Minuten und Sekunden zusammensetzt. Damit kann die Differenz zur aktuellen Zeit berechnet werden.

```
from datetime import datetime, timedelta
now = datetime.now()
```

```
midnight = datetime(now.year, now.month, now.day)
sincemidnight = now - midnight
print('Uhrzeit: ', now.time())
  Uhrzeit:  20:28:36.657155
print('Sekunden seit Mitternacht:', sincemidnight.seconds)
  Sekunden seit Mitternacht: 73716
```

A.7 Kapitel 8: Listen, Tupel, Sets und Dictionaries

W1: Vielfache von 7

Der einfachste und effizienteste Weg, eine Liste mit Vielfachen von 7 kleiner als 100 zu generieren, bietet die `range`-Funktion:

```
lst = list(range(7, 100, 7))
print(lst)
  [7, 14, 21, 28, 35, 42, 49, 56, 63, 70, 77, 84, 91, 98]
```

Deutlich umständlicher ist es, von einer Liste aller Zahlen zwischen 1 und 100 auszugehen und dann die herauszufiltern, die durch 7 teilbar sind:

```
hundred = list(range(1, 100))  # [1, 2, ..., 99]
lst = list(filter(lambda x: x % 7 == 0, hundred))
```

Lambda-Funktionen

`filter` lässt sich am elegantesten mit Lambda-Funktionen anwenden. Hintergrundinformationen zu solchen Funktionen finden Sie in Abschnitt 10.5, »Lambda-Funktionen«.

Eine weitere Variante besteht darin, mit den Zahlen von 1 bis 14 zu beginnen und jedes Element mit 7 zu multiplizieren. Im folgenden Beispiel kommt dabei die *List-Comprehension*-Syntax zur Anwendung.

```
fourteen = list(range(1, 15))  # [1, 2, ..., 14]
lst = [ x*7 for x in fourteen ]
```

Zum gleichen Ergebnis kommt `list(map(...))` mit der Funktion `x*7`:

```
lst = list(map(lambda x: x*7, fourteen))
```

W2: Vokale in »Hello, World!«

Diese Übung ist schon etwas schwieriger! `list` bildet aus der Zeichenkette eine Liste. `list(filter(...))` bildet daraus eine neue Liste, die nur Vokale enthält. Den dabei eingesetzten `in`-Operator haben Sie bereits in Kapitel 4, »Operatoren«, kennengelernt. `join` fügt diese Liste wieder zu einer Zeichenkette zusammen.

```
lst = list('Hello, World!')
vocals = list(filter(
  lambda x: x in ('a', 'e', 'i', 'o', 'u'), lst))
print(vocals)
  ['e', 'o', 'o']
result = ''.join(vocals)
print(result)
  eoo
```

Der obige Code hat den Nachteil, dass er nur für Kleinbuchstaben funktioniert. Dieser Mangel lässt sich beheben, indem Sie im Filterausdruck Großbuchstaben mit `lower` in Kleinbuchstaben umwandeln:

```
vocals = list(filter(
  lambda x: x.lower() in ('a', 'e', 'i', 'o', 'u'), lst))
```

W3: Lottozahlen

Hier gibt es keine eindeutige Antwort: Eine Grundregel bei Lottozahlen ist, dass sie eindeutig sein müssen. Es darf also keine Zahl mehrfach vorkommen. Aus diesem Grund bieten sich Sets an.

Oft sollen Lottozahlen aber geordnet dargestellt werden – und das können nur Listen. Die folgenden Zeilen zeigen, wie Sie Lottozahlen zuerst als Set speichern und daraus bei Bedarf eine geordnete Liste machen.

```
lotto = {34, 12, 25, 26, 3, 40}
geordnet = sorted(lotto)
print(geordnet)
  [3, 12, 25, 26, 34, 40]
```

W4: Gemeinsame Zeichen finden

Um die gemeinsamen Zeichen von zwei Zeichenketten zu finden, bilden Sie daraus Sets und finden dann mit `&` die Schnittmenge:

```
s1 = 'Python'
s2 = 'Programmierung'
set(s1) & set(s2)          # gemeinsame Zeichen
  {'n', 'P', 'o'}
sorted(set(s1) & set(s2)) # sortiert
  ['P', 'n', 'o']
```

W5: Doppelgänger entfernen

Durch die Umwandlung in ein `set` werden alle Doppelgänger eliminiert. `sorted` macht aus dem Set eine geordnete Liste.

```
lst = [1, 2, 3, 2, 7, 3, 9]
result = sorted(set(lst))
print(result)
  [1, 2, 3, 7, 9]
```

W6: Wörterbuch

Wie die Aufgabenstellung schon andeutet, ist hier ein Dictionary die optimale Datenstruktur. Beachten Sie aber, dass das Wörterbuch nur in eine Richtung funktioniert! `woerter['three']` würde einen *Key Error* liefern, weil ja ausschließlich deutsche Wörter als Schlüssel verwendet wurden.

```
woerter = { 'eins': 'one', 'zwei': 'two', 'drei': 'three'}
woerter['zwei']
  'two'
```

W7: Lorem ipsum

Das folgende Lösungs-Script wandelt die Zeichenkette zuerst in eine Liste um, entfernt daraus alle Satzzeichen und fügt die Ergebnisliste wieder zu einer neuen Zeichenkette zusammen (Variable plain). Als Filterkriterium gilt eine Lambda-Funktion, die testet, ob das Zeichen ein Leerzeichen oder Buchstabe ist (isalpha). Lambda-Funktionen sind in Kapitel 8 zwar schon vorgekommen, eine richtige Beschreibung befindet sich aber erst in Abschnitt 10.5, »Lambda-Funktionen«.

Die Funktion split macht daraus eine Liste von Wörtern. Nun gibt es zwei Varianten:

- In der ersten Variante werden die Wörter sortiert, allerdings nicht alphabetisch, sondern nach ihrer Länge (key=len) und mit den längsten Wörtern zuerst (reverse=True). Danach muss nur noch die Länge des ersten Elements ausgelesen werden.
- Sortieren ist immer ein sehr aufwendiger Prozess. *Viel* schneller ist die zweite Variante, wobei zuerst mit map aus der Wortliste eine Liste mit der Länge jedes Worts gemacht wird. reduce wendet darauf die max-Funktion an und ermittelt so blitzschnell die größte Wortlänge.

```
# Beispielprogramm loremipsum.py
from functools import reduce
s='Lorem ipsum dolor sit amet, consetetur sadipscing ...'

# Satzeichen eliminieren
plain = ''.join(filter(lambda c: str.isalpha(c) or c==' ',
                list(s)))
# Lorem ipsum dolor sit amet consetetur sadipscing ...

# Wörter bilden
words = plain.split(' ')
# ['Lorem', 'ipsum', 'dolor', 'sit', 'amet',...

# Variante 1 (langsam): nach Länge sortieren
sortedwords = sorted(words, key=len, reverse=True)
print('Maximale Wortlänge:', len(sortedwords[0]))
```

```
# Variante 2 (viel schneller): reduce und map
maxlen = reduce(max, map(len, words))
print('Maximale Wortlänge:', maxlen)
```

A.8 Kapitel 9: Verzweigungen und Schleifen

W1: Schaltjahr und Monate

Der Codeausschnitt zur Bestimmung der Tage des Monats kann z. B. so aussehen:

```
# einige Zeilen aus loesungen-kap08/schaltjahr.py
if monat in (1, 3, 5, 7, 8, 10, 12):
  tage = 31
elif monat in (4, 6, 9, 11):
  tage = 30
elif monat == 2:
  tage = 28 if schaltjahr else 29
else:
  print('Ungültiger Monat!')
  tage = 0
```

Die vollständige Lösung zu diesem Beispiel finden Sie in den Beispieldateien zu diesem Buch.

W2: Fakultät

Indem Sie Zwischenergebnisse in der Variablen f speichern, können Sie die Fakultäten von 1 bis 20 sehr einfach so ausrechnen:

```
f = 1
for i in range(1, 21):
  f = f * i
  print('Die Fakultät von', i, 'beträgt', f)
```

W3: Summe

Die Summe von 1/2 + 1/4 + 1/9 + … + 1/900 berechnen Sie z. B. so:

```
sum = 0
for i in range(2, 31):
    sum += 1 / (i*i)
```

W4: Verschachtelte Schleifen

Das Programm gibt die Zahlen 1, 2 und 3 aus. Die Begründung lautet: In der äußeren Schleife hat `i` zuerst den Wert `1`. Für die innere Schleife gilt nun `range(1)`, was eine Kurzschreibweise für `range(0, 1)` ist. Da die obere Schranke exklusiv ist , wird die Schleife nur einmal mit `j=0` ausgeführt. Das führt zur Ausgabe `1`.

In der äußeren Schleife erhält `i` nun den Wert 2. Die `j`-Schleife durchläuft mit `range(2)` (entspricht `range(0, 2)`) die Werte 0 und 1. Damit werden die Zahlen 2 und 3 ausgegeben.

W5: Schleife mit »break«

Das Programm gibt die folgenden Zahlenpaare aus, bevor die Schleife aufgrund der erfüllten `break`-Bedingung abgebrochen wird:

```
0 9   1 8   2 7   3 6
```

W6: Rückwärtsschleife

```
i=100
while i>=0:
  print(i)
  i-=5
```

W7: Schleife von 125 bis 160

Der Lösungscode beginnt mit der Definition von vier Variablen: `min` und `max` legen die obere und untere Grenze des Zahlenbereichs fest. `nmax` bestimmt die Anzahl der Schleifendurchläufe. `delta` gibt an, wie stark sich die Zielvariable `x` mit jedem Durchlauf ändern soll. In der Schleife durchläuft `i` die Werte von 0 bis einschließlich `nmax`.

```
min = 125.0
max = 160.0
nmax = 11
delta = (max - min) / (nmax - 1)

for i in range(nmax):
  x = min + delta * i
  print(x)
# Ausgabe: 125.0  128.5 132.0 135.5 ... 156.5 160.0
```

W8: Liste mit Zufallszahlen initialisieren und auswerten

In traditioneller Programmierung würden Sie eine Liste mit 50 Zufallszahlen wie folgt erstellen, indem Sie eine Schleife 50 Mal durchlaufen und der Liste jedes Mal eine Zufallszahl hinzufügen:

```
# Beispieldatei zufallsliste.py
from random import randint
lst = []
for _ in range(50):
  lst.append(randint(0, 10))
```

Kürzer und Python-typischer ist der folgende Code in der List-Comprehension-Syntax. Dabei wird jedes Element einer Liste mit 50 Elementen durch eine Zufallszahl ersetzt:

```
lst = [ randint(0, 10) for _ in list(range(50)) ]
```

Die Summe aller Elemente ermitteln Sie so:

```
sum = 0
for itm in lst:
    sum += itm
```

Die Anzahl der Nullen können Sie mit `lst.count(0)` oder mit der folgenden Schleife herausfinden:

```
for itm in lst:
    if itm==0:
        cnt+=1
```

Die Position der ersten Null ermittelt `lst.index(0)` oder die folgende Schleife, die nur ausgeführt wird, wenn zuvor zumindest eine Null gezählt wurde, `cnt` also ungleich 0 ist. Die Positionsausgabe erfolgt in Python-Zählweise, das heißt, `0` entspräche dem ersten Element, `1` dem zweiten Element usw. `break` bricht die Schleife ab, die Positionen weiterer Nullen sind nicht gefragt.

```
if cnt:
    for i in range(len(lst)):
        if lst[i]==0:
            print('Postion der ersten Null:', i)
            break
else:
    print('Die Liste enthält keine Null.')
```

W9: List Comprehension versus Generator Expression

Eine *List Comprehension* ist eine besondere Syntaxvariante der `for`-Schleife, bei der die Ergebnisse gleich in einer Liste gespeichert werden. (Analog können auch Sets, Tupel und Dictionaries mit *Set, Tupel* bzw. *Dictionary Comprehension* gebildet werden.)

```
lst = [ i for i in range(5, 10) ]
# lst enthält [5, 6, 7, 8, 9]
```

Eine *Generator Expression* liefert eine Art Funktion, deren Auswertung das jeweils nächste Element liefert. Diese Funktion wird aber nur bei Bedarf ausgewertet. Das ist dann sinnvoll, wenn Sie die Elemente einer List Comprehension ohnedies sofort weiterverarbeiten und nicht speichern wollen. In solchen Fällen spart eine Generator Expression Speicherplatz.

```
summe = sum(i for i in range(5, 10))  # 35
```

Falls nicht von vornherein klar ist, ob überhaupt alle Elemente benötigt werden, kann eine Generator Expression auch Rechenzeit sparen.

A.9 Kapitel 10: Funktionen

W1: »minmax«-Funktion

Die triviale Lösung zur Aufgabenstellung greift auf die vorgegebenen `min`- und `max`-Funktionen zurück und gibt die beiden Ergebnisse als Tupel zurück:

```
def minmax(lst):
    return min(lst), max(lst)
```

Wenn Sie die Funktion selbst implementieren, müssen Sie in einer Schleife alle Elemente der Liste durchlaufen – das ist Ihnen vermutlich klar. Schwierig ist es, Startwerte für die beiden Ergebnisvariablen `min` und `max` zu wählen. Sie könnten für `min` eine sehr große und für `max` eine sehr kleine Zahl nehmen (`min=100000` und `max=-100000`). Wenn die Liste dann allerdings noch kleinere oder noch größere Werte enthält, erhalten Sie ein falsches Ergebnis.

Auf der sicheren Seite sind Sie, wenn Sie als Startwerte einfach das jeweils erste Element der Liste verwenden. Wenn Sie Glück haben, ist das schon das Endergebnis. Wenn nicht, werden `min` bzw. `max` in der `for`-Schleife immer wieder korrigiert, bis die beiden Variablen schließlich den kleinsten bzw. größten Wert enthalten.

```
# Beispieldatei minmax.py
def minmax(lst):
    min = lst[0]
    max = lst[0]
    for itm in lst:
        if itm < min:
            min = itm
        if itm > max:
            max = itm
    return (min, max)  # Tupel zurückgeben
```

Validitätskontrollen

minmax liefert Fehler, wenn als Parameter eine leere Liste oder eine Liste mit Zeichenketten oder überhaupt ein ganz anderer Datentyp übergeben wird. Derartige Fehler können Sie vermeiden, indem Sie zu Beginn der Funktion überprüfen, ob die Parameter überhaupt sinnvolle Typen bzw. Werte enthalten.

In den hier präsentierten Lösungen habe ich darauf zugunsten einer größeren Übersichtlichkeit verzichtet. Ein Beispiel für eine derartige Absicherung gibt die Übung W3 aus Kapitel 11, »Umgang mit Fehlern (Exceptions)«.

W2: Palindrom

Die Lösungsfunktion wandelt die übergebene Zeichenkette zuerst in Kleinbuchstaben um und bildet daraus eine Liste. Aus dieser Liste filtert sie nun mit isalpha alle Buchstaben heraus und eliminiert so Leer- und Satzzeichen. join bildet aus den verbliebenen Listenelementen wieder eine Zeichenkette. Als Rückgabeergebnis gilt der Test, ob diese Zeichenkette identisch ist mit einer Zeichenkette in umgekehrter Reihenfolge (Slicing-Notation [::-1]).

```
# Beispieldatei palindrom.py
def palindrom(s):
    lst = list(s.lower())
    plainlst = filter(str.isalpha, lst)
    plain = ''.join(plainlst)
    return plain == plain[::-1]
```

W3: Passwortqualität

Die folgende Funktion vergibt je nach der Qualität des Passworts unterschiedlich viele Punkte. Wenn die Länge der Zeichenkette kleiner als 8 ist, wird die Funktion sofort mit return 0 verlassen. Andernfalls erhält das Passwort den ersten Punkt (q=1). Einen weiteren Punkt gibt es, wenn die Zeichenkette aus zumindest 6 unterschiedlichen Zeichen besteht. Dies können Sie ganz einfach testen, indem Sie die Zeichenkette in ein Set umwandeln.

Für die restlichen Tests müssen alle Zeichen in einer Schleife durchlaufen werden. In der Schleife werden verschiedene Attribute getestet und in `hasxxx`-Variablen gespeichert. Diese Variablen werden nach der Schleife ausgewertet. Die Vorgehensweise wirkt umständlich, verhindert aber, dass ein Passwort mit zwei oder drei Sonderzeichen zwei oder drei Extrapunkte erhält. Die Aufgabenstellung besagt ja, dass es für das Vorkommen von Sonderzeichen einen Zusatzpunkt gibt, ganz egal, um wie viele Sonderzeichen es sich handelt.

```
# Beispieldatei pwquality.py
def pwquality(s):
    if len(s)<8:
        return 0
    q = 1

    # >6 unterschiedliche Zeichen
    if len(set(s)) > 6: q+=1

    # Groß- und Kleinbuchstaben, Ziffern, Sonderzeichen
    hasdigit = False
    hasspecial = False
    hasupper = False
    haslower = False
    for c in s:
        if str.isupper(c): hasupper = True
        if str.islower(c): haslower = True
        if str.isdigit(c): hasdigit = True
        if not str.isalnum(c): hasspecial = True
    if hasupper and haslower: q+=1
    if hasdigit: q+=1
    if hasspecial: q+=1

    # Endergebnis zurückgeben
    return q
```

W4: Multiplikationsfunktion

Der entscheidende Punkt bei dieser Aufgabe ist die variable Parameteranzahl, die Sie in der Schreibweise *para realisieren. Innerhalb der Funktion können Sie auf die übergebenen Elemente in Form einer Liste zugreifen. Davon ausgehend gibt es mehrere Lösungsvarianten. Am naheliegendsten ist die Programmierung einer Schleife. Dabei wird der erste Parameter in der lokalen Variablen result gespeichert und in der Folge mit allen weiteren Parametern (Slicing-Notation [:1]) multipliziert.

```
# Beispieldatei prod.py
def prod(*f):
    result = f[0]
    for factor in f[1:]:
        result = result * factor
    return result
```

»Schöner« wird der Code (zumindest in Python-Denkweise), wenn Sie die reduce-Funktion anwenden. An reduce müssen Sie eine Lambda-Funktion übergeben, die die Multiplikation durchführt:

```
from functools import reduce
def prod(*f):
    if len(f)<2:
        return f[0]
    else:
        return reduce(lambda x, y: x*y, f)
```

Auf die Lambda-Funktion können Sie verzichten, wenn Sie wissen, dass sie alle Python-Operatoren im operator-Modul auch als Funktionen zur Verfügung stehen:

```
import operator
def prod(*f):
    if len(f)<2:
        return f[0]
    else:
        return reduce(operator.mul, f)
```

W5: Zeichenkette durchsuchen

findAll sucht zuerst nach dem ersten Vorkommen von pattern in s. Wenn es eines gibt, also pos einen Wert ungleich –1 enthält, wird dieser Wert in der while-Schleife dem Ergebnis hinzugefügt. Danach wird die Suche an der Stelle pos+1 fortgesetzt.

```
# Beispieldatei findall.py
def findAll(s, pattern):
    matches = []
    pos = s.find(pattern)
    while pos != -1:
        matches += [pos]
        pos = s.find(pattern, pos+1)
    return matches
```

W6: Größter gemeinsamer Teiler

Genau genommen ist die Fragestellung schwieriger als die Lösung. Sehen Sie selbst!

```
# Beispieldatei ggt.py
def ggt(a, b):
    if a < b:
        a, b = b, a
    rest = a % b
    if rest == 0:
        # ggT gefunden
        return b
    else:
        # rekursiver Aufruf
        return ggt(b, rest)
```

Die Funktion ggt stellt zuerst sicher, dass der erste Parameter die größere Zahl ist. Gegebenenfalls werden die Werte der beiden Parameter vertauscht. Danach wird der Rest der Division a / b ermittelt. Ist er 0, ist die Funktion auch schon fertig; andernfalls wird ggt einfach nochmals rekursiv aufgerufen, wobei die kleinere Zahl b und der Restwert als Parameter dienen.

A.10 Kapitel 11: Umgang mit Fehlern

W1: Code absichern

In der allgemeinsten Form sichern Sie fehleranfälligen Code so ab:

```
try:
  # kritischer Code ...
except xxxError:
  # Verarbeitung des Fehlers ...
```

Soweit es im Kontext Ihres Programms sinnvoll ist, können Sie die Methode nach try/except weiter fortsetzen.

W2: Fehler auslösen

raise XxxError('Fehlermeldung') löst eine Exception aus. Exceptions sind ein Kommunikationsmechanismus, der die Anwender einer Funktion oder Methode darüber informiert, dass bei der Ausführung ein Fehler aufgetreten ist.

W3: »shrink«-Funktion

Der Teil der shrink-Funktion, der die Zeichenkette verkürzt, sollte kein Problem sein – wenn doch, sollten Sie sich Kapitel 6, »Zeichenketten«, nochmals ansehen. Für die Fehlerabsicherung ist die Überprüfung der Parameter am Beginn der Funktion entscheidend. isinstance überprüft, ob die Typen korrekt sind. Außerdem muss n natürlich eine positive Zahl sein.

```
# Beispieldatei shrink.py
def shrink(s, n):
    if not isinstance(s, str):
        raise TypeError('s muss eine Zeichenkette sein.')
```

```
    if not isinstance(n, int):
        raise TypeError('n muss eine ganze Zahl sein.')

    if n < 0:
        raise ValueError('n muss größer 0 sein.')

    if n < 15:
        return s[:n]
    elif n >= len(s):
        return s
    else:
      return s[:n-10] + ' ... ' + s[-5:]
```

A.11 Kapitel 12: Objektorientierte Programmierung

W1: Klasse versus Objekt

Grundsätzlich gibt der Code einer Klasse vor, welche Funktionen die Klasse erfüllt, das heißt, welche Variablen und Methoden es gibt. Wenn Sie so wollen, ist die Klasse ein Bauplan.

Objekte werden von der Klasse abgeleitet. Wenn Sie also eine `Auto`-Klasse programmiert haben, können Sie im laufenden Programm daraus unzählige `Auto`-Objekte erzeugen. Anstelle von Objekten sind auch die Begriffe *Instanz* oder *Exemplar* üblich.

Python ist insofern ein Sonderfall, als auch die Klasse an sich als Objekt gilt.

W2: Instanzmethoden versus statische Methoden

Damit Instanzmethoden verwendet werden können, muss zuerst ein Objekt erzeugt werden. Instanzmethoden werden dann in der Form `objvar.meth()` auf das Objekt angewendet. Sie haben vollen Zugriff auf alle im Objekt gespeicherten Daten (also auf alle Instanzvariablen).

Statische Methoden benötigen dagegen kein Objekt. Beim Aufruf muss der Klassenname vorangestellt werden, z. B. `MyClass.meth()`. Alle zu verarbeitenden Daten müssen als Parameter übergeben werden.

W3: Konstruktor

Die Aufgabe des Konstruktors besteht darin, die Daten (Instanzvariablen) eines neuen Objekts zu initialisieren. Oft werden im Konstruktor auch die übergebenen Parameter daraufhin überprüft, ob es sich um sinnvolle Daten handelt. Ist das nicht der Fall, kann ein Fehler ausgelöst werden.

Innerhalb der Klasse wird der Konstruktor als spezielle Methode mit dem Namen `__init__` implementiert. Der erste Parameter lautet immer `self` und gibt Zugriff auf die neue Objektinstanz.

Zum Aufruf des Konstruktors kommt es, wenn Sie ein Objekt erzeugen, also `var = MyClass(parameter)` aufrufen.

W4: Instanzvariablen nutzen

`MyClass.a` ist nicht zulässig. `a` ist eine Instanzvariable, der Zugriff kann nur über ein Objekt erfolgen.

```
# Beispieldatei instancevar.py
obj = MyClass(3, 4)
print(MyClass.a)  # Fehler, MyClass hat kein Attribut 'a'
print(obj.a)      # korrekt, Ausgabe 3
```

Im Gegensatz zu den meisten anderen Programmiersprachen sind Objekte zur Laufzeit um zusätzliche Attribute (also Variablen und Methoden) erweiterbar. Daher funktioniert dieser Code ohne Probleme:

```
obj.c = 7
print(obj.c)       # Ausgabe 7
```

W5: Bankkonto

Die Klasse für ein Bankkonto kann z. B. so aussehen:

```
# Beispieldatei konto.py
class Konto():
    # Konstruktor
    def __init__(self, name, startguthaben=0, rahmen=0):
        # private Instanzvariablen
        self.__name = name
        self.__guthaben = startguthaben
        self.__rahmen = rahmen

    # Instanzmethoden
    def einzahlen(self, betrag):
        if betrag<=0:
            raise ValueError('Ungültige Parameter!')
        self.__guthaben += betrag

    def abheben(self, betrag):
        if betrag<=0:
            raise ValueError('Ungültige Parameter!')
        if betrag > self.__guthaben + self.__rahmen:
            print('Zu wenig Geld auf dem Konto.')
            return False
        else:
            self.__guthaben -= betrag
            return True

    # Objekt ausgeben
    def __str__(self):
        s = 'Konto von %s:\n  Guthaben: %d\n' + \
            '  Überziehungsrahmen: %d\n'
        return s % (self.__name, self.__guthaben,
                    self.__rahmen)
```

W6: Musikalbum

Die größte Herausforderung bei diesem Beispiel ist der richtige Umgang mit den Zeiten (siehe auch Kapitel 7, »Datum und Zeit«). Die folgende

Lösung verwendet time-Objekte, um die Länge der Tracks zu speichern. Eigentlich wäre für derartige Informationen der timedelta-Typ gedacht, dieser lässt sich aber nur schwer mit Minuten und Sekunden initialisieren.

Zur Berechnung der Gesamtlänge des Albums müssen aus den time-Objekten timedelta-Objekte gemacht werden. Dazu wird die Zeitangabe zuerst mit dem kleinstmöglichen Datum kombiniert, dieses wird anschließend wieder subtrahiert.

Dank der Verwendung des @dataclass-Dekorators kann auf die Programmierung des Konstruktors verzichtet werden.

```
# Beispielprogramm album.py
from datetime import date, datetime, time, timedelta
from dataclasses import dataclass
from typing import List

@dataclass()
class Track:
    title: str
    mp3name: str
    length: time

@dataclass()
class Album:
    title: str
    interpret: str
    tracks: List[Track]

    # Albumlänge ausrechnen
    def getTotalTime(self):
        result = timedelta(0, 0, 0)
        for t in self.tracks:
            delta = datetime.combine(date.min, t.length) -
                    datetime.min
            result = result + delta
        return result
```

```
    # ganzes Album anzeigen
    def printInfo(self):
        print('Album:  %s' % (self.title))
        print('Von:    %s' % (self.interpret))
        print('Länge:  ', self.getTotalTime())
        print()
        n=1
        for t in self.tracks:
            print('Track %d: %s [%s]' % (n, t.title,
                                         t.length))
            n+=1
```

Die Anwendung der Klassen sieht so aus:

```
t1 = Track('Speak to Me / Breathe', 'fname1.mp3',
           time(0, 3, 57))
t2 = Track('On the Run', 'fname2.mp3', time(0, 3, 34))
t3 = Track('Time', 'fname3.mp3', time(0, 7, 5))
a = Album('The Dark Side of the Moon', 'Pink Floyd',
          [t1, t2, t3])
a.printInfo()
```

W7: Turm und Dame

Die Methode findMoves der Rook-Klasse sieht wie folgt aus:

```
# Beispieldatei chess.py, Klasse für Turm
class Rook(Figure):
    def __init__(self, pos: str): ...

    def __str__(self): ...

    def findMoves(self) -> List[str]:
        positions = []
        for i in range(-7, 8):
            if i==0:
                continue
```

```
            # von links nach rechts
            newpos = Figure.position(self.col + i,
                                     self.row)
            if newpos:
                positions += [newpos]
            # von unten nach oben
            newpos = Figure.position(self.col,
                                     self.row + i)
            if newpos:
                positions += [newpos]
        return positions
```

Den vollständigen Code inklusive der `Queen`-Klasse finden Sie in den Beispieldateien zu diesem Buch.

A.12 Kapitel 13: Module

W1: Module importieren

Zur Nutzung von Funktionen aus einem Modul gibt es drei Varianten. Die einfachste Spielart besteht darin, das gesamte Modul zu importieren und dann über den Modulnamen auf seine Attribute zuzugreifen:

```
import mymodule
print(mymodule.f1() + mymodule.f2())
```

Damit Sie lange Modulnamen nicht immer ausschreiben müssen, können Sie dem Namen einen Alias geben:

```
import mymodule as mm
print(mm.f1() + mm.f2())
```

Schließlich können Sie mit `from mname import aname` aus einem Modul einzelne Attribute (hier Funktionen) direkt in den aktuellen Namensraum einfügen:

```
from mymodule import f1, f2, f3
print(f1() + f2())
```

W2: »arrow«-Paket installieren und anwenden

Zur Installation führen Sie in einem Terminal eines der folgenden Kommandos aus:

```
pip install arrow                  # Windows
pip3 install arrow                 # macOS
sudo apt install python3-arrow     # Debian/Ubuntu
sudo dnf install python3-arrow     # Fedora
```

Sie können das Paket direkt im Python-Interpreter ausprobieren:

```
import arrow
print(arrow.utcnow())
# Ausgabe z. B. 2024-03-27T10:22:25.095448+00:00
```

Ein Handbuch zum `arrow`-Paket finden Sie hier:

https://arrow.readthedocs.io

W3: Python-Projekt zerlegen

Um ein umfangreiches Python-Projekt auf mehrere Dateien aufzuteilen, lagern Sie eigenständig verwendbare Funktionen sowie Klassen in `*.py`-Dateien im gleichen Verzeichnis aus. In der verbleibenden Hauptdatei bauen Sie Anweisungen wie `from modulname import funktionsname` oder `from modulname import klassenname` ein, damit Sie die Funktionen bzw. Klassen unverändert weiternutzen können.

A.13 Kapitel 14: Interna

W1: Python-Scripts unter Windows ausführen

Das Python-Script muss die Endung `*.py` aufweisen. Außerdem muss natürlich Python (also das Programm `python.exe`) installiert sein.

W2: Python-Scripts unter Linux oder macOS ausführen

Es gibt gleich vier Voraussetzungen, damit Python-Scripts ausgeführt werden können:

- Das Script muss in der ersten Zeile den sogenannten Shebang enthalten. Das ist ein Kommentar, der mit `#!` beginnt und den Ort des Programms `python3` angibt. Betriebssystemübergreifend funktioniert `#!/usr/bin/env python3`.
- Die Script-Datei muss mit `chmod +x` als »ausführbar« gekennzeichnet werden.
- Soweit die Script-Datei nicht in einem in `PATH` aufgezählten Verzeichnis gespeichert ist, muss beim Ausführen auch das Verzeichnis angegeben werden. Normalerweise beziehen Sie sich dabei auf das aktuelle Verzeichnis, das Sie mit `./` angeben, also z. B. `./meinScript.py`.
- Wie unter Windows muss natürlich auch unter macOS bzw. Linux Python selbst installiert sein.

W3: Mutable und immutable

Das folgende Programm endet mit der Ausgabe `abcde`. Die Zeichenketten, auf die `a` und `b` verweisen, sind voneinander unabhängig, weil es sich beim `str`-Typ um einen unveränderlichen Datentyp handelt (*immutable*). Die Veränderung von `a` hat daher keinen Einfluss auf `b`.

```
a='abcde'
b=a
a=a+'fg'
print(b)
  abcde
```

W4: Nochmals mutable und immutable

Das folgende Programm gibt zweimal dieselbe Liste aus. Der Grund: Der Datentyp `list` ist veränderlich (*mutable*). Deswegen zeigen die Variablen `wordlist1` und `wordlist2` intern auf dasselbe Objekt. Jede Veränderung, egal, ob sie für wordlist1 oder an wordlist2 durchgeführt wird, wirkt sich daher auf beide Variablen aus.

```
wordlist1=['Python', 'ist', 'cool']
wordlist2=wordlist1
wordlist1.insert(2, 'total')
print(wordlist1)
  ['Python', 'ist', 'total', 'cool']
print(wordlist2)
  ['Python', 'ist', 'total', 'cool']
```

A.14 Kapitel 15: Dateien lesen und schreiben

W1: Textdatei schreiben

Der Lösungscode setzt zuerst den Dateinamen zusammen und erzeugt die Datei zum Schreiben von Text (Modus 'wt'). Dank with/as ist es nicht notwendig, die Datei zu schließen – darum kümmert Python sich.

```
# Beispieldatei textfile.py
import getpass
from datetime import datetime
from pathlib import Path

user = getpass.getuser()  # Login-Name
now  = datetime.now()     # Datum + Uhrzeit
home = Path.home()        # Heimatverzeichnis
testfile = home.joinpath('testpython-test-file.tmp')

# Textdatei zum Schreiben öffnen
with open(testfile, 'wt') as f:
    f.write(user + '\n')
    f.write(str(now) + '\n')
```

W2: Größe aller Python-Dateien summieren

Mit der `glob`-Methode ist es einfach, das gesamte Heimatverzeichnis nach `*.py`-Dateien zu durchsuchen. Die `stat`-Methode ermittelt die Metainformationen der Datei. Das Attribut `st_size` enthält die Dateigröße. Beachten Sie, dass die Ausführung des Scripts bei einer großen Festplatte recht lange dauern kann.

```
# Beispieldatei python-size.py
from pathlib import Path
home = Path.home()
sum = 0
cnt = 0
for file in home.glob('**/*.py'):
    print(file, file.stat().st_size)
    sum += file.stat().st_size
    cnt += 1

print('Insgesamt', cnt, 'Dateien')
print('Gesamtgröße:', sum, 'Byte')
```

W3: New-York-Times-Bestseller

Der Aufbau der JSON-Datei sieht (stark gekürzt) in etwa so aus:

```
{
   "status": "OK",
   "copyright": "Copyright (c) 2024 ...",
   "num_results": 15,
   ...
   "results": [
      {
         ...
         "books": [
            {
               "rank":1,
               ...
```

```
               "title":"THE WOMEN",
               "author":"Kristin Hannah',
               "primary_isbn13":"9781250178633",
               ...
            },
            {
               "rank":2,
               ...
            }, ...
         ],
      },
      ...
```

Der Download des JSON-Dokuments und die geordnete Darstellung der Top-15-Liste gelingen so:

```
# Beispieldatei nyt-json.py
#!/usr/bin/env python3
import json
import urllib.request
url      = 'https://api.nytimes.com/...'
response = urllib.request.urlopen(url)
binary   = response.read()        # binäre Daten
txt      = binary.decode('utf-8') # als Text interpretieren
top15    = json.loads(txt)
books    = top15['results']['books']

for book in books:
    print('Title:\t', book['title'])
    print('Author:\t', book['author'])
    print('ISBN:\t', book['primary_isbn13'])
    print()
```

Index

D

H

I

N

V

W

X

Y

Z